SALUD PÚBLICA Y DESARROLLO REGIONAL EN YUCATÁN

Miradas desde la historia y la antropología

SALUD PÚBLICA Y DESARROLLO REGIONAL EN YUCATÁN

Miradas desde la historia y la antropología

Paola Peniche Moreno
Coordinadora

UADY
UNIVERSIDAD AUTÓNOMA DE YUCATÁN

RA 452 .Y8 .S35 2021

Salud pública y desarrollo regional en Yucatán : miradas desde la historia y la antropología / Paola Peniche Moreno, coordinadora.—Mérida, Yucatán : Universidad Autónoma de Yucatán, 2021.

274 páginas : ilustraciones.

1.Salubridad pública—Yucatán—Historia.
2.Higiene pública—Yucatán—Historia.
3.Política médica—Yucatán—Historia.
4.Medicina—Yucatán—Historia.
I.Peniche Moreno, Paola.

Salud pública y desarrollo regional en Yucatán
Primera edición: marzo de 2021

Bajo el sello de la Casa Editorial UADY
Calle 60 núm. 491 A por 57, centro
C. P. 97000, Mérida, Yucatán, México
Tel. +52 (999) 923 9769
casa.editorial@correo.uady.mx

ISBN: 978-607-8741-08-3

Impreso y hecho en México / *Printed and made in Mexico*

UADY
UNIVERSIDAD AUTÓNOMA DE YUCATÁN

Índice General

Introducción
Salud, antropología e historia en Yucatán

Paola Peniche Moreno

Era febrero de 2011, don Juan[1] se levantó como todos los días, a las 5:00 a.m., para ir a trabajar a su parcela. A sus 67 años seguía la misma rutina que realizaba desde hace más de cuarenta años, cuando se casó con la madre de sus cuatro hijos. Ella le preparó la comida que cotidianamente llevaba para su jornada: atol, tortillas y chile. Don Juan caminó como de costumbre, y al llegar chapeó, desyerbó e hizo otras labores para atender los cultivos que estaban próximos a cosechar, como los elotes *xnuuknal* y el frijol tierno *xpéelon*.

En su pueblo, esas son las labores a las que se dedica la mayoría de los varones. Muchos se emplean además como jornaleros en los ranchos ganaderos cercanos a la localidad, ranchería del municipio de Tizimín. Aunque reciben un salario mínimo por jornadas de trabajo que llegan a superar las 12 horas al día, para las familias del pueblo, los "jornales" representan el único ingreso económico fijo que necesitan para complementar la dieta diaria y cubrir los gastos de estudio de sus hijos. Últimamente, algunos jóvenes han comenzado a irse a la Riviera Maya para emplearse como peones en la construcción.

Por aquellos tiempos, don Juan también atendía a 80 carneros que él y su esposa habían logrado conseguir gracias a un "apoyo" económico gubernamental. Hacía un par de semanas que estaban enfermos de "catarro"[2] y don Juan les abría el hocico para introducir en sus gargantas el medicamento que compró en Tizimín para salvar al rebaño. Ese día hubo un sol ardiente, como esos que ya comienzan a sentirse en febrero, pero —raro en este mes— le pilló una fuerte lluvia en su camino de regreso a casa. Al día siguiente amaneció con una tos seca que, en menos de un mes, se agravó con dolor de cuerpo, fiebre, distensión abdominal y debilidad en brazos y piernas; también tenía los ojos rojos y lagrimosos, falta de apetito, y en vez de agua solamente quería tomar "pepsi cola". En sus propias palabras, sentía "algo en mi boca que quiere salir y no sale". Tenía tuberculosis, pero pasaron casi siete meses para que don Juan lo supiera.

1 Para respetar su privacidad y anonimato, se han modificado los nombres originales de los informantes.

2 Tuberculosis bovina. Además del vacuno, el ganado caprino es un hospedero de la bacteria *Mycobacterium bovis* que provoca tuberculosis en humanos, Muñoz-Mendoza *et.al.*, 2016.

Frente al agravamiento de su esposo, doña Rosa decidió que, en lugar de acudir con la doctora de la Caravana de Salud que atiende en su pueblo cada quince días, lo mejor era ir al servicio médico privado en Tizimín, cabecera municipal que se encuentra a 30 kilómetros de distancia y alrededor de 45 minutos en transporte público, dependiendo de las corridas. El tratamiento que se le indicó, en esa primera visita, fue el que se usa para curar una infección respiratoria ordinaria. Sin haber obtenido resultados, el malestar continuó agravándose y la hermana de doña Rosa le recomendó que, por las noches, frotara el pecho de su marido enfermo con ungüento de eucalipto (Vaporub) y le preparara un jarabe para que "el catarro desarrollara": agua hervida, seis cucharadas de miel, un limón y una hoja de aguacate.

Cuatro meses después de la primera consulta, don Juan y su esposa hicieron la cuarta visita al médico. Al mismo. La situación del enfermo era cada vez más delicada, pero ni el diagnóstico ni la terapéutica variaron: jarabes de ambroxol, antinflamatorios y antibióticos usados para infecciones respiratorias ordinarias. Entre febrero y junio, entre medicamentos y consultas (sin contar el transporte a Tizimín) la pareja gastó aproximadamente $3,300, es decir, 58 días de salario mínimo[3].

Doña Rosa comenzó a sospechar cuál era el verdadero padecimiento de su esposo gracias a un folleto que llegó por casualidad a sus manos, explicando los síntomas de la tuberculosis. Con esa idea en mente acudieron a un hospital público en la cabecera municipal, pero a don Juan se le negó la atención por "no tratarse de una urgencia". Pidieron ayuda a la doctora de la Caravana de Salud, quien aseguró que los pulmones del señor estaban "más sanos" que los de la propia doctora. Hasta septiembre, el director del centro de salud ubicado en Tizimín, por petición expresa de un "conocido", recibió a don Juan y pudo detectar la enfermedad que lo aquejaba hacía más de siete meses. Gracias a su cargo, que no a la eficacia del sistema de salud, ese médico logró activar los protocolos de terapéutica y prevención para evitar que la enfermedad se propagara por la localidad y salvar la vida de don Juan. El tratamiento terapéutico, el seguimiento y la vigilancia se prolongaron por un año más.

De acuerdo con la Cenaprece[4], la otrora conocida como "enfermedad de los pobres" ha ido en aumento desde el 2010 en Yucatán. Tiempo que coincide con el agravamiento de las condiciones de vida en el área rural del estado y el aceleramiento de un proceso de pauperización que se originó en la década de los ochenta. En efecto, el pueblo de don Juan se cataloga según la CONAPO[5]

3 En 2011, Yucatán pertenecía a la zona C donde el salario mínimo diario era de $56.7. Disponible en: <http://www.conasami.gob.mx/pdf/tabla_salarios_minimos/2011/01_01_2011.pdf>.

4 Centro Nacional de Programas Preventivos y Control de Enfermedades. Disponible en: <https://www.gob.mx/salud/cenaprece/archivo/documentos>.

5 Consejo Nacional de Población.

como un lugar de marginalidad "muy alta". El impacto de las variables asociadas con este rezago en el proceso salud/enfermedad/atención se advierte en el caso específico de la tuberculosis, pero no únicamente. Volveré sobre ello.

A más de sesenta años de haberse creado en México la "Campaña de lucha contra la tuberculosis" (1934) y haberse iniciado la Campaña nacional de vacunación BCG (1966), el caso de don Juan es un ejemplo de las historias curativas que nos han llevado a preguntarnos sobre las condiciones locales y regionales que intervienen en la producción y reproducción de las enfermedades; nos permite reflexionar sobre las variables socioeconómicas extralocales (regionales y nacionales) que intervienen en el proceso salud/enfermedad/atención. La búsqueda de atención que emprendió don Juan, acompañado de su esposa, y la falta de intervención pronta y oportuna, plantean el problema sobre los efectos a largo plazo que ha tenido la fragmentación del sistema de salud que se gestó a lo largo de la segunda mitad del siglo XX. ¿De qué manera el proceso salud/enfermedad/atención se ha relacionado históricamente con las estructuras sociales y políticas a nivel regional? ¿De qué forma la intervención del estado y las instituciones reducen o incrementan la vulnerabilidad de la población frente a los problemas de salud que los aquejan?

El de don Juan es apenas un caso que permite ejemplificar la complejidad del proceso referido, y desde luego, no puede verse como aislado ni excepcional: su esposa, dos años después, fue diagnosticada con diabetes tipo 2, como tantas otras personas de filiación maya que padecen esta enfermedad crónico-degenerativa, especialmente a partir de los ochenta (Lerín, 2017). Actualmente, doña Rosa y su esposo lidian con los efectos secundarios de artrosis crónica después de haber padecido fiebre chikungunya en el brote que hubo en Yucatán en 2015 y que afectó a cerca del 80% de su propia localidad (Peniche y Angelotti, 2018).

La carrera curativa de don Juan se recabó como parte del proceso de la investigación colectiva que sustenta este libro, que analiza en el área maya de Yucatán la construcción y desarrollo del proceso salud/enfermedad/atención y la delimitación de las variables sociales e históricas que han intervenido principalmente a partir del siglo XX, cuando se institucionalizó la responsabilidad del estado por la salud pública.

En el contexto regional, el proceso salud/enfermedad/atención se aborda como una construcción histórica y una integración sociocultural, económica y política de distintos modelos médicos estructurados por variables regionales y suprarregionales. La mirada de largo plazo nos permite plantear que: 1) la vulnerabilidad social está estrechamente relacionada con factores sociales, culturales y económicos, donde la variable *salud* tiene un papel preponderante en la reproducción de esquemas de exclusión[6] y 2) en las prácticas locales se estructuran dinámicas internas que sintetizan una variedad de saberes y formas de atención que no pueden considerarse antagónicos, por lo que deben estudiarse como integrantes de un solo proceso. En suma, este libro explica el funcionamiento del proceso salud/enfermedad/atención en contextos culturales e históricos específicos, con sus dinámicas y contradicciones internas y la manera en que las estructuras hegemónicas constriñen y orientan las acciones, las prácticas y las ideas colectivas, en una interrelación que construye y transforma dichos procesos.

El grupo de investigadores que realizó este estudio sobre salud tiene más de veinte años de experiencia en investigación con el pueblo maya y los procesos de construcción de la sociedad regional, analizando temas sustanciales como: estrategias económicas y dinámicas identitarias, procesos culturales, modelos socioeconómicos regionales, políticas públicas, ideología y cosmovisión, marginalidad y pobreza, migración, educación, epidemiología, vulnerabilidad y riesgo, así como desarrollo de ideas médicas y científicas. Este análisis nos ha permitido explicar la manera en que se ha construido históricamente el vínculo entre marginación y etnicidad, y reconocer cómo —en el campo de la salud— la pobreza genera y reproduce padecimientos que alimentan negativamente este vínculo, contribuyendo a mantener vigentes antiguos esquemas de exclusión (Bracamonte, 2007, 2014; Bracamonte y Lizama, 2006, 2011; Lizama, 2012). Adicionalmente, la insuficiencia e ineficacia de los servicios de salud que presta el estado contribuyen a agravar las condiciones de vulnerabilidad social; la insuficiencia se relaciona con cuestiones de presupuesto y administración, pero la ineficacia se explica también por la dominancia de modelos que individualizan el fenómeno de la salud, contemplando a sujetos pasivos, sin saberes ni dinámicas sociales propias y carentes de capacidad de gestión.

Sin embargo, como muestran los capítulos de este libro, los grupos sociales no son pasivos, pues generan, construyen y actualizan sus saberes y prácticas en un tiempo y espacio determinado. Hacia fuera, establecen una interrelación subordinada con estructuras y modelos hegemónicos, pero en el interior se sustentan en una densa red de relaciones sociales que orienta, posibilita y da forma a las ideas y prácticas generadas en torno al proceso de salud/enfermedad/atención.

La unidad doméstica constituye el núcleo de esta red de relaciones sociales. En primer lugar, son estas unidades las que viven y padecen las condiciones de

6 La *vulnerabilidad* es un fenómeno construido socialmente que abarca el grado en que un grupo humano entra en contacto con tensiones particulares, su sensibilidad, y la capacidad que tenga para reponerse del daño (Angelotti, 2014: 50-52). La *exclusión* social es un fenómeno multidimensional que afecta negativamente las posibilidades para el desarrollo humano, y es parte de la pobreza; se entiende como un proceso mediante el cual ciertos grupos son total o parcialmente excluidos de una participación plena de la sociedad en la que viven.

pobreza, pero son también las que generan estrategias para afrontar sus consecuencias. En segundo lugar, es en este ámbito en el que se integran distintos saberes y se ponen en marcha diferentes prácticas que en otros contextos pueden parecer antagónicas.

La mirada desde la antropología y la historia nos permite comprender cómo el proceso salud/enfermedad/atención se desarrolla influido por esquemas de subordinación, inequidad y exclusión, pero se alimenta y sostiene por la vigencia de la cultura maya, marcos propios de organización, diversos conocimientos y una red de relaciones sociales que solo pueden ser comprendidas desde el estudio histórico y etnográfico de las propias localidades.

Salud y desarrollo

Los artículos que componen este libro comparten la concepción de que el ámbito de la salud conforma un proceso dinámico que se desarrolla y transforma en un espacio-tiempo determinado, profundamente vinculado con la vida de un colectivo, sus condiciones materiales de vida, sus prácticas culturales y formas de percibir el mundo. Este proceso, denominado salud/enfermedad/atención opera estructuralmente en toda sociedad y sus conjuntos sociales, y en él se generan los padecimientos, se condicionan los tipos de atención y se construyen representaciones, prácticas y saberes específicos (Sacchi *et al.*, 2007: 271; Menéndez, 1994: 71-72; Menéndez, 2009: 26-27; Rosen, 2005: 50).

Este concepto general implica un vínculo entre la noción de "salud" (o salud/enfermedad) y la forma en que una sociedad organiza sus recursos (económicos, sociales, culturales y ambientales) para satisfacer sus necesidades y lograr su reproducción. Esto es, entre *salud* y *desarrollo*. Sin embargo, tal relación se da como una mutualidad, ya que la influencia de ambas variables es recíproca, al tiempo que compleja, como se verá en el primer capítulo de este libro.

El proceso salud/enfermedad/atención y su relación con estructuras sociales y económicas en Yucatán ha sido objeto de trabajos que actualmente son considerados como obras clásicas para la antropología médica: *Diagnóstico sobre el hambre en Sudzal* de Bonfil Batalla (1962)[7] y *Poder, estratificación y salud* de Eduardo Menéndez (1981). Ambos parten del reconocimiento de este vínculo que existe entre las condiciones materiales de vida de los pueblos, las formas históricas de producción de los padecimientos y las estructuras económicas y políticas que moldean la atención. Para explicar el caso yucateco,

7 Citamos aquí la reedición del 2006 del CIESAS/UAM/Ibero.

subrayan la crisis de la producción henequenera que se vivió en Yucatán y sus efectos nocivos en las condiciones materiales de vida del "campesinado", *ergo* mayas, así como en el proceso salud/enfermedad/atención.

Bonfil, por ejemplo, aborda el hambre como un problema de salud pública y su relación con las condiciones materiales de vida, dejando en segundo plano los aspectos simbólicos implicados en ese fenómeno (Bonfil, 2006: 109-114). Para él, en 1960, una de las principales variables que influían en la prevalencia de la desnutrición era la problemática disponibilidad de alimentos, variable que, a su vez, era dependiente de otras, como la producción y el intercambio. Para explicar sus causas, analizó una compleja red de relaciones y estructuras sociales, abordando temas como: la distribución de la riqueza y la explotación socioeconómica, tenencia y uso de la tierra (entonces dominada por el cultivo del henequén), lengua y cultura (con una mayoría de hablantes de lengua maya), organización familiar y vida cotidiana, como también la división del trabajo. A partir de este estudio, la desnutrición es explicada como resultado de un proceso de proletarización iniciado al estructurarse el ejido que sustituyó a las haciendas henequeneras, trayendo consigo profundas transformaciones sociales y económicas en las relaciones de la localidad con el exterior, pero también en el peso que estas transformaciones juegan en la dinámica interna (Bonfil, 2006: 193).

Menéndez continuó el mismo tipo de análisis al establecer una correlación entre la estructura económica y social de Yucatán, así como de sus condiciones de salud/enfermedad. No se centró en el estudio particular de una localidad, como lo hizo Bonfil, sino que abarcó todo el estado, proponiendo una regionalización y periodización con base en datos demográficos, económicos y políticos, analizados desde una perspectiva de largo plazo. En esta propuesta, los ciclos económicos del henequén son también parte destacada de la explicación de los procesos que se registraron en Yucatán desde finales del siglo XIX hasta 1970, aproximadamente. Esa relación recíproca entre salud y desarrollo, se advierte en "la importancia estructural de la dimensión salud/enfermedad no sólo en sí, sino básicamente para la explicación de la estructura social en su conjunto" (Menéndez, 1981: 12).

Desde entonces, la antropología médica ha mostrado que la articulación entre las estructuras económicas y sociales, y el proceso salud/enfermedad/atención, al desarrollarse entre los grupos indígenas en México, muestran un fenómeno complejo porque suman condiciones de pobreza y desigualdad históricamente construidas. Ahí, la morbilidad registra altos índices de enfermedades infecciosas y respiratorias agudas porque en las zonas indígenas prevalecen condiciones que inciden de manera negativa en la salud de la población

(Aguirre-Beltrán, 1986, 1994; Ortega, 1987; Pérez Tamayo, 1991: 57, 61-64; Menéndez, 1981: 206-212; Menéndez, 1992: 10; Castro, 2002: 25; Del Ángel-Pérez y Villagómez, 2004: 14-16, 25; ENSANUT Yucatán, 2012: 27).

Frente a este panorama, los colectivos sociales acuden a diferentes "modelos, saberes y formas de atención y prevención de los padecimientos" con distintas técnicas diagnósticas y variados tratamientos y estrategias de curación (Kleinman, 1978; Menéndez, 2009: 25). Entre los grupos indígenas se ha analizado la presencia e interacción de los modelos tradicional y biomédico (Holland, 1963; Módena, 1990; Sesia, 1992; Freyermuth, 1993; Campos-Navarro, 1997, 2007; Guzmán, 1997; Lerín, 2004; Quattrocchi, 2007; Güémez Pineda, 2007).

Sobre el "tradicional", destacan sus raíces prehispánicas, aunque también su constante modificación mediante la síntesis de concepciones y prácticas de diferentes saberes, incluido el biomédico (Menéndez, 1994: 72, 74; Zolla y Zolla, 1994: 154-155; Gubler, 2006: 135). Para el caso de los mayas, la historia de la medicina documenta estas transformaciones al analizar concepciones nativas sobre el cuerpo y la enfermedad, la herbolaria, la introducción de nuevas especies y su integración con el sistema biomédico (Villa Rojas, 1981; Chávez, 2011, 2013; Alcalá, 2012; Peniche, 2016). Este modelo no es independiente del sistema cultural en el cual se desarrolla y su terapéutica es un factor importante de control social (Campos-Navarro, 1997: 73).

El modelo biologicista, conocido también como "medicina científica" o "alópata", finca en la dimensión biológica la fundamentación científica del diagnóstico y el tratamiento, así como sus diferencias con otras formas de atención. Este tipo de atención, considerado como la forma más correcta de atender el proceso de s/e/a, en su funcionamiento excluye factores históricos, sociales y culturales, estableciendo relaciones asimétricas entre instituciones y pacientes (Menéndez, 2009: 42-43).

La consolidación hegemónica de este modelo médico es el resultado de un proceso histórico cuyo origen lo podemos rastrear hasta el siglo XIX, tanto en México como en otras partes de América y Europa. Podemos observar su emergencia de forma paralela con el surgimiento de la salud como una preocupación y responsabilidad de los estados nacionales; también, a la par del liberalismo económico y la expansión global del capitalismo, junto al cientificismo y la secularización decimonónicos, así como a los avances tecnológicos y del conocimiento. Sin embargo, este proceso histórico no erradicó otros modelos médicos existentes —como el nativo o "tradicional", la medicina doméstica[8] o la homeopatía—, sino que quedaron subordinados a la biomedi-

8 La medicina doméstica es definida como el proceso dinámico por el cual las unidades domésticas combinan conocimiento interno (recursos, normas de comportamiento y patrones) con elementos externos (servicios, productos,

cina, que poco a poco se fue haciendo de los recursos económicos, políticos, jurídicos e ideológicos del estado. Por ello, particularmente desde principios del siglo XX, esta relación ha estado materializada con tensiones, conflictos y antagonismos.

De forma gradual, el modelo biomédico exigió para sí el reconocimiento de ser el único depositario de la teoría y la praxis curativa, mientras que en el terreno legal se apropió de la regulación jurídica sanitaria. A nivel ideológico, esta preeminencia se ha fundamentado desde hace más de un siglo en la identificación inherente entre biomedicina y racionalidad científica, así como en la profesionalización formalizada del modelo biomédico que ha estado bajo control del propio estado (Palma, 1989; Pérez-Tamayo, 1991; Menéndez, 1992, 1994; Campos-Navarro, 1997; Barbachano, 1997; Zamudio, 2002). Sin embargo, es importante reconocer que las tensiones que genera la hegemonía del modelo biomédico en su relación con otras formas de atención se advierten desde el punto de vista institucional o de los curadores, pues desde la perspectiva del enfermo y sus familias estas diferencias pueden formar parte del mismo proceso (Menéndez, 2009: 21; Zolla, 1992; Zolla y Mellado, 1995).

La salud como constructo histórico

La expresión del fenómeno de la salud como un "proceso" conlleva una profundidad histórica; esto es, que la forma en que se construye y manifiesta la tríada salud/enfermedad/atención, se relaciona con un tiempo y un espacio determinado. Implica la idea de que se encuentra en constante cambio, como cambian las estructuras sociales, económicas y políticas con las que se relaciona ese proceso. Y supone, por tanto, que la salud (o el proceso salud/enfermedad/atención) es, necesariamente, un constructo histórico.

El estudio de la evolución de este proceso histórico en Yucatán ha enfocado la interacción entre dos esquemas culturales distintos: el maya y el de origen europeo, así como también las formas en que estas concepciones y prácticas en torno a la salud, la enfermedad y la atención han delimitado en el tiempo sus propios ámbitos de acción, transformándose en el camino. Para la época colonial, por ejemplo, se han destacado los rasgos y el predominio de la

información y habilidades) para restaurar, mantener y promover la salud de sus miembros (Berman y Bhattacharyya, 1994: 205). El ámbito doméstico es el primer sistema de atención a la salud, siendo la mujer (la madre) quien primero diagnostica el padecimiento, evalúa la gravedad del caso, decide por su cuenta o con otros miembros del grupo la demanda de atención y considera el tipo de curador (Módena, 1990; Osorio-Carranza, 2000). Menéndez (2009: 52-54) denomina a esta forma como "autoatención" que además incluye la atención organizada en torno a grupos de autoayuda para padecimientos específicos, como el alcoholismo. Una de sus características es que se da sin la intervención central, directa e intencional de curadores profesionales.

terapéutica maya, sus curadores especializados y sus conceptos sobre el cuerpo, la salud y la enfermedad (Balam, 1990; Arzápalo, 2005; Chávez, 2006, 2013). Por su importancia, se ha dado también un rescate de fuentes originales para el análisis de las concepciones y prácticas nativas sobre el cuerpo, la salud, la enfermedad y la curación (Aguilar, 1987; Arzápalo, 1999; Gubler, 2010, 2014).

Sobre la época colonial y el siglo XIX, destacan los estudios históricos de la población y sus condiciones materiales de existencia, es decir, abordajes hechos desde la epidemiología histórica. Así, conocemos el impacto de la viruela y el sarampión desde la temprana dominación española y el papel que estas epidemias tuvieron en la construcción del sistema colonial y sus dinámicas poblacionales (Molina Solís, 1943, t.2: 130-132; Cook y Borah, 1978; García Bernal, 1978: 65-68; Farriss, 1992; Quezada, 1995; Peniche, 2010: 132-140; Alcalá, 2009, 2013, 2015).[9]

Asimismo, se ha estudiado la emergencia de la fiebre amarilla urbana en 1648 y su carácter endémico por más de dos siglos, las catástrofes demográficas que trajo consigo y la forma en que —en el siglo XIX— sus brotes se correlacionaron con el aumento de la actividad henequenera y portuaria, los procesos de migración interna y los conflictos armados (Novo, 1964; Menéndez, 1981; Bustamante, 1982; Patch, 1996; Alcalá, 2012; Pérez, 2018). Sabemos de los efectos que trajeron consigo los brotes de cólera en el siglo XIX, y cómo esta enfermedad se relacionó con la pobreza y la guerra, pero también cómo sirvió a modo de acicate del higienismo, el sanitarismo, y la secularización y cientificismo de las explicaciones en torno a los problemas colectivos de salud (Dondé, 1920; Rubio y Tzuc, 1995; Laviada, Laviada y Puga, 1993; Alcalá, 2008, 2013, 2015; Peniche, 2013, 2016, 2017; Peniche y Malvido, 2013).

Este proceso de construcción de la salud pública se ha analizado a partir de epidemias específicas, como las del cólera de 1833 y 1853 (Alcalá, 2015; Peniche, 2016) o como parte del liberalismo económico, la emergencia de los estados nacionales y las cambiantes tensiones entre centralismo y federalismo (McCrea, 2010). En la lucha de fuerzas políticas y económicas que caracterizaron a Yucatán y México a finales del siglo XIX hasta finales del cardenismo, se ha reconocido la emergencia de la especialización biomédica y el creciente uso de la tecnología y los saberes para la atención, pero particularmente para el control de problemas de salud pública (Sowel, 2015; Couoh, 2016; Martínez, 2017).

9 Sobre la época prehispánica, ver Ortega (2007) quien aborda los determinantes de la salud entre los mayas a partir de restos óseos, y recurre al análisis de fuentes etnohistóricas para la reconstrucción del contexto sociohistórico; a partir de indicadores sociodemográficos, plantea la hipótesis de que la salud de los mayas se deterioró a medida que su organización socio-política se volvió más compleja.

Encontramos también una línea de estudios que destacan los factores históricos del proceso salud/enfermedad/atención en el contexto económico del henequén. Estos estudios develan la impronta de las relaciones de producción de esta industria en un sector de la población maya (campesinado) que, desde finales del siglo XIX hasta 1970, se vio sometido a relaciones de explotación, menor acceso al consumo, empobrecimiento creciente y un sistema de salud pauperizado, dando como resultado perfiles epidemiológicos diferenciados, dependiendo de las relaciones de producción en las cuales se encontraban insertos los sujetos sociales (Menéndez, 1981: 164-185; Ortega, 1987; Bonfil, 2006: 139-194). Otras variables destacadas en este proceso son, desde lo interno, la tenencia de la tierra y, desde lo externo, el contexto económico internacional. En cuanto a la primera variable, el estudio clásico de Bonfil Batalla sobre el hambre de Dzudzal refiere que la Reforma Agraria trajo consigo transformaciones en el interior de las localidades rurales henequeneras, pero al exterior no transformó la antigua división social basada en castas. En cuanto a la economía internacional, se advierte que tras la Reforma Agraria las instituciones nacionales se sometieron a las exigencias del mercado mundial (Bonfil, 2006: 142, 196). Ambos procesos hicieron más grave la carestía y la dificultad de acceder a la alimentación, llevando al agravamiento de las condiciones sociales y económicas de producción de la enfermedad en Yucatán. En esta línea de análisis, el extenso estudio de Menéndez (1981) sobre las condiciones sociales y económicas de la enfermedad en Yucatán, acomete en la "larga duración histórica el proceso constante de articulación" entre las estructuras económicas, sociales y políticas, y el proceso salud/enfermedad/atención (:12).

Además de los factores que generaron perfiles epidemiológicos específicos, la historiografía ha abordado también la atención a la salud, dando seguimiento a todas las transformaciones de la industria henequenera que se registraron desde el Porfiriato hasta fines del cardenismo. En este proceso de larga duración destaca la federalización de la salud pública que generó tensiones sociales y políticas (Jiménez, 1975; Gottdiener, 1976; Sowel, 2015).

En una línea distinta, encontramos las publicaciones de médicos yucatecos que escribieron sobre la historia de su profesión, así como reflexiones sobre su propio ejercicio en la primera mitad del siglo XX, cuando la biomedicina consolidaba las bases de su hegemonía a nivel nacional (Urzaiz, 1983, 1987a, 1987b; Ávila, 1945; Osorio y Carvajal, 1945; Vivas, 1992). Como es común en este tipo de escritos, el abordaje de las prácticas e ideas en torno a la salud y la enfermedad, se elabora en los límites de la historia intelectual e institucional de la biomedicina (Cervera, 2001; López, 2003; Barbachano,

1997). Desde una visión teleológica del progreso médico, esta "historia tradicional de la medicina" tiende a legitimar sus políticas, a justificar su praxis, a enaltecer identidades individuales y a estructurar lo que podemos concebir como la interacción subordinada entre enfermos y proveedores de salud (Armus, 2002: 42). En suma, esta producción historiográfica es uno más de los medios que contribuyó a cimentar y expandir el poder del saber médico a lo largo del siglo XX. Yucatán tuvo su propia contribución a este proceso.

Sin embargo, también hay otra línea que vincula la consolidación de la biomedicina y su profesionalización en Yucatán, tomando como ejes relacionales el poder, el saber y la economía, pero no tanto las necesidades específicas de salud de la población de Yucatán (Palma, 1989). De acuerdo con esta interpretación, desde el Porfiriato hasta 1970, la práctica médica en Yucatán se determinó por la forma particular en la que se estructuró el bloque hegemónico regional y los vínculos que estableció con el bloque hegemónico nacional. Por ejemplo, en las dos primeras décadas del siglo XX, el grupo que hegemonizaba la actividad económica y política en Yucatán era la burguesía agroexportadora del henequén (:188), mientras que las clases subalternas se componían por campesinos —principalmente mayas— que se incorporaban de manera forzosa a la producción destinada a la exportación, por campesinos que se dedicaban de manera libre al cultivo de productos de subsistencia para unos y otros, por obreros asalariados (cordeleros, ferrocarrileros), por diversos tipos de artesanos y por un sector emergente de servicios (maestros, meseros, etc.). Así, se crearon y consolidaron instancias de salud pública, así como hospitales y servicios médicos, con inyecciones de capital privado, tendientes a mantener a la fuerza de trabajo bajo control y sana. Posteriormente, se consolidó el bloque hegemónico nacional; y durante el cardenismo se empezaron a dar los pasos más importantes y definidos para la integración de Yucatán a un proyecto nacional y los servicios públicos de salud se vieron también influidos por este proceso de federalización (Palma, 1989: 188-200; Menéndez, 1981: 235-267).

Sobre el proceso de investigación

La realización de este libro surgió en el marco de un proyecto colectivo de investigación titulado "Análisis de los sistemas locales de salud en comunidades mayas del oriente de Yucatán: salud, enfermedad, prácticas e ideas", financiado por Conacyt en su convocatoria Fronteras de la Ciencia (2015). Durante dos años, los autores de este libro, con el apoyo de tres becarios (Yesenia

Castillo, Sergio Novelo y Wilma Manrique), nos dimos a la tarea de recopilar material empírico, discutiendo y compartiendo ideas e información a partir del interés común de analizar el vínculo histórico entre pobreza, marginación y etnicidad y su incidencia en el campo de la salud. Los capítulos de este libro se escribieron con parte de esta información, aunque es importante referir que en el proceso de investigación documentamos fenómenos relacionados con el proceso salud/enfermedad/atención que no se incluyen en esta publicación, pero que forman ya parte de otras publicaciones (Peniche, 2017; Angelotti y Peniche, 2017; Peniche y Angelotti, 2018; Peniche y Cortés, 2018; Angelotti, 2018), junto con otros procesos que alcanzamos a reconocer, pero que requieren de mayor investigación y análisis.

Al proponernos analizar el proceso salud/enfermedad/atención a partir de un ejercicio interdisciplinario entre antropología e historia, nuestras principales técnicas y métodos de trabajo fueron la etnografía y el trabajo de archivo. Entre 2015 y 2017 llevamos a cabo pesquisas en distintos repositorios como: el Archivo General del Estado de Yucatán, la Biblioteca Yucatanense, la Hemeroteca Nacional, el Archivo General de Indias y el Archivo particular del Dr. Rafael Colomé Trujillo. Este trabajo de archivo permitió tener una prospección y comprensión inicial sobre el proceso socio-histórico de construcción y consolidación del modelo de salud vigente y dominante en nuestros días, además de las formas en que históricamente ha excluido y subordinado a la población indígena (en este volumen, ver: Peniche, Solís y González, Bracamonte). Combinar el trabajo de campo con el trabajo de archivo nos permitió mantener una mirada amplia en un marco temporal de largo aliento, llevándonos a identificar que el modelo de salud prevaleciente hasta hoy, que excluye y subordina a las comunidades indígenas, comenzó a gestarse en el siglo XX, particularmente tras la Constitución de 1917, pero que comenzó un proceso de pauperización e individuación a partir de 1980 cuyos resultados podemos observar en el campo.

El trabajo de campo se llevó a cabo en localidades mayas del oriente del estado y en los alrededores de Mérida para documentar el caso específico de la epidemia de chikungunya (Angelotti y Cortés, en este volumen).

En el oriente, se realizaron etnografías de las localidades de San Pedro Juárez, Tahdzibichén, Cisteíl y San Luis (ver en este volumen: Cortés, Martínez, Castillo, Peniche y Searle); esta pesquisa nos permitió documentar la dinámica a través de la cual la SSA[10] brinda cobertura a las localidades rurales en el estado y la gran influencia local que han adquirido los "auxiliares de salud" que, por un lado, reproducen los modelos de atención del estado pero, por el otro, tienden puentes entre saberes locales y saberes extralocales. Encontramos

10 Secretaría de Salubridad y Asistencia.

que la preeminencia de los "auxiliares de salud" no se restringe al ámbito de la salud estrictamente, pues resultan centrales en muchos otros aspectos de la organización local y se amarran directamente al programa PROSPERA. Además de los programas que el estado implementa en el campo de la salud, propiamente dicha, hemos podido documentar otros programas que inciden, directa o indirectamente, en nuestro ámbito de interés. Por ejemplo, el de comedores comunitarios que se analiza para el caso de Cisteíl (ver Martínez en este volumen) o el de las "cocinas ecológicas", que busca reducir la vulnerabilidad de las mujeres que constantemente se exponen a cocinar con leña, pero que en la realidad esas cocinas no son usadas por los pobladores (ver Peniche y Searle en este volumen).

Asimismo, en nuestra investigación cobró un interés particular el de las enfermedades emergentes (chikungunya y zika), que no había sido contemplado en el proyecto inicial. Sucedió que cuando nos encontrábamos haciendo trabajo de campo, irrumpió por primera ocasión la epidemia de chikungunya y zika, por lo que pudimos observar en poco tiempo la incidencia del contagio que estas enfermedades alcanzaron en las poblaciones rurales, de la mano con todas las debilidades del sistema de salud y la forma en que la organización social (familias en especial) funciona para intentar llenar los grandes vacíos del sistema (ver en este volumen: Cortés; y Angelotti y Cortés).

Como resultado colectivo del trabajo de campo se elaboraron cuatro registros etnográficos de igual número de localidades, teniendo como eje las siguientes variables: 1) organización familiar y de parentesco, 2) producción y economía, 3) etno-conocimiento, 4) padecimientos y técnicas de diagnóstico, 5) prácticas para conservar la salud y enfrentar la enfermedad y 6) conceptos culturales sobre salud/enfermedad. Adicionalmente, con base en la información etnográfica, se realizó una tipología y caracterización de unidades domésticas, siguiendo la hipótesis de que las formas específicas y variadas que tiene esta célula de organización social, su estructuración, las distintas posiciones de sus miembros, la distribución de tareas y autoridad, sus actividades económicas e, incluso, sus filiaciones políticas y/o religiosas, influyen de manera importante en el desarrollo del proceso de salud/enfermedad/atención en su interior. En suma, en las unidades domésticas se correlacionaron las variables de organización socio-económica, salud/enfermedad/atención y alimentación. Sin embargo, al elaborar esta tipología encontramos que los ingresos económicos, el acceso a medios de producción y la lengua, no son precisamente variables sino rasgos muy homogéneos, por lo que se privilegiaron otras variables como: estructura parental, residencia, autoridad femenina y producción, variables que, tras la experiencia en campo, se mostraron relevantes en el campo de la salud.

Para la identificación de las familias entrevistadas se establecieron como criterios los siguientes: que al menos alguno de sus miembros hablara la lengua maya, que al menos uno de sus miembros realizara trabajo agrícola y que al menos uno de sus miembros estuviera en edad escolar. No fue difícil hacer la selección ya que, al menos, los dos primeros criterios elegidos son compartidos por la mayoría de las familias en las localidades trabajadas. Habiendo seleccionado las familias, se aplicaron tres tipos de instrumentos: una entrevista cerrada para obtener información etnográfica (organización social, medios de vida, producción, vivienda y religión), otra para recoger información sobre salud y alimentación; y una entrevista abierta que recabar "carreras curativas" sobre muy diferentes padecimientos (diabetes, mordeduras de serpiente, luxaciones, tuberculosis y otros padecimientos culturalmente delimitados como "susto").

Sobre los capítulos de este volumen

Como ya se ha referido, los ocho capítulos que integran este libro se concibieron y realizaron en el marco de un proyecto colectivo. Desde la historia, se abordan procesos generales y particulares sobre dos vertientes del fenómeno eje: el proceso de construcción y consolidación del modelo biomédico que desde el siglo XIX se volvió hegemónico en la atención, la prevención y la salud pública. De igual forma, se aborda la vulnerabilidad y la construcción histórica de los padecimientos. Desde la antropología, se abordan procesos locales de generación de padecimientos, formas de atención, como su vínculo con las estructuras sociales, culturales y económicas en las que se desarrolla el proceso salud/enfermedad/atención.

El primer capítulo aporta un marco sociohistórico que, a nivel nacional, nos permite conocer los procesos en los cuales se vio inserto Yucatán y justifica el título que da nombre a este libro, en el que se vinculan las nociones de Salud y Desarrollo; en este se plantea que desde finales del siglo XIX, por espacio de poco más de un siglo, la construcción de los estados nacionales, la delimitación de las regiones económicas, la consolidación hegemónica del modelo biologicista en la atención y la emergencia de la salud pública, fueron procesos que se desarrollaron simultáneamente y en estrecha interrelación.

El segundo capítulo, titulado "Despojo, jornales y aguardiente", analiza la vinculación histórica entre el sistema de trabajo que caracterizó a Yucatán en el siglo XIX y una parte del XX, como también uno de los principales problemas de salud que hasta hoy aqueja a la población maya: el alcoholismo. Desde la historia, este capítulo se enfoca en uno de los objetivos del proyecto colectivo antes referido: la vinculación entre pobreza y salud; se muestra cómo el despojo y la pauperización de la población maya fueron rasgos sustantivos del sistema económico de la hacienda henequenera y analiza el papel histórico que ha tenido el alcohol en ese proceso.

El tercer capítulo se enfoca en la historia de la medicina en Yucatán, abordando un episodio hasta ahora muy poco conocido, en parte, por la carencia de fuentes disponibles: "El doctor Rafael Colomé Trujillo y la homeopatía yucateca". Como se hizo mención páginas antes, uno de los productos del proyecto colectivo que dio origen a este libro fue haber digitalizado el archivo particular de los descendientes del Dr. Colomé, lo que permitió la redacción de este capítulo que analiza la institucionalización de la medicina homeopática en el estado en el entorno de los cambios generados por el socialismo yucateco.

Los capítulos cuarto, quinto y sexto se basan en información etnográfica y analizan el fenómeno de salud/enfermedad a nivel local en poblaciones mayas; el cuarto y el quinto retoman la alimentación como un problema relacionado con la salud en las localidades mayas, mientras que el sexto vincula las variables de organización social, enfermedad y atención al analizar el papel de las madres de familia en los procesos de autoatención que se registran como el principal modelo para enfrentar la enfermedad a nivel local en una población maya. El capítulo quinto también parte de la organización social (familiar) para analizar los factores que influyen en las prácticas alimentarias enfocadas a la población infantil.

Los capítulos séptimo y octavo se enfocan en las enfermedades emergentes de chikungunya y zika, así como en su impacto entre la población rural, primordialmente maya. El capítulo sexto, titulado "Chikungunya y zika en Yucatán: los mayas ante dos patologías emergentes", documenta etnográficamente los brotes registrados en 2015 y 2016, analizando sus particularidades en un marco social, cultural e institucional específico, develando la forma en que se construye y reproduce la vulnerabilidad. El capítulo séptimo se titula "Enfermedades transmitidas por el mosquito *Aedes aegypti* en dos comisarías de Mérida, Yucatán: Sierra Papacal y Sitpach", en este, a partir de encuestas realizadas en comisarías de Mérida, se realiza un análisis en términos de prevalencia y aporta observaciones críticas en torno a las estrategias de salud pública empleadas por el estado para el control y erradicación de enfermedades transmitidas por vector.

Este libro se imprimió gracias al apoyo y colaboración de diversas instituciones y personas a las que deseamos agradecer: al Consejo Nacional de Ciencia y Tecnología (CONACyT) que financió la investigación e impresión del libro a través de la convocatoria Fronteras de la Ciencia, con el proyecto

"Análisis de los sistemas locales de salud en comunidades mayas del oriente de Yucatán: salud, enfermedad, prácticas e ideas" (Id. 407/2015). Al Centro de Investigaciones Superiores en Antropología Social (CIESAS), Unidad Peninsular, y a la Facultad de Ciencias Antropológicas de la Universidad Autónoma de Yucatán (FCA-UADY) por ofrecer los espacios académicos idóneos para el intercambio académico y la investigación. A la Coordinación de Publicaciones de la UADY por el cuidadoso trabajo de edición y la amabilidad siempre mostrada con los autores en todo el proceso editorial. A las auxiliares de salud de los pueblos en los que trabajamos, especialmente a Doña Filomena Uch, cuya ayuda fue invaluable, y a muchos de los que participamos en este libro hoy nos honra con su amistad. A los doctores Jesús Lizama Quijano y Luis Alberto Suárez por la cuidadosa lectura y atinados comentarios y sugerencias a las versiones preliminares.

Al abordar problemáticas relacionadas con la salud, manifestamos que en todos los casos de análisis contemporáneo la investigación contó con el conocimiento informado de los participantes, que conocieron el protocolo de investigación y a quienes se les entregó copia escrita y se les informó sobre sus fines académicos y su eventual publicación a manera de libro. Al concluir la fase de recopilación de datos empíricos, celebramos asambleas para proyectar videos de las entrevistas que realizamos y entregamos material visual (carteles e infografías).

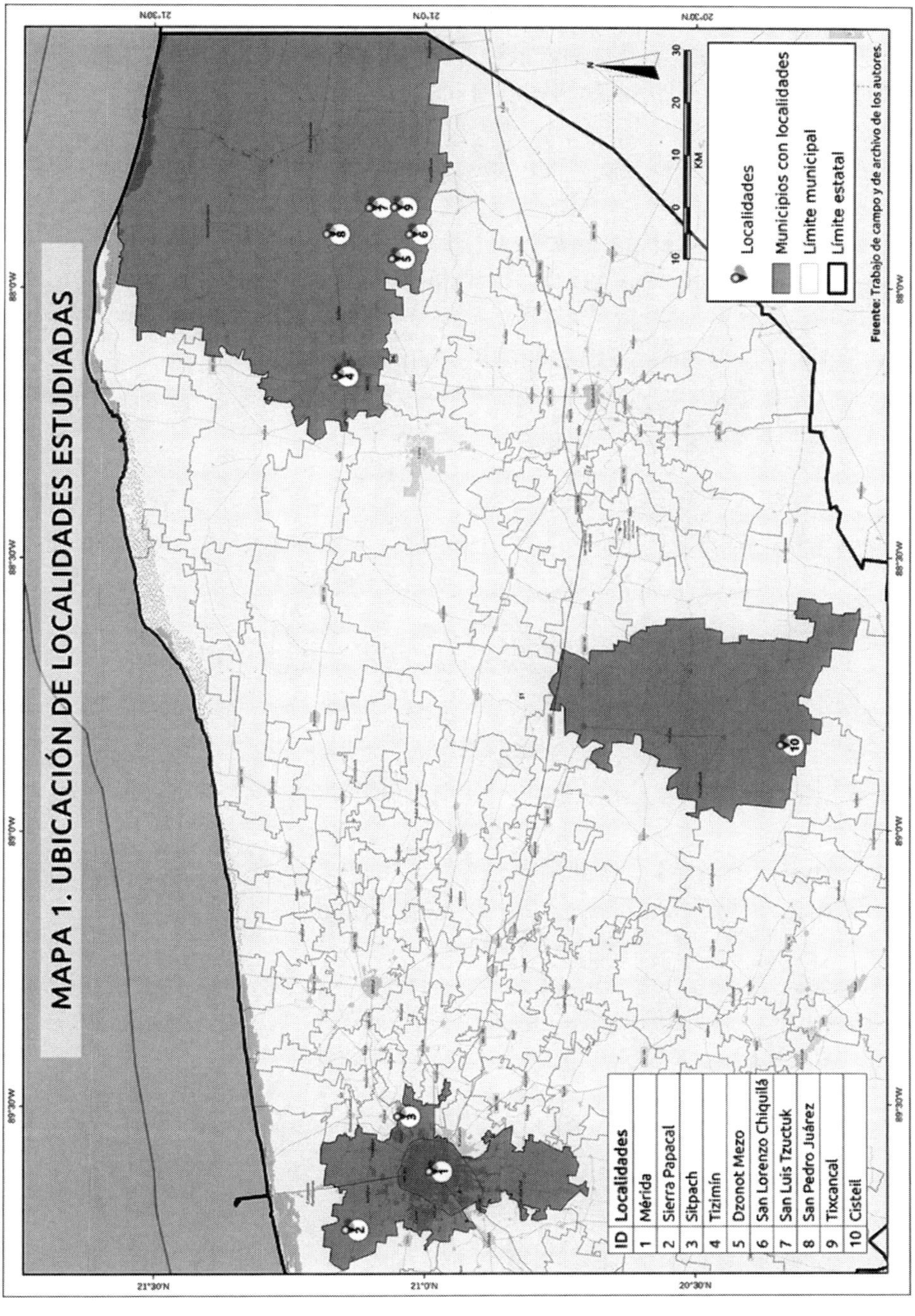

MAPA 1. UBICACIÓN DE LOCALIDADES ESTUDIADAS

Bibliografía

Aguilar Cerón, Cecilio Manuel. *La medicina empírica yucateca en el siglo XVIII a través de sus fuentes*. Mérida: Diario del Sureste, 1987.

Aguirre Beltrán, Gonzalo. *Antropología médica.* México: CIESAS, 1986.

———. *Programas de salud en la situación intercultural.* México: Universidad Veracruzana, INI, Gobierno del Estado de Veracruz, FCE, 1994.

Alcalá Ferráez, Carlos Ramón. «De miasmas a mosquitos: el pensamiento médico sobre la fiebre amarilla en Yucatán, 1890-1920.» *Histórica, Ciencias, Saúde- Manguinhos,* 19, núm. 1 (enero-marzo 2012): 71-87.

———. «La viruela en el Estado de Campeche, 1875». *Naveg@mérica. Revista electrónica editada por la Asociación Española de Americanistas,* núm. 3 (2009).

———. *Población y epidemias en San Francisco de Campeche: 1810-1861.* Mérida, Yucatán: UADY, 2015 (a).

———. «Viruela y mujeres: trabajadoras del hogar en la ciudad de Campeche, 1855». *Península* 8, núm. 2 (20 de enero de 2015): 39-64 (b).

Armus, Diego. «La enfermedad en la historiografía de América Latina moderna». *Asclepio* 54, núm. 2 (30 de diciembre de 2002): 41-60.

Arzápalo Marín, Ramón. «Illnes and Healing among the maya in the colony according to "El Ritual de los Bacabes": change and continuity». *Journal of Social Sciences 3*, núm. 3 (1999): 127-37.

———. «La ciencia médica del maya peninsular. Perspectivas sincrónica y diacrónica». *Península* 1, núm. 0 (5 de febrero de 2014): 17-28.

Ávila Escalante, Álvaro. «Historia de la medicina alopática en la época colonial». *Enciclopedia Yucatanense,* IV: 261-284. Mérida: Gobierno del Estado de Yucatán, 1945.

Balam Pereira, Gilberto. «Del origen, desarrollo y actualidad social del conocimiento médico de los mayas de Yucatán». Tesis, Facultad de Ciencias Políticas y Sociales - UNAM, 1990.

———. *Cosmogonía y uso actual de las plantas medicinales de Yucatán.* Mérida: UADY, 1992.

Bender, Donald R. «A Refinement of the Concept of Household: Families, Co-residence and Domestic Functions». *American Anthropologist,* núm. 69, (1967): 493-504.

Berman, Peter, Carendall y Karabi Bhattacharyya. «The household production of health: integrating social science perspectives on micro-level health determinants». *Social Science and Medicine* 38, núm. 2 (enero 1994): 205-215.

Bonfil Batalla, Guillermo. *Diagnóstico sobre el hambre en Sudzal, Yucatán. Un ensayo de antropología aplicada.* México: CIESAS, UAM, UIA, 2006.

Bracamonte y Sosa, Pedro. *Una deuda histórica. Ensayo sobre las condiciones de pobreza secular entre los mayas de Yucatán.* México: CIESAS, Miguel Ángel Porrúa, 2007.

———. *Ante el etnocidio. Nuevas políticas públicas para los pueblos originarios de México.* Mérida: Ediciones de La Calle 70, 2014.

Bracamonte y Sosa, Pedro y Jesús Lizama Quijano. *Tocando fondo. Resultados básicos de la encuesta sobre marginalidad, pobreza e identidad del pueblo maya (EMPIMAYA 2004).* México: CIESAS, 2006.

Bracamonte y Sosa, Pedro, Jesús Lizama Quijano y Gabriela Solís Robleda. *Un mundo que desaparece. Estudio sobre la región maya peninsular.* México: CIESAS, 2011.

Bustamante, Miguel E. «La fiebre amarilla en México y su origen en América». *Ensayos sobre la historia de las epidemias en México,* de Enrique Florescano y Elsa Malvido, 19-35. México: Instituto Mexicano del Seguro Social, 1982.

Campos Navarro, Roberto. «Curanderismo, medicina indígena y proceso de legalización.» *Nueva Antropología* XVI, núm. 53 (1997): 67-87.

———. «La interculturalidad, la medicina tradicional y los trabajadores de la salud». *Salud reproductiva e interculturalidad en el Yucatán de hoy*, de Miguel Güémez Pineda y Patrizia Quattrocchi, 115-132. México: UADY, INDEMAYA, CNDI, 2007.

Castro, Roberto. *La vida en la adversidad: el significado de la salud y la reproducción en la pobreza*. México: CRIM-UNAM, 2002.

Cervera Andrade, Alejandro. «Apuntes para la historia del Hospital O'Horán de la ciudad de Mérida, Yucatán, México». *Rev Biomed* 12, núm. 1 (2001): 63-71.

Chávez Guzmán, Mónica. «El sol como fundamento curativo de las terapias mayas yucatecas en el período colonial». *Estudios de cultura maya* 28 (2006): 121-39.

———. «Médicos y medicinas en el mundo peninsular maya colonial y decimonónico», *Península* (UNAM) VI, núm. 2 (otoño 2011): 71-102.

———. *Cuerpo, enfermedad y medicina en la cosmología maya del Yucatán colonial.* Mérida, Yucatán: UNAM, Centro Peninsular en Humanidades y Ciencias Sociales, 2013.

Cook, Sheburne F. y Woodrow Borah, *Ensayos sobre historia de la población: México y el Caribe*. Tomo II, México: Siglo XXI, 1978.

Couoh Jiménez, Felipe Salvador. *La ciencia médica en Yucatán: reflexiones filosóficas sobre sus orígenes y presente*. Mérida, Yucatán: UADY, 2016.

Del Ángel-Pérez, Ana y José Alfredo Villagómez-Cortés. «Alimentación, salud y pobreza en áreas marginadas urbanas: caso Veracruz-Boca del Río, Veracruz, México.» *Estudios Sociales* XXII, núm. 44 (julio-diciembre 2014): 12-35.

Dondé, Lorenzo Efrem. «El cólera morbus en la Península de Yucatán en 1833», en: *La Revista de Yucatán*, núm. 68, (septiembre de 1920): 13.

Erosa Barbachano, Arturo. *La escuela de medicina de Mérida Yucatán.* México: UADY, 1997.

Farriss, Nancy. *La sociedad maya bajo el dominio colonial.* Madrid: Editorial Alianza, 1992.

Freyermuth Enciso, Graciela. *Médicos tradicionales y médicos alópatas. Un encuentro difícil en los Altos de Chiapas.* Tuxtla Gutiérrez: CIESAS, Gobierno del Estado de Chiapas, 1993.

García Bernal, Manuela Cristina. *Yucatán. Población y encomienda bajo los Austrias*. Sevilla: Escuela de Estudios Hispano-Americanos, 1972.

Gottdiener Estrada, Elena. *La Medicina tradicional y la Medicina institucional entre los Henequeneros de Yucatán.* Mérida, Yucatán: Editorial Juárez, 1976.

Gubler, Ruth. «El papel del curandero y la medicina tradicional en Yucatán». *Alteridades* 6, núm. 12 (1996): 11-18.

Gubler, Ruth, ed. *Fuentes Herbolarias Yucatecas del siglo XVIII: El libro de medicinas muy seguro y quaderno de medicinas.* DOCUMENTALIA 3. Mérida: UNAM, Centro Peninsular en Humanidades y Ciencias Sociales, 2010.

———. *Yerbas y Hechicerías del Yucatán.* México: Secretaría de Educación del Estado de Yucatán; UNAM, 2014.

Güémez Pineda, Miguel. «Partería y medicina alopática en Yucatán: Hacia un modelo intercultural de atención a la salud reproductiva». En *Salud reproductiva e interculturalidad en el Yucatán de hoy,* de Miguel Güémez Pineda y Patrizia Quattrocchi, 15-50. México: UADY, INDEMAYA, CNDI, 2007.

Guzmán, Violeta. «Prácticas médicas tradicionales en Yucatán». *Nueva época* 2, núm. 2 (diciembre 1997): 19-27.

Hareven, Tamara. «The family as process: the historical study of the family cycle». *Journal of Social History* (Cambridge), vol. 7, núm. 3 (1974): 322-329.

Holland, William. *Medicina maya en los Altos de Chiapas.* México: INI, 1963.

Instituto Nacional de Salud Pública. *Yucatán. Encuesta Nacional de Salud y Nutrición. Resultados por entidad federativa.* México: Instituto Nacional de Salud Pública, 2012.

Jiménez Trava, Joaquín. *Un siglo en la salud del campesino yucateco.* Mérida: Sin Pie de Imprenta, 1975.

Kleinman, Arthur. «Concepts and a model for the comparison of medical systems as cultural systems». *Social Science & Medicine* 12, núm. 2-B (1978): 85-93.

Laviada Arrigunaga, Francisco, Eduardo Laviada Arrigunaga y Álvaro H. Puga Navarrete. «El cólera en la Península de Yucatán en el siglo pasado». *Rev. Biomed*, vol. 4, núm. 1 (Enero-Marzo 1993): 43-48.

Lerín P., Sergio. «Antropología y salud intercultural: desafíos de una propuesta». *Desacatos* (CIESAS), núm. 15-16 (Otoño-invierno 2004): 111-125.

———. «Recursos institucionales para diabéticos mayahablantes de Tizimín (Yucatán). Carencias y logros en los Grupos de Ayuda Mutua (GAM)». *Revista pueblos y fronteras digital* 12, núm. 23 (junio de 2017): 77-98.

Lizama Quijano, Jesús. *Del pueblo a la urbe. El perfil maya de la blanca Mérida.* México: CIESAS, 2012.

López Aguilar, Verónica, Lía Esther Pérez Guerra y Marco Sánchez Solís, Antonio. *De la superstición a la ciencia: la enfermería universitaria en Yucatán.* Mérida: Compañía Editorial de la Península, 2003.

Martínez Azcorra, Fénix. *La salud infantil y la profesionalización de la pediatría en México. El caso del Hospital del Niño de Mérida, 1940-1966.* Mérida: Calle 70/SIIDETEY, 2018 (en prensa).

McCrea, Heather. *Diseased Relations: epidemics, Public Health and State Building in Yucatán, México, 1847-1924.* Alburquerque: University of New México, 2010.

Menéndez, Eduardo L. *Poder, estratificación y salud. Análisis de las condiciones sociales y económicas de la enfermedad en Yucatán.* México: CIESAS, 1981.

———. «Modelo hegemónico, modelo alternativo subordinado, modelo de autoatención. Caracteres estructurales». *La antropología médica en México,* 97-113. México: UAM, 1992.

———. «La enfermedad y la curación ¿qué es la medicina tradicional?» *Alteridades* 4, num. 7 (1994): 71-83.

———. *De sujetos, saberes y estructuras. Introducción al enfoque relacional en el estudio de la salud colectiva.* Buenos Aires: Editorial Lugar, 2009.

Módena, María Eugenia. *Madres, médicos y curanderos.* México: CIESAS, 1990.

Molina Solís, Juan Francisco. *Historia del descubrimiento y conquista de Yucatán.* Prólogo de Antonio Mediz Bolio. Tomo II, México: Ediciones Mensaje, 1945.

Muñoz-Mendoza, M., B. Romero, A. Del Cerro, C. Cortázar, J. F. García-Marín, S. Menéndez, J. Mourelo, *et al.* «Sheep as a Potential Source of Bovine TB: Epidemiology, Pathology and Evaluation of Diagnostic Techniques». *Transboundary and Emerging Diseases* 63, núm. 6 (diciembre de 2016): 635-46.

Novo, Salvador. *Breve historia y antología sobre la fiebre amarilla.* México: Secretaría de Salubridad y Asistencia/La Prensa Médica, 1964.

Ortega Canto, Judith. *Henequén y salud.* Mérida: UADY, 1987.

Ortega Muñoz, Allan. *Los mayas prehispánicos del Meco: la vida, la muerte y la salud en la Costa Oriental de la Península de Yucatán.* Colección Científica 520, México: Instituto Nacional de Antropología e Historia, 2007.

Osorio-Carranza, Rosa María. *Entender y atender la enfermedad. Los saberes maternos frente a los padecimientos infantiles.* México: INI, CIESAS, 2000.

Osorio y Carvajal, Ramón. «Historia de la medicina alopática en la época independiente». *Enciclopedia Yucatanense*, IV: 285-341. Mérida: Gobierno del Estado de Yucatán, 1945.

Palma-Solís, Marco A. *La educación Médica en Yucatán: estudio de la evolución de la educación médica desde la época maya hasta nuestros días.* Mérida: UADY, 1989.

Patch, Robert. «Sacraments and Disease in Mérida, Yucatán, México, 1648-1727». *Historian* 58, núm. 4 (junio de 1996): 731-743.

Peniche Moreno, Paola. *Tiempos aciagos. Las calamidades y el cambio social del siglo XVIII entre los mayas de Yucatán.* México: CIESAS, Miguel Ángel Porrúa, 2010.

———. *El cólera morbus en Yucatán. Medicina y Salud Pública, 1833-1853.* México: CIESAS, Miguel Ángel Porrúa, 2016.

Peniche Moreno, Paola y Elsa Malvido. «Los huérfanos del cólera morbus en Yucatán, 1833». *Historia Mexicana* (El Colegio de México) LXIII, núm. 249 (julio- septiembre 2013): 111-170.

Peniche Moreno, Paola y Gabriel Angelotti. «Familia y enfermedades emergentes. Modelos de atención y representaciones culturales de la fiebre chikungunya entre la población maya». *Antropología Experimental* 0, núm. 18 (17 de febrero de 2018): 91-110.

Pérez Amézquita, Wendy. *Otra ciudad de Nínive: epidemias y hambrunas en Yucatán, 1648-1716.* Mérida: Calle 70/SIIDETEY, 2018 (en prensa).

Pérez Tamayo, Ruy. *Notas sobre la ignorancia médica y otros ensayos.* México: El Colegio Nacional, 1991.

Quattrocchi, Patrizia y Miguel Güémez Pineda (coordinadores). *Salud reproductiva e interculturalidad en el Yucatán de hoy.* México: UADY, INDEMAYA, CNDI, 2007.

Quezada, Sergio. «Epidemias, plagas y hambres en Yucatán, México (1520-1700)». *Revista Biomédica* 6 (1995): 238-242.

Robichaux, David. «Sistemas familiares en culturas subalternas de América Latina: una propuesta conceptual y un bosquejo preliminar». David Robichaux (coord.), *Familia y Diversidad en América Latina. Estudios de casos.* Buenos Aires: CLACSO, 2007.

Rosen, George. *De la policía médica a la medicina social.* México: Siglo XXI, 2005.

Rubio Canul, Manuel y Lizbeth Tzuc Sánchez. «24 horas para morir: epidemia de cólera morbo en Yucatán en 1833», en: *Revista Biomed*, 6, pp. 102-107, Mérida, 1995.

Sacchi, Mónica, Margarita Hausberger y Adriana Pereyra. «Percepción del proceso salud-enfermedad-atención y aspectos que influyen en la baja utilización del sistema de salud en familias pobres de la ciudad de Salta». *Salud Colectiva* 3, núm. 3 (septiembre-diciembre 2007): 271-283.

Segalen, Martine, *Antropología histórica de la familia*, Madrid: Taurus, 1992.

Sesia, Paola. «La obstetricia tradicional en el istmo: marco conceptual y diferencias con el modelo biomédico». *Medicina tradicional, herbolaria y salud comunitaria en Oaxaca*, Paola Sesia. Oaxaca: CIESAS, Gobierno del Estado de Oaxaca, 1992.

Sowell, David. *Medicine on the Periphery. Public Health in the Yucatán, México, 1870-1960*. New York: Lexington Books, 2015.

Urzaiz Jiménez, Carlos. *Crónicas de un Estudiante de Medicina*. México: Maldonado Editores, 1983.

———. *Ensayos paramédicos*. MEXICO: UADY, 1987.

———. *Vida de médico*. Mérida: UADY, 1987.

Villa Rojas, Alfonso. «Terapéutica tradicional y medicina moderna entre los mayas de Yucatán». *Anales de Antropologia* XVIII (1981): 13-28.

Vivas Arjona, Álvaro. *Contribución al estudio de la dermatología en Yucatán*. Mérida: UADY, 1992.

Yanagisako, Sylvia Yunko. «Family and Household: The Analysis of Domestic Groups». *Annual Review of Anthropology*, vol. 8 (1979): 161-205.

Zamudio, Silvia. *La enseñanza de la medicina en Michoacán en el siglo XIX*. Morelia: Universidad Michoacana de San Nicolás de Hidalgo, Archivo Histórico, 2002.

Zolla, Carlos. «Antropología, práctica médica y enfermedad en el medio rural.» En *Prácticas populares, ideología médica y participación social.* México: Universidad de Guadalajara, CIESAS, 1992.

Zolla, Carlos y Emiliano Zolla Márquez. *Los pueblos indígenas de México.* México: UNAM, 2004.

Zolla, Carlos y Virginia Mellado. «La función de la medicina doméstica en el medio rural mexicano». *Las mujeres y la salud*, S. González Montes: 71-92. México: El Colegio de México, 1995.

Capítulo 1
Medicina, salud pública y modelos de desarrollo en México: del liberalismo al neoliberalismo (1880-1990)

Paola Peniche Moreno

Este capítulo es un ensayo socio-histórico sobre la relación intrínseca entre salud pública, medicina y desarrollo nacional en el México del siglo XX. Su argumento central es que la construcción de los estados nacionales, la consolidación hegemónica del modelo biologicista en la medicina y la emergencia de la salud pública fueron procesos que se desarrollaron simultáneamente y en estrecha interrelación. Desde el siglo XIX, los modelos hegemónicos de atención a la salud han dependido de la forma en la que un estado organiza sus recursos materiales y sus instituciones para buscar el progreso y satisfacer sus necesidades, esto es, de sus modelos de desarrollo. Su interpretación histórica se vincula necesariamente con la organización nacional que se dio desde mediados del siglo XIX, tras el reconocimiento de la independencia y en el marco de la transición hacia el capitalismo periférico en América Latina.

Cabe señalar que los modelos de desarrollo adoptados en México, por lo menos hasta mediados del siglo XX, fueron en realidad proyectos oligárquicos emprendidos por la clase dominante nacional para asegurar su predominio económico, social y político (Carmagnani, 1984: 9-10). La salud pública fue parte de ese proyecto oligárquico, y parte también de la inserción del país en el contexto internacional que se dio desde finales del Porfiriato. Las élites urbanas consolidaron a la medicina como una profesión liberal que, al vincularse con la esfera política, orientó la salud pública, y el cientificismo construyó la base ideológica para dotar de autoridad a este proceso.

La periodización elegida, por lo tanto, no es arbitraria. Refiere a procesos generales de construcción del estado nacional en México que ya han sido reconocidos por otros autores y para otros campos sociales, como la educación, la política, la economía, etcétera. Comienza en las últimas décadas del siglo XIX, cuando el gobierno de Porfirio Díaz impulsó la proyección de México a nivel internacional y, para ello, en 1883 arregló el pago conjunto de la deuda externa. Todo lo que se ha dicho anteriormente condujo a que el país se sumara a los ideales de progreso y orden que ya caracterizaban la evolución de ciudades europeas y norteamericanas, pero también a las exigencias de mejorar la salud pública para el desarrollo del comercio entre países a través de los puertos. El ensayo culmina casi cien años después, al terminar lo que podríamos denominar como la primera fase de las reformas neoliberales que, así como el liberalismo económico del Porfiriato, también implicó una transformación profunda del estado mexicano y de su modelo de desarrollo.

La perspectiva abarcadora elegida obedece a la necesidad de contar con un marco general para la comprensión de procesos regionales, como el yucateco, toda vez que el siglo XX implicó su incorporación —desigual y cambiante— al proyecto federal de construcción nacional.

Primera etapa. La medicina moderna y la salud pública (1880-1910)

El siglo XIX se caracterizó, en México como en otras partes de América y Europa, por fenómenos económicos, políticos e ideológicos estrechamente relacionados que repercutieron de manera sustantiva en los procesos de salud/enfermedad/atención. Se trata, principalmente, del liberalismo económico, el proceso de construcción de los estados nacionales y la secularización registrada en varios ámbitos de la sociedad, que implicó un repliegue paulatino de la iglesia y sus explicaciones en torno a la naturaleza, el cuerpo, la salud y los comportamientos individuales y colectivos.

El origen de la llamada "medicina moderna" se explica por estos fenómenos, como también por los logros alcanzados en la generación de conocimiento de tipo biológico y los avances tecnológicos. Desde finales del siglo XVIII, la medicina de Occidente comenzó a concebir la enfermedad como un fenómeno natural que obedece a leyes naturales. En consecuencia, los padecimientos se clasificaron siguiendo la lógica de la botánica, por lo que el médico se convirtió en un clasificador de lo "normal" y lo "patológico", que paulatinamente se volvieron ejes organizadores de la práctica médica (Foucault, 1996: 13, 54,116).

Otro rasgo de esta "modernidad" fue el inicio de un proceso de medicalización en el que la práctica médica intervino cada vez más en ámbitos que habían estado fuera de su alcance, al menos parcialmente: el cuerpo humano, la conducta, el comportamiento y el ambiente. En efecto, a la par del desarrollo del capitalismo, desde inicios del siglo XIX, el cuerpo se socializó en su calidad de fuerza productiva y de base social de la construcción de los estados nacionales. Foucault (1996: 87) plantea que fue en esta etapa cuando el cuerpo se erigió como una "realidad biopolítica" y la medicina como una "estrategia biopolítica". La exploración anatómica constituyó el terreno para este proceso de medicalización, y la medicina en una "ciencia de la normalidad de los cuerpos" (Foucault, 1996: 49). Aparece así lo que se ha denominado como una "nueva moral del cuerpo" y en todos los países se publicó literatura sobre la obligación de los individuos a garantizar su salud y la de su familia, etcétera; la noción de higiene como limpieza adquirió dimensiones morales y se volvió central en todos los planteamientos respecto al cuidado de la salud (Foucault, 1996: 68). Ligado al cuerpo, el comportamiento se convirtió también en objeto de medicalización, permitiendo explicar por qué algunas personas enfermaban y otras no; especialmente, por qué ciertos sectores de la sociedad sufrían más que otros. Se pensaba que vicios, miseria, conductas sexuales, mugre y pobreza no solo eran "malas costumbres", sino transgresiones a "leyes naturales" que tenían efectos negativos sobre la salud y, por lo tanto, eran objeto de la intervención médica (Peniche, 2016: 39-40).

El poder del saber médico fue el motor de la expansión medicalizadora; un saber tendiente a biologizar el binomio normal/patológico, a convertir a la enfermedad y a los enfermos en un campo exclusivo, especializado de conocimiento y de práctica médica, abarcando al ambiente y a los espacios colectivos. El individuo y la población, sus costumbres, comportamientos y sus espacios se convirtieron simultáneamente en objetos de saber y de intervención médica (Foucault, 1996: 120). La medicina se implicó en un campo distinto al de las enfermedades propiamente dicho: el aire, el agua, las construcciones, los terrenos, los desagües; es decir, todo aquello que afectara la salud de las personas y generara fenómenos epidémicos o endémicos.

Esa fue la base para la emergencia del higienismo que caracterizó la medicina moderna en el siglo XIX y principios del XX. Se trata, en sí, de una medicina de las cosas, de las condiciones de vida y del medio de existencia. En este marco, aparece la noción de "salubridad" como la base material y social para mejorar la salud, como un estado del medio ambiente y sus elementos constitutivos, junto con la "higiene pública" como el control político-científico de este medio (Foucault, 1996: 100).

En México, el higienismo se inició, como en Europa, desde principios del siglo XIX frente a epidemias como el cólera o fiebre amarilla, que mostraban una evidente asociación entre enfermedad, medio ambiente y condiciones materiales de vida. Sin embargo, a nivel político y administrativo, el higienismo se consolidó como estrategia médica y de salud pública hasta el Porfiriato. Ello fue así, en gran medida, porque durante esta etapa el estado tuvo el poder necesario para lograr un control efectivo sobre el cuerpo y los espacios, tanto públicos como privados. De esta manera, lo que antes se manejaba como medidas emergentes frente a crisis epidémicas, en las últimas décadas del siglo XIX se consolidaron como un conjunto permanente de disposiciones y conceptos destinados al cuidado de la salud por parte del estado. Este proceso fue acompañado por la recepción, por parte de los médicos mexicanos, de los descubrimientos de la microbiología, la inmunología y la epidemiología: se identificó al agente etiológico de muchas enfermedades, se las enfrentó con sueros y vacunas, explicando la forma en que algunas de ellas se propagaban (Carrillo, 2002: 67). Este proceso ha sido vinculado a la transición demográfica que se inició en México desde finales del siglo XIX con una importante reducción en la mortalidad (Zavala, 1992: 105-107).

En esta etapa, el conocimiento y la tecnología médica tuvieron un progreso enorme, al mismo tiempo que se producían las grandes transformaciones políticas, económicas, sociales y jurídicas de la medicina. Su desarrollo se dio a la par de la industrialización y la internacionalización del mercado. Por ello, se le ha llamado también "medicina industrial", aunque su posterior crisis se ha asociado igualmente con la crisis más general de la sociedad industrial (Nieto, 1983: 139).

México participó en esta tendencia global hacia la sanidad al mismo tiempo que transitaba hacia el capitalismo, lo cual se dio aceleradamente durante el régimen de Porfirio Díaz, sobre todo a partir de 1888 cuando reinició el pago de su deuda externa y, con ello, renovó sus intereses comerciales de orden internacional. Para expandir el comercio, fortalecer la industria y lograr la meta modernizadora, se necesitaba garantizar el libre tránsito de mercancías y personas, para ello resultaba crucial transformar las condiciones sanitarias en todo el país y mejorar la salud pública. Sin embargo, la modernización se restringió a la capital de la república y a las zonas del país que suministraban productos agrícolas y metales. Zonas como la Ciudad de México, en su calidad de centro político y económico del país; el golfo de México, impulsado por el puerto de Veracruz y la península de Yucatán que prosperó en el Porfiriato por el valor creciente del henequén en el comercio internacional, entre otras (Carrillo, 2002: 69,80).

Como ya se adelantó, todo lo anterior se vio acompañado de una concentración creciente del poder disciplinador del estado en los procesos de salud/enfermedad (Carrillo, 202: 68), particularmente en asuntos sanitarios y en ámbitos relacionados que garantizaran su funcionamiento: conocimiento científico, administración médica, control de la enseñanza y la práctica médica, consolidación del médico como un administrador de salud, entre otras. Estos son rasgos de la historia biopolítica que Foucault (1996: 88-90) denomina como "Medicina de Estado". El primer Código Sanitario de 1891 trajo consigo el crecimiento de una burocracia sanitaria que demandó que cada individuo o estado sacrificara un poco de su propia libertad en beneficio de toda la nación. A partir de entonces, con las reformas al Código realizadas en 1894 y 1902, el estado pudo penetrar en todos los espacios para vigilar la higiene privada y pública, fortaleciendo la idea de que ante la enfermedad había responsabilidad individual y social; se censaron a enfermos, se castigó su ocultación con severas penas; se obligó a otros a someterse a tratamientos (mal de pinto); se realizaron visitas médicas domiciliarias para averiguar si había enfermos (cólera); se vacunó por persuasión o por fuerza (viruela); se aisló a los enfermos (fiebre amarilla y tifo), etcétera. En hospitales, cuarteles, cárceles, asilos y escuelas, se difundió la idea de que el orden, la puntualidad y la limpieza eran necesarias para la "reproducción de la fuerza de trabajo eficiente que requería la llamada segunda revolución industrial" (Carrillo, 2002: 71, 81).

Esta concentración del poder político del estado trajo consigo restricciones a la autonomía profesional de los médicos. Por ejemplo, estaban obligados a asistir gratuitamente a los pobres, ya fuera en sus propios consultorios o en las instituciones de beneficencia. En el Porfiriato, algunos profesionales de pensamiento liberal se opusieron a esta obligación, pues pugnaban por un mercado sanitario regido por las leyes del comercio, sin intervención de terceros (Carrillo, 2002: 353-354, 374; Martínez, 2017: 47-50). La autonomía profesional se vio frenada también por la presión del estado para invalidar el secreto médico en procesos judiciales o en caso de enfermedades contagiosas. A finales del siglo XIX, la burocracia sanitaria exigió a los médicos que hicieran reportes puntuales tanto para elaborar estadísticas de morbilidad y mortalidad, como para aislar a los enfermos que se consideraban un peligro para la salud pública (Carrillo, 2002: 353, 374).

Adicionalmente, el estado desempeñó un papel rector en la consolidación de la profesión médica, ya que financiaba escuelas y sociedades científicas, periódicos y otras publicaciones, así como su participación en congresos nacionales e internacionales. Los médicos, por su parte, favorecieron los procesos de secularización y modernización del estado nacional, al aplicar sus conocimientos a la salubridad pública y beneficiar, con ello, a la producción y el comercio (Carrillo, 2002: 351-353).

A cambio, el gremio médico exigió al estado delimitar su jurisdicción profesional y frenar el pluralismo que durante todo el siglo XIX dio cabida a diferentes tipos de curadores y sanadores, así como a variadas técnicas terapéuticas (Peniche, 2016: 173). En el Código Penal de 1871 se establecieron penas de prisión y multas para quienes sin título legal ejercieran la medicina, la cirugía, la obstetricia o la farmacia. Sin embargo, la "libertad de profesiones" contemplada en la Constitución de 1857 impidió que en la práctica se regulara el ejercicio de distintos curadores que trabajaban al margen de la regulación biomédica (Carrillo, 2002: 373).

Segunda etapa. Constitucionalismo posrevolucionario, salud pública y nacionalismo (1917-1940)

El conflicto armado en México supuso una interrupción del impulso modernizador de la medicina y, lógicamente, también del control que el estado ejercía sobre los cuerpos, los espacios públicos y la profesión médica. Sin embargo, a partir de 1917 los principales rasgos de la medicina moderna que se gestaron durante el Porfiriato se reanudaron en un nuevo contexto en el que la salud fue uno de los pilares que sustentaron la reconstrucción material e ideológica del estado nacional.

La Constitución marcó el inicio de un período de reformas e institucionalización que se extiende hasta 1940. En este período se ensayaron nuevos derroteros de evolución económica y social, a la vez que perduraron formas sociales anteriores. De acuerdo con Meyer (2007: 118), el Porfiriato fue una dictadura personal autoritaria, que en la posrevolución se transformó en un autoritarismo institucionalizado. Desde 1917 el estado se convirtió en el centro de objetivación de las transformaciones sociales y económicas con las que se impulsó un conjunto de políticas públicas orientadas a apuntalar la estrategia de desarrollo (Moreno y Guadalupe, 2005: 126).

Entre 1920 y 1930, el comportamiento demográfico del país estuvo marcado por el crecimiento y la aceleración. Los índices de mortalidad disminuyeron por el propio crecimiento de la economía del país y la puesta en marcha de campañas de salud pública y saneamiento. Pero también hubo una política pública orientada a promover un crecimiento de la población, fomentando la fecundidad, abatiendo la mortalidad y realizando esfuerzos por reintegrar a los mexicanos que habían emigrado del país durante la revolución (Alba, 1994: 3).

Entre 1930 y 1940 se consolidó la figura de un estado fuerte y altamente interventor; se destinaron recursos a lograr cierta justicia social, ya que el mejoramiento de las condiciones de vida era necesario para lograr alguna estabilidad y construir el capitalismo mexicano (Moreno y Guadalupe, 2005: 126-127).

Entre 1917 y 1940 la medicina estuvo orientada hacia fines nacionalistas, fue entonces cuando se estructuraron las políticas nacionales de salud que se mantuvieron vigentes durante casi todo el siglo XX; además, se movilizaron recursos públicos y privados orientados a satisfacer las necesidades de grupos específicos de la sociedad (González, 1990: 338). Los gobiernos surgidos de la revolución emprendieron una política nacionalista y reformista, con una presencia creciente del movimiento obrero y campesino (Carrillo, 2005: 146). Esta tendencia se refleja en la Constitución de 1917, que trajo implícita una concepción de justicia distributiva para la clase trabajadora, mas no para toda la población; especialmente en el cardenismo, esta clase adquirió mejor capacidad organizacional, tuvo más voz y capacidad de presión, lo cual llevó a que tuviera una mejor cobertura para atender su salud en un sistema de seguridad basado en las cuotas del trabajador y del patrón. Quienes no eran trabajadores asalariados quedaron relativamente desprotegidos (Mayer-Serra, 2007: 149).

Los gobiernos que siguieron al conflicto armado tuvieron que solventar graves problemas de salud en el país: se aplicó con firmeza una política sanitaria para hacer frente a las epidemias que afectaban grandes zonas y diezmaban constantemente a la población, como viruela, fiebre amarilla, paludismo, influenza, tifo. Asimismo, médicos y salubristas liberales respaldaron ideas eugenésicas como una vía para conseguir los ideales de orden, desarrollo económico y progreso. Así, se consolidó la función normalizadora de la medicina que se había desarrollado desde finales del siglo XIX. Ambos ejes, sanitarismo y eugenesia, estructuraron la política de salud posrevolucionaria, ya que buscaban revertir el grave problema demográfico heredado de la revolución, pero fundamentalmente se exigió a la medicina el efecto económico de dar a la sociedad individuos fuertes, capaces de trabajar, de mejorar y reproducir la fuerza laboral.

Durante el cardenismo (1934-1940), se apostó por una medicina que pudiera llegar al campo y dar servicios de salud a la población más vulnerable; con ello se buscaba lograr el crecimiento poblacional y el progreso. El nuevo estado buscó la incorporación de las masas agrarias y urbanas, redefiniendo el equilibrio político y sentando las bases para desarrollar un proceso de industrialización (Carrillo, 2005: 146). Las acciones concretas para la implementación de esta política fueron, entre otras: para prevenir enfermedades intestinales (que era una de las principales causas de mortalidad infantil), se dotó a las comunidades de agua y otros servicios públicos, se combatieron epidemias y endemias, se estableció un instituto para el estudio de las enfermedades tropicales, se preparó y distribuyó personal técnico sanitario por toda la república, se prestó atención a la alimentación y vivienda popular, se emitieron leyes en materia de protección de la salud de los trabajadores y, finalmente, se coordinaron los servicios sanitarios federal, estatales y municipales, lo cual hasta entonces solo se había hecho de manera experimental (Carrillo, 2005: 149,178).

Con la Constitución de 1917 se creó el Departamento de Salud Pública que dependía directamente del presidente y tenía capacidad ejecutiva en todo el país; mientras que la administración de los hospitales públicos quedó en manos de la Dirección General de Beneficencia Pública. La investigación científica relacionada con la salud, financiada por el estado y otros organismos internacionales (como la Fundación Rockefeller), se concentró en la prevención y erradicación de las enfermedades epidémicas que constituían los principales problemas de salud (en particular tifo, fiebre amarilla y malaria) y estaban muy relacionadas con la política internacional. Si bien, esos padecimientos habían causado estragos durante siglos, los procesos de industrialización y el incremento del comercio internacional les dieron una nueva dimensión (Carrillo, 2002b; González, 1990). Por ello, la medicina preventiva tuvo mucho más impulso que la clínica, ya que la aplicación de medicamentos aún se consideraba demasiado restringida. Hasta finales del cardenismo se fomentó más la labor curativa (Carrillo, 2005: 178). Tanto la medicina preventiva como la clínica se sustentaron en la concepción bacteriana de la enfermedad y la participación de los médicos reforzó el carácter científico de la autoridad sanitaria junto con los servicios de salud. Ello fue, sin duda, una herencia de la historia política del siglo XIX (González, 1990: 339-340).

En la primera década del siglo XX, en México, los médicos se concentraron en las grandes ciudades. El papel tan importante que tuvieron en el desarrollo de la salud pública, además de su vinculación con el desarrollo científico, el conocimiento y el progreso, consolidaron su legitimidad ante la sociedad. Sus saberes eran semejantes a los de Europa, en particular Francia. La terapéutica descansaba sobre todo en preparados magistrales a base de codeína, quinina, emetina y aspirina, principalmente; las acciones sanitarias se concentraban en cuarentenas, vacunaciones contra la viruela, inspecciones a personas y locales; en la ciencia predominaba el positivismo (Flisser, 2009: 13). Posteriormente, aproximadamente entre 1930 y 1940, el avance de las especialidades médicas cobró un fuerte impulso, muy relacionado con el desarrollo tecnológico y científico generado en Estados Unidos. No obstante, la tendencia de la medicina mexicana a vincularse con la del vecino país del norte se consolidaría a partir de la Segunda Guerra Mundial.

Gráfica 1. Titulaciones de médicos a nivel nacional en México, 1928-1970

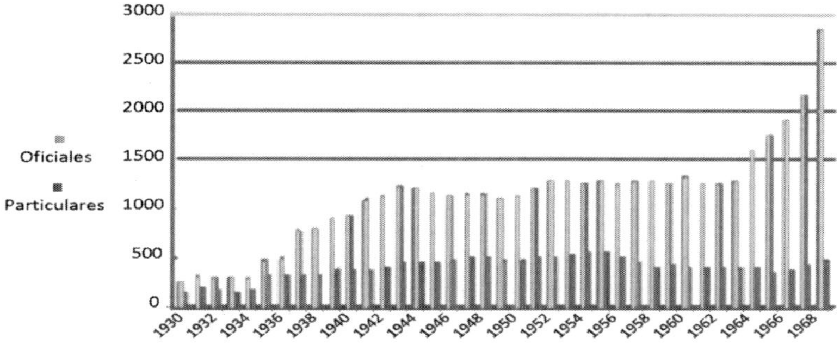

Fuente: Anuario Estadístico de los Estados Unidos Mexicanos,1938, 1939, 1941, 1942, 1943-45,1946-50, 1951-52, 1953, 1954, 1955-56, 1957, 1958-59, 1960-61, 1962-63, 1964, 1966-67, 1968-69,1970-71.

Entre 1934 y 1940 se advierte un aumento en las titulaciones profesionales, que incluían principalmente a *médicos cirujanos y parteros* egresados de la Facultad de Medicina de la Universidad Nacional Autónoma de México y de la Escuela Médico Militar; a *médicos homeópatas, cirujanos y parteros* de la Escuela Nacional de Medicina Homeopática del Instituto Politécnico Nacional (IPN); a partir de 1946 (y hasta 1963) en los Anuarios Estadísticos se comenzaron a registrar a *médicos rurales* de la Escuela Superior de Medicina Rural, también del IPN. Sin embargo, como se puede advertir en la siguiente gráfica, entre 1940 y 1950 se dio el crecimiento más significativo de médicos, en medio de la explosión demográfica y el desarrollo económico que se dio en México, en el contexto internacional de la Segunda Guerra Mundial y la posguerra. En el siguiente apartado se profundizará sobre ello.

Gráfica 2. Índice de médicos titulados en relación con el total de población en México, 1930-1969

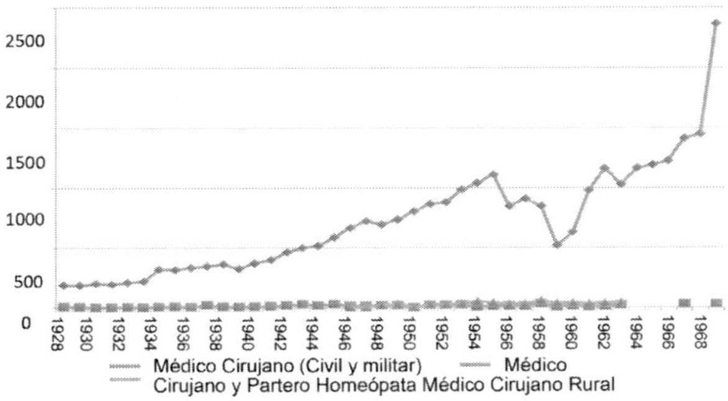

Fuente: Anuario Estadístico de los Estados Unidos Mexicanos,1938, 1939, 1941, 1942, 1943-45, 1946-50, 1951-52, 1953, 1954, 1955-56, 1957, 1958-59, 1960-61, 1962-63, 1964, 1966-67, 1968-69, 1970-71.
Nota: el índice se construyó según la siguiente fórmula: (N /P)***1000**; en donde N: número de títulos expedidos a nivel nacional en un tiempo determinado (médico cirujano y partero, médico cirujano y partero militar, médico cirujano y partero homeópata, médico cirujano y partero rural); y P: el total de población a nivel nacional según el censo al corte de la década correspondiente (1940, 1950, 1960, 1970).

La atención médica en México comenzó un proceso de institucionalización a partir de las Leyes de Reforma y de la creación en 1861 del Consejo Nacional de Beneficencia. El estado asumió la obligación de otorgar atención a los más necesitados. Sin embargo, desde entonces, la asistencia no solamente registró la inversión pública, sino también la privada. La secularización que se dio en el siglo XIX incluyó también la noción y la práctica de la "caridad" cristiana (antes monopolizada por la iglesia), a través de la cual se registraba la inversión de particulares en el ámbito de la salud. Hacia 1889 se creó la Ley de Beneficencia Privada, que reguló, entre otras cosas, los establecimientos privados en los que se brindaba asistencia (Guadarrama, 2006: 11-12). Tras la revolución, esta noción de beneficencia se organizó en torno a la Secretaría de Asistencia Pública creada en 1934.

Esta "asistencia", incluía aquella relacionada con la salud, pero también la que tenía fines educativos (escuelas, títulos profesionales, bibliotecas, museos, prensa, espectáculos públicos, funciones deportivas, etc.), asilos y casas de cuna, montes de piedad, alimentación (comedores públicos y desayunos escolares), vestido (reparto de ropa o tela para hacerla), higiene (servicio de baño y peluquería, desinfección y lavado de ropa), etcétera. La asistencia social con fines curativos se daba en establecimientos "oficiales" y "particulares", dependiendo si eran del gobierno y se daba de manera gratuita, o si eran privados y tenían fines lucrativos. Los que atendían a enfermos internos eran hospitales, casas de salud, sanatorios y clínicas, manicomios, casas de maternidad, lazaretos, sanatorios para tuberculosos, centros de recuperación, así como los centros que brindaban atención a los enfermos que se alojaban en su propio domicilio. Los que daban consultas externas eran centros de higiene y asistencia, consultorios y servicios médicos, dispensarios, oficinas de vacuna, puestos de socorro y secciones médicas de policía. El funcionamiento de los servicios externos se normó en 1935, por ello solamente a partir de esa fecha aparecen especificados en los Anuarios Estadísticos.

Gráfica 3. Establecimientos con fines curativos en México, 1930-1968

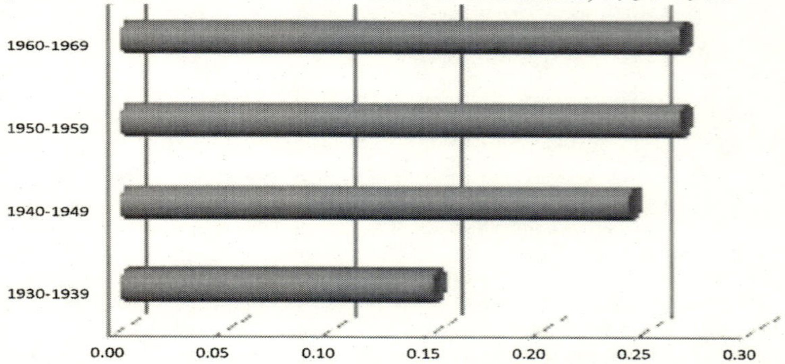

Fuente: Anuario Estadístico de los Estados Unidos Mexicanos, 1938, 1939, 1941, 1942, 1943-45, 1946-50, 1951-52, 1953, 1954, 1955-56, 1957, 1958-59, 1960-61, 1962-63, 1964, 1966-67, 1968-69, 1970-71.

A partir del cardenismo, se observa un incremento de los establecimientos del gobierno en los que se brindaba asistencia médica, mientras que la asistencia en establecimientos privados se mantuvo prácticamente igual hasta la década de los setenta. El desarrollo industrial iniciado durante el cardenismo, a pesar de su retórica socialista, impulsó la creación de una incipiente burguesía nacional y progresivamente la consolidación de una clase media, cuyos servicios de salud y atención médica no estaban contemplados en la Constitución de 1917. En efecto, no quedó en manos del estado la total solución de los problemas de salud, por lo que los médicos y algunos grupos pudientes empezaron a construir unos cuantos hospitales privados lucrativos, sin embargo, este desarrollo fue lento (Fajardo, 2002). Para González (1990: 337) hacia 1940 se habían legitimado plenamente dos principios de vinculación entre el estado y los beneficiarios en materia de salud: el técnico y el corporativista.

Tercera etapa. Desarrollismo, medicina y corporativismo (1940-1980)

A partir de 1940, el país se vio inmerso en acontecimientos internacionales que repercutieron de manera importante en la medicina, la salud y la atención médica: la Segunda Guerra Mundial, el desarrollo de la penicilina, la expansión y hegemonía alcanzada en América Latina (y otras partes del mundo) por el Informe Flexner. En pocos años, la medicina no solo vio "crecer rápidamente su efectividad, sino que ha visto también transformarse su misión"[11]. A nivel nacional, adicionalmente, se vivió un desarrollo económico e institucional de gran magnitud, y se promulgó la Ley del Seguro Social en 1943, que impactaría profundamente las políticas de salud emprendidas desde las administraciones federales y estatales.

Meyer (2007: 120) plantea que fue precisamente a partir de los cuarentas cuando, al abandonar la orientación hacia la izquierda, se inició la verdadera posrevolución. Así, arrancó un periodo de cambio político y económico en México que trajo consigo una profunda transformación demográfica y social. Entre 1940 y 1950, los procesos de industrialización y urbanización se convirtieron en ejes rectores de la política económica del país, definiendo de manera determinante la construcción del México moderno (Coral, 2006: 104). Durante este período, con la industrialización se buscaba generar empleos, acu-

11 Según un discurso hecho frente a la Asociación Mexicana de Facultades y Escuelas de Medicina en 1969 (Ramos, 1969: 877).

mular capital, acrecentar la riqueza material e incrementar la competitividad económica internacional del país en el corto plazo (Huerta y Chávez, 2003: 56; Alba, 1994: 2; Coral, 2006: 103, 109). Por ello, la etapa comprendida entre 1940 y 1970 es conocida como el "milagro mexicano". Hacia la década de los 50 (a finales del sexenio de Miguel Alemán) la estabilidad política y el crecimiento económico urbano-industrial se habían consolidado como axiomas de la administración y las políticas públicas (Coral, 2006: 109).

Esta orientación política y económica trajo consigo un crecimiento del Producto Interno Bruto estimado entre 6% y 7% anual medio. Para fortalecer y diversificar al floreciente sector industrial, el gobierno creó una alianza con el sector privado, tanto mexicano como extranjero, a fin de expandir el aparato productivo nacional y sustituir las importaciones, estableció una política comercial proteccionista y se valió de una abundante y barata mano de obra. Asimismo, se emprendió una política de desarrollo social tendiente a consolidar a la clase trabajadora: impulsando la educación pública gratuita, facilitando el acceso a la vivienda, promoviendo el consumo y atendiendo la demanda de salud en este sector (Alba, 1994: 3; Huerta y Chávez, 2003: 58-59; Coral, 2006: 103-104, 109).

En el contexto generado por la Segunda Guerra Mundial y la consolidación de la presencia internacional de Estados Unidos como potencia mundial, se afianzó la relación entre ese país y México; a partir de 1941 la maquinaria de guerra fue nutrida con productos mexicanos, relación que fue aprovechada por los empresarios y el gobierno para fortalecer la plataforma industrial y comercial de este país (Coral, 2006: 108). México exportó materias primas y productos, pero importó bienes de capital, generando un fenómeno de transferencia y dependencia tecnológica en el que se inscribió de manera particular la medicina y la atención a la salud. Volveré sobre ello.

Los procesos de estabilidad política y económica referidos, aunados a la creciente urbanización, fueron consolidando una clase media consumidora de productos y servicios, incluyendo servicios médicos privados y —notablemente— productos farmacéuticos. El incremento de la población de clase media entre 1940 y 1970 correspondió a la expansión de la actividad industrial y la estructura burocrática del estado (Coral, 2006: 104). Los médicos (y profesores, abogados, etc.) formaron parte de esta clase media en expansión y su ejercicio profesional se concentró, principalmente, en las ciudades más importantes del país. Esta profesionalización de la clase media fue, de hecho, un medio de ascenso social y económico. Mientras tanto, la situación económica en las áreas rurales y más pobres del país se fue progresivamente depauperando, por lo que fueron creciendo las disparidades sociales y regionales (Perus, 2010: 118).

Otro de los acicates de este desarrollo económico fue el aumento de población que hubo en el país a partir de 1940. Desde principios del siglo XX, el crecimiento demográfico en México fue moderado aunque sostenido, con una ligera inflexión registrada durante la fase armada de la Revolución, entre 1910 y 1920. Esta tendencia se debió a que, si bien, la natalidad era elevada, también lo era la mortalidad. Posteriormente, desde 1940 hasta 1970, la explosión demográfica que se vivió no tuvo precedentes, pasando de una tasa de crecimiento anual de 1.7% en los treintas a otra de 3% en los cincuentas. Entre 1920 y 1940 el volumen de población se incrementó un 37%, en la siguiente veintena el crecimiento fue de 77% y entre 1960 y 1980 el crecimiento fue de 90%.

Gráfica 4. Población total en México, 1885-1980

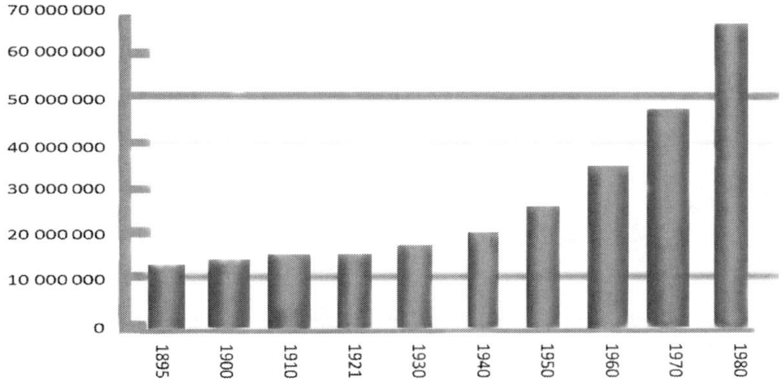

Fuente: Anuario Estadístico de los Estados Unidos Mexicanos,1938,1939,1941,1942,1943-45, 1946-50, 1951-52,1953,1954,1955-56,1957,1958-59,1960-61,1962-63,1964,1966-67,1968-69,1970-71,1980-81.

Gráfica 5. Tasa de crecimiento poblacional en México, 1885-1980

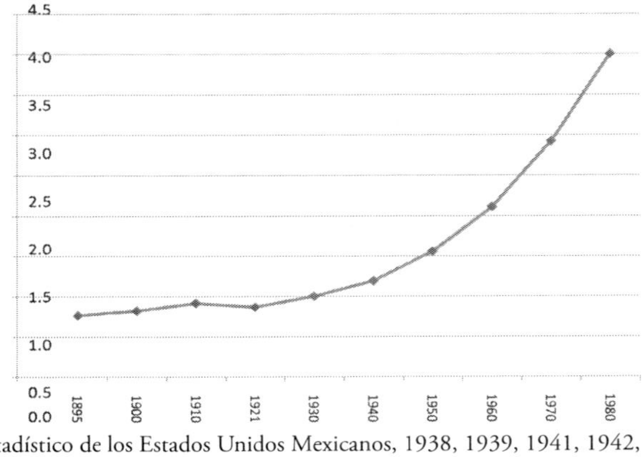

Fuente: Anuario Estadístico de los Estados Unidos Mexicanos, 1938, 1939, 1941, 1942, 1943-45, 1946-50, 1951-52, 1953, 1954, 1955-56, 1957, 1958-59, 1960-61, 1962-63, 1964, 1966-67, 1968-69, 1970-71, 1980-81.

Las causas de este crecimiento poblacional estuvieron estrechamente relacionadas con la salud pública y la medicina: la mejora en la infraestructura de salud que inició desde el cardenismo, la intensificación de las campañas de vacunación, una natalidad elevada y sostenida, cambios epidemiológicos motivados por la introducción de la penicilina para tratar enfermedades infecciosas y el uso del DDT para combatir el paludismo, una disminución importante en la mortalidad y un consecuente incremento de más de 20 años en la esperanza de vida entre 1940 y 1970 (Aguilar, 2015: 268).

A partir de los cincuentas, se privilegió la concentración de la mano de obra ahí donde la industrialización la necesitaba, es decir, en los centros urbanos. En contraste, se consideraba al México rural como un freno para el desarrollo interno, desligado de las principales corrientes comerciales, financieras y tributarias del país (Huerta y Chávez, 2003: 56). Fue hasta los sesentas que se hizo evidente que el crecimiento poblacional ejercía fuertes presiones sobre la disponibilidad de los recursos y que la capacidad del sistema para atender las demandas de la creciente población era limitada (Alba, 1994: 3-4). Hasta entonces se emprendieron campañas para controlar la natalidad.

En el campo de la atención médica, estos procesos llevaron a que el incremento de médicos que se dio a partir de los cincuentas se concentrara —precisamente— en las ciudades, dando sus servicios en establecimientos oficiales, pero también y de manera creciente en clínicas y consultorios privados.

Mientras tanto, en el contexto internacional, el fin de la Segunda Guerra Mundial trajo consigo nuevas concepciones en torno al derecho a la salud y el papel del estado en garantizar este derecho. Se registró un giro de una noción de "buena salud para el Estado" a otra de "el Estado para la buena salud de los individuos". Este cambio se cristalizó en Inglaterra con la elaboración del Plan Beveridge en 1942, que sirvió a muchos países como modelo para la organización de la salud una vez concluido el conflicto armado. Con este plan el estado asumió la tarea explícita de garantizar a sus miembros un buen estado de salud: el derecho del hombre a mantener su cuerpo en buena salud se convierte en objeto de la acción del estado. Con el Plan Beveridge la salud entra en el campo de la macroeconomía. Así, al cubrir las necesidades de salud se trata de lograr cierta redistribución económica y corregir, en parte, la desigualdad de los ingresos (Foucault, 1996: 67-68). De acuerdo con Foucault (1996: 69), entre 1940 y 1950 se observa "la formulación de un nuevo derecho, una nueva moral, una nueva economía, una nueva política del cuerpo".

México participó de esta nueva economía y política de la salud a partir del gobierno de Manuel Ávila Camacho (1940-1946), en cuyo período se llevaron a cabo varias iniciativas en el ámbito de la salud pública. Si bien, se partió de la base de las políticas implementadas por su antecesor Cárdenas, en este período se tendió a expandir el sistema de salud y a crear un aparato institucional que respondiera a la lógica de legitimación posrevolucionaria que caracterizó esta etapa. En 1943 se crearon la Secretaría de Salubridad y Asistencia —orientada a la población en general— y el Instituto Mexicano del Seguro Social —destinado a los trabajadores con una relación laboral formal—. La intervención del estado en materia de atención a la salud fue esencialmente corporativista, pues se centró en determinados grupos organizados que contribuirían con su fuerza de trabajo a la industrialización y el crecimiento económico (Warman, 1994: 12-13). Habría que decir que ésta no fue únicamente una política impulsada desde el estado, sino que el gremio médico también se hizo consciente de su participación en el desarrollo económico, al afirmar que "la medicina, al aplicar su tecnología, influye directamente en la productividad y por ende en los medios de producción" (Ramos, 1969: 878).

Entre 1950 y 1980, se registró un crecimiento de instituciones públicas de salud como: el Hospital Infantil de México (1943), el Instituto Nacional de Cardiología (1944), el Hospital de las Enfermedades de la Nutrición (1946), el Hospital La Raza del IMSS (1952), el ISSSTE (1959) y otros más de 300 hospitales a lo largo y ancho del país, además de 17 grandes Centros de Salud urbanos y otros 340 Centros de Salud rurales. En esta etapa, asimismo, se tuvieron importantes progresos en materia médica que contribuyeron a mejorar las condiciones de salud y atención que incidieron en el crecimiento de la población: la producción de la vacuna antivariólica y la erradicación de la viruela, la integración del Comité Nacional de lucha contra la poliomielitis y la campaña permanente contra esta enfermedad, el programa de erradicación nacional contra el paludismo, la dotación de agua y drenaje para las viviendas a partir de la creación de la Secretaría de Recursos Hidráulicos y el uso terapéutico de la penicilina para tratar enfermedades infecciosas (Aguilar, 2015: 251).

Como ya referí, uno de los rasgos del sistema económico desarrollado durante esta etapa, fue una dependencia de tecnología y bienes de capital, fenómeno que también afectó al campo de la salud. En efecto, al tiempo que se creó una importante estructura sanitaria, la tecnología médica se importó fundamentalmente del exterior. Así sucedió con el diseño de las campañas contra la fiebre amarilla y el paludismo o el uso terapéutico de los antibióticos.

Gráfica 6. Principales productos importados en México, 1953

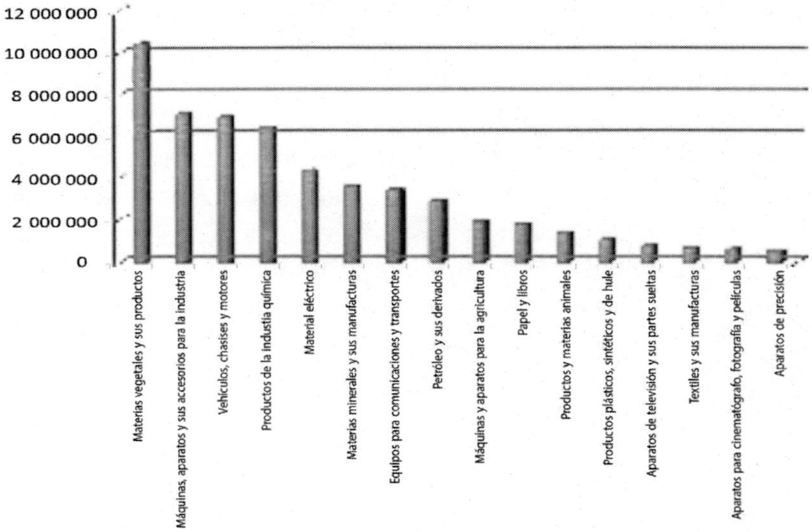

En el primer caso, el combate a la fiebre amarilla y paludismo se convirtió en prioridad para las organizaciones internacionales, dados sus intereses en el comercio exterior y la afectación que estas enfermedades causaban en las zonas portuarias reconocidas como tropicales y vulnerables (Cueto, 2016: 9-13). En el segundo caso, el descubrimiento de los antibióticos y su uso para tratar enfermedades infecciosas quizás haya sido uno de los desarrollos en materia médica más significativos que se dio a nivel internacional en esta época.

Gráfica 7. Importación de productos farmacéuticos en México, 1951-1953

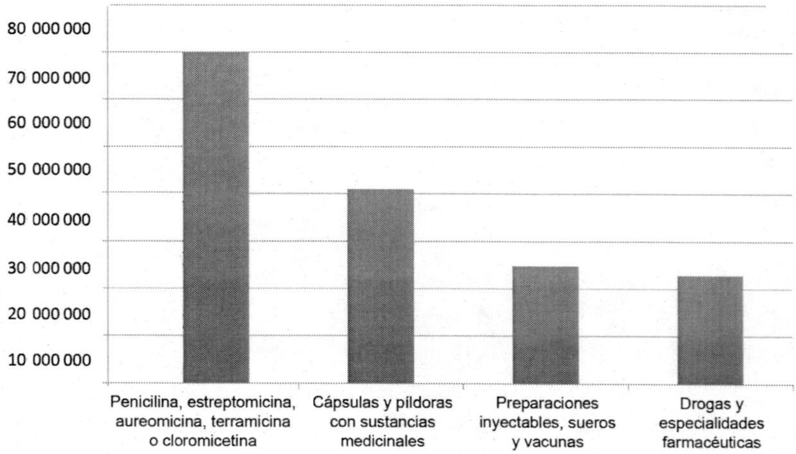

La introducción de la penicilina en México sucedió en 1942, bajo un restringido esquema de abastecimiento, que proveía a nuestro país solo algunas fermentaciones experimentales (Aguilar, 2015: 244). Un año después de esta introducción inicial, en 1943, en la prensa nacional se anunciaba ya como "la droga que representa el máximo triunfo médico del año ... la última palabra mágica que ha salido de los laboratorios". Sin embargo, para entonces, el antibiótico únicamente se fabricaba en masa en dos plantas norteamericanas y su precio (aún en el vecino país) era muy alto.[12]

Pronto, los informes internacionales respecto a las posibilidades terapéuticas de la penicilina empezaron a circular en el país, y el interés sumado a la demanda, llevó a que el 18 de febrero de 1944 se creara la Comisión Reguladora de la Penicilina en México. El presidente Manuel Ávila Camacho declaró que la penicilina era de "interés público para la Salubridad General de la República", y la referida comisión estaría encargada de controlar su importación, transporte, comercio, fabricación, elaboración, suministro y uso. En sus estatutos también tuvo la obligación de adquirir la mayor cantidad de penicilina posible para que la Secretaría de Salubridad fuera la única instancia con capacidad de distribución.[13] Para ello, se dividió a la República en ocho zonas, quedando como cabeceras: Hermosillo, Torreón, Monterrey, Guadalajara, Distrito Federal, Mérida, Tuxtla Gutiérrez y Veracruz. En este mismo año, el gobierno de México pactó con Estados Unidos la compra de ciento diez millones de unidades de penicilina mensualmente, cantidad que supuestamente se elevaría cada mes.[14]

El "interés público" bajo control, se fundamentó en que, si bien, a la nueva sustancia medicinal se le atribuían "extraordinarias facultades curativas", sus propiedades aún no eran "perfectamente conocidas" y su empleo era meramente experimental, además de que todavía no se encontraba a la venta en el mercado.[15] Ya en 1944, la penicilina era fabricada por 13 firmas norteamericanas y dos canadienses.[16] Su alto costo y el estricto control del gobierno mexicano, propiciaron el contrabando y el mercado negro de la penicilina. Esta situación, sumada a su creciente demanda pública, llevó a la derogación del decreto de regulación a solo un año de haberse publicado. En 1945 se liberó la fabricación, importación, transportación y venta del antibiótico, aunque

---

12 "La penicilina, nueva Droga que señala el principal progreso médico de 1943". *El informador. Diario Independiente.* 4 de julio de 1943, Año XXVI/Tomo XCV, p.8.

13 Artículos 1° y 2° del decreto. Poder Ejecutivo y Secretaría de Salubridad y Asistencia. "Decreto que declara de interés público para la salubridad general de la República, la fabricación, elaboración, comercio, importación, transporte, suministro y uso de la Penicilina". *Periódico Oficial.* Órgano del Gobierno del Estado, el 20 de mayo de 1944, Tomo LV, No.41.

14 "Zonas para la penicilina". *El informador. Diario Independiente.* 2 agosto de 1944, Año XXVII/Tomo XCIX, p.2.

15 Poder Ejecutivo, y Secretaría de Salubridad y Asistencia. "Decreto que declara de interés público para la salubridad general de la República, la fabricación, elaboración, comercio, importación, transporte, suministro y uso de la Penicilina". *Periódico Oficial. Órgano del Gobierno del Estado de Nayarit.* 17 de mayo de 1944, Tomo LV/Núm. 40.

16 "Nota". *El informador. Diario Independiente.* 1° de agosto de 1944, Año XXVII/Tomo XCIX, p.8.

todavía regulado por las leyes de comercio y reglamentos sanitarios vigentes. Según el gobierno federal, la situación relacionada con la penicilina había cambiado radicalmente en tan solo un año: que ahora había una abundante producción, que el fin de la guerra en Europa había modificado la demanda militar y que se tenía ya "un conocimiento más exacto de las propiedades de la citada droga".[17]

Sin embargo, al no fabricarse aún en México, no fue posible la regulación sanitaria de la venta de la penicilina y aún después de su liberación siguió circulando en el mercado negro por mucho tiempo. Eventualmente, la Secretaría de Salubridad publicaba avisos en la prensa nacional advirtiendo la introducción al país de contrabandos de penicilina falsificada con las siguientes características: toda su literatura escrita en inglés, sin precio de zona, ni timbre, ni sello de control, ni registro de salubridad.[18]

En este contexto, el gremio médico buscó por sus propios medios adquirir información sobre la penicilina, acerca de la farmacología, su toxicidad, dosificación, métodos de administración, resultados terapéuticos, cepas bacterianas susceptibles, absorción, excreción y distribución, etcétera. En la Gaceta Médica de México se publicaban artículos que difundían resultados sobre el uso experimental de la penicilina en distintos padecimientos;[19] en 1944 el célebre médico Ignacio González Guzmán dictó una conferencia en el Colegio Nacional titulada "La penicilina en la teoría y la práctica";[20] en 1945 la Academia Nacional de Medicina convocó a los médicos a un concurso de contribuciones centradas en el "Estado actual de la terapéutica por la penicilina";[21] por igual, en 1946 la Academia recibió en su sesión ordinaria y otorgó un diploma de Miembro Honorario, nada más y nada menos que al mismísimo doctor Howard Florey, descubridor de las acciones biológicas de la penicilina y "cimentador de las bases experimentales para su empleo".[22]

17 Gobierno de la Nación, y Secretaría de Salubridad y Asistencia. "Decreto que deroga el de 18 de febrero de 1944 que declara de interés público para la Salubridad General de la República la fabricación, elaboración, comercio, importación, transporte, suministro y uso de la penicilina". *Periódico oficial del Gobierno del Estado de Yucatán.* 21 de junio de 1945, Año XLVI/Núm. 14449, p.1.

18 Dr. Guillermo Hernández Ortiz, Jefe de los servicios coordinados de Salubridad y Asistencia. "Aviso al público". *El informador. Diario Independiente,* jueves 1º de agosto de 1946, Año XXIX/Tomo CVII, p.2.

19 Morones (1944), por ejemplo, hace una explicación general sobre todo lo que entonces se sabía sobre la penicilina; Landa (1945) refiere resultados de su uso en las operaciones de cesárea; Arruga (1945) en oftalmología y Alarcón (1946) en supuraciones pulmonares agudas.

20 Academia Nacional de Medicina. "Noticias médicas". *Gaceta Médica de México. Órgano de la Academia Nacional de Medicina,* de agosto de 1944, p. 436.

21 Academia Nacional de Medicina. "Convocatoria para el concurso de 1945". *Gaceta Médica de México. Órgano de la Academia Nacional de Medicina.* 31 de octubre de 1945, LXXV/Núm. 5 edición.

22 Izquierdo, Joaquín. "Palabras del Presidente de la Academia, Dr. Joaquín Izquierdo, para dar la bienvenida y entregar su diploma de miembro Honorario al profesor Dr. Sir Howard Florey". *Gaceta Médica de México. Órgano de la Academia Nacional de Medicina.* 31 diciembre de 1946, Año LXXVI/Núm.6 edición.

Fue también el gremio médico el que fomentó la búsqueda de estrategias para la obtención de antibióticos. Como resultado de este interés médico, recién liberada, en 1945 el Instituto Mexicano de la Propiedad Industrial registró dos preparaciones medicinales a base de penicilina; aunque su distribución inicialmente se concentró en hospitales, sí logró reducir su precio.

Sin embargo, hasta 1950 la distribución intensiva del antibiótico se hizo una realidad, principalmente en la capital del país, cuando tres empresas farmacéuticas norteamericanas establecieron sus plantas empacadoras en suelo mexicano (Aguilar, 2015: 257). Recién entonces, se puede decir que la penicilina comenzó a tener efectos en la salud pública y la demografía en México, incrementando la esperanza de vida al nacer y reduciendo la mortalidad.

De forma paralela, a partir de los cincuentas en América Latina la enseñanza de la medicina comenzó a registrar cambios significativos influidos por el Informe Flexner (Rodríguez y Villareal, 1986: 436). Si bien, el carácter cientificista de la medicina y su enfoque positivista se gestaron desde el siglo XIX, es posible plantear que a partir de este informe esos rasgos se consolidaron como un modelo médico que domina hasta hoy la atención a la salud. En este informe, el paradigma del conocimiento y la atención médica se centran en las ciencias biomédicas, además de que se prioriza la experiencia clínica y se refuerza el positivismo. Este positivismo médico reconstruyó al cuerpo humano para tratarlo como una yuxtaposición de sistemas sin relación entre sí, promoviendo de esa manera el desarrollo de las especialidades médicas (Frenk, 1978; Rodríguez y Villareal, 1986: 428). Asimismo, a partir de este informe se institucionalizó la idea de que la medicina dejara de ser considerada como un arte, para ser entendida como una ciencia que acumula hechos e información, formula hipótesis y evalúa resultados.

El informe Flexner fue elaborado en 1910 a solicitud expresa de la Fundación Carnegie para hacer un diagnóstico de las escuelas de medicina en Estados Unidos, Canadá y Terranova (Newfoundland); en éste se buscaba unificar estándares y propósitos, tanto en la formación como en la práctica médica. En palabras del propio Flexner, la motivación subyacente de dicho informe fue que la educación médica fuera capaz de responder "a las ambiciones y necesidades de la democracia" (Flexner, 1972: vii), por lo que apegarse a las sugerencias del reporte se preconizaba como una "ayuda a la civilización" (xii) y una contribución a la "educación patriótica" (xiv). La transformación del sistema de educación médica en Estados Unidos y Canadá se dio a partir de los resultados de este informe, entre 1920 y 1930. Este movimiento se expandió a América Latina décadas después, entre 1950 y 1960, simultáneamente con el fortalecimiento económico y político de los

Estados Unidos en el contexto internacional y a la concomitante expansión del desarrollo industrial capitalista.

Conviene subrayar que los principales atributos que la antropología médica contemporánea ha reconocido como característicos del Modelo Médico Hegemónico, se pueden leer en el informe Flexner, como: 1) biologicismo, 2) legitimación académica, 3) práctica clínica, 4) individualismo y 5) jerarquización. Con esto quiero decir que es posible considerar este informe como parteaguas de un proceso que se había incubado desde el siglo XIX y que continuaría como la construcción y consolidación hegemónica del modelo que prevalece en muchas partes del mundo.

Entre 1970 y 1980 en México se vivió una crisis económica y política que condujo a un estancamiento de los beneficios que se esperaban obtener a partir de los avances científicos en el campo de la medicina, la inversión pública nacional en infraestructura de salud y la cooperación (e intervención y dependencia) internacional que se dio en la salud pública. La fractura que se vivió en esta década incidió en la lucha contra las enfermedades y en el proceso de salud/enfermedad/atención. El estado no tuvo la capacidad para superar la dependencia tecnológica y de bienes de capital que habían impulsado la expansión económica a partir de los cuarentas; hubo una caída en la actividad económica, sobre todo del sector industrial, además de que aparecieron las primeras devaluaciones y crisis económicas.

Es verdad que en el campo de la medicina hubo grandes logros a nivel internacional, pero internamente también surgieron nuevas necesidades por parte de una población creciente que requería y demandaba servicios de salud. Este fenómeno se vio acompañado por un proceso de pauperización de la población rural y de las clases medias urbanas, así como por una mayor concentración de riqueza en menos manos. De esta manera, a partir de los setentas se sentaron las bases para el impulso y crecimiento de la medicina privada que caracteriza la siguiente y última etapa que se aborda en este ensayo, la cual —lógicamente— solo atendió a un sector muy reducido de la población, pero que con los años fue ganando terreno frente al repliegue del estado. Esta etapa podríamos denominarla de "medicina neoliberal", muy vinculada con los intereses de los grandes laboratorios farmacéuticos trasnacionales, con un repliegue del estado y relacionada con una agenda de salud establecida allende nuestras fronteras.

Cuarta etapa. Nueva Salud Pública y Medicina Neoliberal (1980-1990)

La crisis económica que afectó a México a partir de los setentas formó parte de una caída mundial del crecimiento económico: el excesivo aumento de los precios del petróleo hizo evidente el agotamiento de la expansión del capitalismo que se vivió a partir de la posguerra. De esta forma, las economías nacionales entraron en crisis por la fragilidad de la regulación monopólica, generando un desorden financiero global (Vuskovic, 1990: 173). En México, como en otros países de América Latina, el desplome económico se manifestó primordialmente en el sector industrial, incrementando de manera alarmante la tasa de desempleo. El sesgo anti-exportador provocó un desequilibrio entre las exportaciones y las importaciones: las primeras no lograron financiar el volumen y valor de las segundas. Este fenómeno ocasionó una baja capacidad del ahorro interno y un incremento de la deuda pública. Así, a finales de los setentas, la deuda externa del sector público en México triplicaba el valor de las exportaciones y representaba el 12% del Producto Interno Bruto. La crisis económica llevó a una brusca devaluación del peso mexicano, impactando de forma negativa el saldo de la deuda externa.[23] De todo ello se culpó al estado: a sus dimensiones, a su carácter interventor y a su incapacidad para enfrentar los cambios que se registraban en el mundo (Huerta y Chávez, 2003: 62-65; Moreno y Guadalupe, 2005: 130-132).

Para frenar esta crisis, a partir de los 80, en el país se comenzó a hacer una serie de ajustes económicos, que en otras partes del mundo estaban tomando forma como parte de un proceso "modernizador". Sus principales rasgos fueron considerablemente diferentes al modelo de desarrollo promovido por los estados posrevolucionarios (Adler y Mendieta, 2002: 192): economía centrada en el mercado, contracción del estado y minoración de la gestión pública. Para ello, se fomentó la participación de los agentes privados en la economía nacional y su incorporación a la economía mundial (Huerta y Chávez, 2003: 65). En su toma de poder (1982), por ejemplo, el presidente Miguel de la Madrid, dijo en un mensaje a la nación:

23 En su toma de protesta en 1982, Miguel de la Madrid refirió la "grave crisis" en la que se encontraba México, señalando sus rasgos: inflación del 100%, déficit del sector público, falta de ahorro interno, precariedad en las empresas del estado, dependencia del petróleo como único medio de ingreso de divisas al sistema financiero, deuda externa pública y privada de proporciones desmesuradas, presupuesto destinado a deuda pública que desplaza recursos de inversión productiva y gastos sociales, el más alto desempleo abierto en los últimos años. Además de un contexto internacional desfavorable: una profunda recesión en ciernes, guerras comerciales (incluso entre aliados), proteccionismo disfrazado de libre cambismo, altas tasas de interés, desplome en los precios de las materias primas y alza en los productos industriales que producen la insolvencia de numerosos países; al desorden económico mundial se añade la inestabilidad política, la carrera armamentista, la lucha de potencias para ampliar zonas de influencia: "Nunca en tiempos recientes habíamos visto tan lejana la concordia internacional".

> Los empresarios responsables y nacionalistas, que son la mayoría, merecerán de mi Gobierno respeto a sus derechos legítimos y estímulos a las tareas que realicen en bien de los intereses de la mayoría del pueblo mexicano.[24]

Al promover la economía de mercado como eje de desarrollo, este modelo prescindió de la noción de "bienestar social", ideológicamente vinculada con los planteamientos posrevolucionarios. De la Madrid (1982-1988) sentó las bases económicas que se requirieron para que su sucesor Carlos Salinas de Gortari (1988-1994) aplicara plenamente las políticas neoliberales (Adler y Mendieta, 2002: 192), en cuyo mandato se firmara el Consenso de Washington (1989) que obligó a México a la aplicación de los diez instrumentos de política económica neoliberal para llevar adelante el objetivo de un sistema capitalista mundial basado en la libertad del mercado (Huerta, 2005).

De acuerdo con este modelo, el desarrollo de las estructuras de mercado se logra gracias a la promoción de libertades individuales y, al mismo tiempo, a una mínima intervención del estado (Friedman, 2012, 2013). En sí, la desregulación y la libre competencia son los principios fundamentales del modelo neoliberal. Estos principios generaron en México una reconversión industrial hacia el mercado externo. De esta manera, se adoptaron medidas que facilitaron el comercio internacional entre países desarrollados y en vías de desarrollo, llevando a un inevitable sometimiento de nuestro país a capitales financieros internacionales. Sin embargo, el principal ingreso de divisas al sistema financiero procedía del petróleo,[25] lo cual incrementó la dependencia de la economía nacional al contexto global.

En un entorno ideológicamente adverso a un estado robusto, las restricciones económicas y la reducción de ingresos públicos hicieron que la austeridad financiera fuera uno de los principales rasgos de la gobernanza. Otro, fue el adelgazamiento sin precedentes de la gestión pública. El estado se replegó, redujo su estructura administrativa, canceló partidas presupuestales destinadas a programas sociales, eliminó subsidios al campo y al sector productivo. En suma, el estado dejó de ser gestor, para convertirse en supervisor y garante de normas; entre ellas: las relativas a la libertad y la salvaguarda de los derechos de propiedad. Paralelamente, se emprendió un proceso de privatización de activos públicos.

En contraste, la puesta en marcha de este modelo de desarrollo incrementó de manera alarmante la pobreza y la desigualdad en México. Precisamente, du-

24 Miguel de la Madrid. (1982). Mensaje de Toma de Posesión como Presidente de los Estados Unidos Mexicanos, en el Palacio Legislativo del Congreso de la Unión México. Memoria Política de México.

25 Miguel de la Madrid. (1982). Mensaje de Toma de Posesión como Presidente de los Estados Unidos Mexicanos, en el Palacio Legislativo del Congreso de la Unión México. Memoria Política de México.

rante el sexenio de Salinas de Gortari el Programa Nacional de Solidaridad fue destinado a la atenuación de los costos de la política económica entre los sectores más desprotegidos. El financiamiento de este programa social provenía de los fondos obtenidos de la privatización de empresas paraestatales (Adler y Mendieta, 2002: 193).

El campo de la salud y la atención médica siguió los mismos parámetros de transformación, caracterizados por un repliegue del estado y un avance del sector privado, en un contexto de austeridad económica y recorte presupuestal. A nivel interno, destacan dos variables que sirvieron como base para las reformas estructurales que se pondrían en marcha a partir de 1982: los resultados del estado desarrollista en materia de salud (Brachet, 2010) y la transición epidemiológica que implicaba nuevos retos para la gestión gubernamental. En efecto, los cambios demográficos que se dieron en la etapa anterior implicaron un desplazamiento de las enfermedades transmisibles, un envejecimiento de la población y un incremento de las enfermedades crónico-degenerativas como principal problema de salud en el país (Tamez y Valle, 2005: 323; Arbantes, 2010:31).

Hacia 1970 resultaban evidentes los efectos diferenciados que el desarrollo industrial había generado frente a la vida y la muerte: persistían la pobreza, el analfabetismo, la desnutrición y muchas muertes evitables (Abrantes, 2010: 24). A partir de los cuarentas, se había generado un marco institucional fragmentado, con un notable déficit de financiamiento, cobertura insuficiente y baja efectividad (Arbantes, 2010: 22, 27; Uribe y Arbantes, 2013: 137). La población era atendida por subsistemas separados: el de Seguridad Social, de carácter corporativo y enfocado principalmente a trabajadores urbanos; y el de Salubridad y Asistencia, de carácter asistencial e incapaz de atender a los excluidos del trabajo formal (Tamez y Valle, 2005: 324; Arbantes, 2010: 38).

Al inicio de la gestión de Miguel de la Madrid la salud fue elevada a rango constitucional y se promovió un Sistema Nacional de Salud más integrado. En 1983, la Constitución fue reformada para declarar el derecho a la protección de la salud para todos los mexicanos y ya no únicamente para los trabajadores como se estipuló en la Constitución de 1917. En 1984, se promulgó la "Ley General de Salud", en donde se explican las modalidades para el acceso a la salud, descartando la idea de gratuidad en los servicios aun para los más pobres, abriendo la posibilidad de participación a la competencia entre los prestadores de servicios públicos y privados (Arbantes, 2010: 14; Uribe y Arbantes, 2013: 139-140). La promulgación de esta ley estuvo acompañada de una notable reducción del gasto destinado al sector salud (Tamez y Valle, 2005: 326).

El proceso de modernización en salud apuntó, como se ha dicho, a una disminución del estado y un fortalecimiento del mercado en el financiamiento y la provisión de servicios; así, sus acciones tendieron a desarticular los temas de salud, democracia y condiciones de vida (Uribe y Arbantes, 2013: 138). Se sostuvo básicamente en dos estrategias: 1) racionalización de recursos y protección financiera, como también, 2) reforma administrativa.

Racionalización de recursos y protección financiera

Desde la década de los ochentas, la protección financiera se convirtió en el parámetro más importante de la protección en salud; la salud pública debía ser ajustada al contexto de reducción de recursos, presiones internacionales para solventar la deuda externa y expansión de los intereses privados. Para la financiación se configuró un esquema de tres niveles: estado, inversión privada e individuo. El estado dejó de ser identificado como único responsable del desarrollo, abriéndose a la influencia de organismos internacionales que fueron grandes promotores de las reformas, aportaron dinero y marcaron pautas para la reestructuración (como el Fondo Monetario Internacional y el Banco Mundial). El sector privado incrementó la inversión de capital en espacios públicos y las corporaciones multinacionales se transformaron en pujantes grupos de interés a escala continental. América Latina, por ejemplo, se convirtió en un mercado atractivo para las aseguradoras estadounidenses por la saturación de su propio mercado. Por recomendación del propio Banco Mundial, la racionalización financiera incluyó al individuo como corresponsable por la financiación de su propia salud; se implementaron estrategias de autofinanciación materializadas en co-pagos en función del nivel de ingresos de las personas (Tamez y Valle, 2005: 321- 322; Arbantes, 2010: 42-43, 53; Uribe y Arbantes, 2013: 137).

Con menos dinero se pretendía cubrir a más personas y dar respuesta al aumento de la pobreza, de ahí que la estrategia de atención se haya construido a partir de la identificación de los problemas de salud según su costo/beneficio. Se diseñaron acciones puntuales que se consideraron de alta efectividad y bajo costo, como la Atención Primaria en Salud Selectiva (promovida por la Fundación Rockefeller) enfocada a grupos de alto riesgo y a padecimientos específicos, dejando atrás la idea de Atención Primaria en Salud Integral surgida de la Declaración de Alma Ata en 1978 (Uribe y Arbantes ,2013: 138). Para implementar esta Atención Selectiva, se diseñó un "paquete básico de salud", con la idea de que esa era la mejor forma de garantizar la racionalización y rentabilidad de los recursos, ya que no representaba altos costos, pero se tendría un impacto notable en los años de vida saludable, especialmente de la población de bajos recursos (Uribe y Arbantes, 2013: 137). La población de mayores ingresos accedería a diferentes niveles de atención médica a través de opciones tanto públicas como privadas (Tamez y Valle, 2005: 331).

Reforma administrativa

Los ejes de la reforma administrativa en el sector salud fueron la centralización administrativa, la separación de funciones y la descentralización de servicios. Con la creación del Sistema Nacional de Salud, la Secretaría de Salud integró orgánica y funcionalmente todas las instituciones de salud —públicas y privadas—, buscando resolver el problema de la fragmentación y la duplicidad de la cobertura que generaba un enorme desperdicio de recursos, ya que una proporción muy elevada de derechohabientes de la Seguridad Social utilizaba servicios del Sector Privado y de la Secretaría de Salud (Tamez y Valle, 2005: 322, 324; Arbantes, 2010: 53, 58). A fin de disminuir los costos e incrementar la eficiencia, se separaron las funciones de regulación, financiamiento y provisión. El estado asumió el papel de regulador, adoptando una política gerencial a partir del fortalecimiento de sus funciones políticas y rectoras; la provisión abrió el campo a la participación del sector privado en los servicios públicos; y el financiamiento se configuró como una corresponsabilidad entre el estado (así como entre los estados federales a través de la descentralización), la iniciativa privada y el individuo. La descentralización tuvo un papel clave en este proceso, basándose en la transferencia de los servicios de salud a los estados federales e incrementando su participación en el financiamiento (Arbantes, 2010: 62).

De manera paralela, la educación médica se expandió, adaptándose a las reformas estructurales que se estaban dando, tanto en México como en otros países de América Latina. En 1974, por ejemplo, se integró formalmente la medicina preventiva a los planes de estudios; en los años siguientes, creció significativamente la formación en las especialidades médicas, respondiendo al mercado de la medicina privada; asimismo, se fortaleció la dependencia teórica y técnica, especialmente con Estados Unidos.

Todos estos factores y procesos, llevaron a la emergencia y/o consolidación de dos nuevos modelos en el campo de la salud: la "Nueva Salud Pública" y la "Medicina Neoliberal". La primera se construyó frente al agotamiento del modelo salubrista, que tenía al estado como su columna vertebral; esta se consolidó con base en las principales propuestas del neoliberalismo: apertura del mercado, repliegue del estado y racionalización. La Nueva Salud Pública se entiende como la capacidad gerencial del Sistema de Salud para distribuir recursos escasos, y al individuo como el principal responsable de su propia salud (Arbantes, 2010: 66-67). La "Medicina Neoliberal" responde a ese esquema que fomenta una mayor participación de la iniciativa privada, convirtiendo al médico (privado) en un empresario y al paciente en un cliente. Los principales rasgos de este modelo son: la medicina forma parte del mercado de trabajo, libre elección del médico por parte del paciente, libertad de prescripción por parte del médico, secreto profesional y pago directo de honorarios. La Medicina Neoliberal se define como la que ejerce cada profesional con autonomía técnica y económica en las clínicas y los consultorios particulares; es liberal porque está libre de lazos de subordinación a una autoridad o a un jefe y porque se basa en la libre elección por parte de los pacientes (Nogueira, 1988: 145). Al convertir a la salud en un campo sujeto a las normas del mercado, se conformaron estados médicos abiertos en los que la medicalización ya no tiene límites: el campo de la medicina no es ya el enfermo, sino las enfermedades (Foucault, 1996: 80). De tal manera que, la autonomía técnica del médico le viene de ser el dueño de sus instrumentos de trabajo, aunque se subordina a los intereses de los laboratorios que establecen la agenda de investigación basándose en intereses primordialmente comerciales. La salud, en última instancia, se convierte en un objeto de consumo, en un deseo y un lujo.

Bibliografía

Abrantes Pêgo, R. *Salubristas y neosalubristas en la reforma del estado: grupos de interés en México e instituciones públicas de salud, 1982-2000*. Zamora: El Colegio de Michoacán, 2010.

Adler, Larissa y Jorge Mendieta Gil. «El neoliberalismo y los cambios en la elite de poder en México». *Redes. Revista Hispana para el Análisis de Redes Sociales*, núm. 1 (enero 2002): 1-23.

Aguilar, R. A. «Los albores de la Penicilina en México». *Tzintzun. Revista de Estudios Históricos*, 62 (2015): 242–270.

Alarcón. «Penicilina y supuraciones agudas pulmonares». *Gaceta Médica de México* VXXVI, núm. 6 (31 de diciembre de 1941): 266-422.

Alba, F. «La población de México: evolución y dilemas». *Estadísticas Históricas de México* (Vol. Tomo I). Aguascalientes: INEGI, 1994.

Arruga. «Ensayos experimentales y clínicos con la penicilina en oftalmología».*Gaceta Médica de México*, LXXV, núm. 4 (31 de agosto de 1945).

Brachet-Márquez, Viviane. «Seguridad social y desigualdad, 1910-2010». *Los grandes problemas de México: desigualdad social*, Fernando Cortés y Orlandina de Oliveira (editores.): 38-42, México: El Colegio de México, 2010.

Carmagnani, M. *Estado y sociedad en América latina: 1850-1930*. Barcelona: Crítica, 1984.

Carrillo, Ana María. «Médicos del México decimonónico: entre el control estatal y la autonomía profesional». *Dynamis: Acta Hispanica ad Medicinae Scientiarumque Historiam Illustrandam*, 22 (0) (2002): 351–375.

———. «Economía, política y salud pública en el México porfiriano (1876-1910)». *Historia Ciencias Saude-manguinhos*, 9 (1 de enero de 2002): 67-87.

———. «Salud pública y poder en México durante el Cardenismo, 1934-1940». *Dynamis: Acta Hispanica ad Medicinae Scientiarumque Historiam Illustrandam*, 25 (0) (2005): 145–178. doi.org/10.4321/114016

Coral, E. «La clase media mexicana: entre la tradición, la izquierda, el consumismo y la influencia cultural de Estados Unidos». *Historias,* núm. 63, 1940-1970 (2006): 103-126.

Cueto, M. *La Salud Internacional y la Guerra Fría. Erradicación de la Malaria en México, 1956-1971.* México: UNAM / Instituto de Investigaciones Históricas, 2013.

Cueva Perus, M. «Clase media, poder y mito en el México posrevolucionario: una exploración». *Estudios políticos,* núm. 20 (2010): 105–129.

Eibenschutz, C. & T. Raphael. «Historia de la política sanitaria en México». *Estudios Políticos,* núm. 10 (1992): 135-166.

Fajardo Ortiz, Guillermo. «Línea del tiempo, atención a la salud: 1902-2002». *Perspectiva histórica de atención a la salud en México 1902-2002.* Fajardo Ortiz, Guillermo, Ana Maria Carrillo y Rolando Neri Vela, (editores): 101-112. México: OPS, UNAM.

Fernández Pérez, Jorge A. «Las carreras de medicina en México». *Perfiles Educativos,* XVIII, núm. 73 (julio-septiembre, 1996): s/d.

Flexner, Abraham. *Medical Education in the United States and Canada. A Report to the Carnegie Foundation for the Advancement of Teaching.* New York: Carnegie Foundation, 1972.

Flisser, A. «La medicina en México hacia el siglo XX». *Gaceta Médica de México.* núm. 145 (2009): 353–356.

Foucault, Michel. *La vida de los hombres infames.* Buenos Aires: Editorial Altamira, 1996.

Frenk, J. «Cuadro clínico de la enseñanza médica mexicana». *Nexos* (1978). Disponible en: <http://www.nexos.com.mx/?p=50>.

Friedman, M. *Capitalismo y libertad: ensayos de política monetaria.* Madrid: Síntesis, 2012.

———. *Why Government Is the Problem*. Standford: Hoover Press, 2013.

García, B. & M. Ordorica. *Los grandes problemas de México*. Colección Población. T-I. México: El Colegio de Mexico AC, 2010.

González, Miguel Ángel. «Génesis y articulación de los principios rectores de la Salud Pública de México». *Salud Pública de México*, 32 (3), (1990): 337–351.

Guadarrama Sánchez, Gloria. «Debilidades de las instituciones de asistencia privada en el Estado de México». *Economía Sociedad y Territorio,* VI, núm. 22 (1 de septiembre de 2006): 457-495. Disponible en: <https://est.cmq.edu.mx/index.php/est/article/view/265>.

Guerrero, O. *El Estado en la era de la modernización*. México: Plaza y Valdés, 1992.

Huerta Moreno, María Guadalupe. «El neoliberalismo y la conformación del Estado subsidiario». *Política y Cultura*, núm. 24 (Otoño 2005): 121-150.

Huerta, M. & María Flor Chávez Presa, «Tres modelos de política económica en México durante los últimos sesenta años». *Análisis económico,* XVIII (37) (2003): 55–80.

Landa, Everardo. «La aplicación local y profiláctica de sulfamidas en la operación de cesárea». *Gaceta Médica de México,* LXXV, núm. 4 (31 de agosto 1945): 224.

Madrid, M. de la. «Mensaje de Toma de Posesión como Presidente de los Estados Unidos Mexicanos», Palacio Legislativo del Congreso de la Unión México. Memoria Política de México, 1982. Disponible en: <http://www.memoriapoliticademexico.org/Textos/7CRumbo/1982MTP.html>.

María Eugenia Zavala de Cosío. «Los antecedentes de la transición demográfica en México». *Historia Mexicana,* XLII (1) (1992): 103–128.

Martínez Rangel, R., R. Garmendia & E. Soto. «El Consenso de Washington: la instauración de las políticas neoliberales en América Latina». *Política y cultura*, núm. 37 (2012): 35–64.

Mayer-Serra, C. E. «El derecho a la protección de la salud». *Salud Pública de México,* núm. 49 (2) (2007): 144–155.

Meyer, Lorenzo. «La posrevolución mexicana: caracterización e interpretación de las formas de control político autoritario». *La política en México,* Lorenzo Meyer: 117-41. México: Taurus, 2007.

Moreno, H., & M. Guadalupe. «El neoliberalismo y la conformación del Estado subsidiario». *Política y cultura,* núm. 24 (2005): 121–150.

Morones, Samuel. «Penicilina». *Gaceta Médica de México.* Órgano de la Academia Nacional de Medicina, LXXIV, núm. 5 (1944): 461-471.

Narro-Robles, J. «III. La herencia de Flexner: Las ciencias básicas, el hospital, el laboratorio, la comunidad». *Gaceta médica de México,* num. 140 (1) (2004): 52–55.

Nieto, José Antonio. «Algunos aspectos culturales de las enfermedades y de la medicina». *Reis,* núm 22 (1983): 137-145. doi.org/10.2307/40182986

Nogueira, Roberto, P. «La medicina liberal y el mercado de trabajo en salud: ¿Qué es la medicina liberal?». *Educación Médica y Salud (OPS)* 22, núm. 2 (1988): 141-152.

Peniche Moreno, Paola. *El cólera morbus en Yucatán: medicina y salud pública 1833-1853.* Ciudad de México: CIESAS-Miguel Ángel Porrúa, 2016.

Pérez López, M. «El derecho constitucional a la protección de la salud». *Alegatos* núm. 49 (2001): 191–206.

Ramos, Pedro. «Educación médica y cambio social». *Gaceta Médica de México* 99, núm. 10 (1969): 877-91.

Rodríguez Romo, A. C. & R. Rodríguez Pérez. «History of public health in Mexico: 19th and 20th centuries». *História, Ciências, Saúde-Manguinhos,* núm. 5 (2) (1998): 293– 310.

Rodríguez, María Isabel y Ramón Villareal. «La administración del conocimiento. Lo biológico y lo social en la formación del personal de salud en América Latina». *Educ Med Salud,* 20, núm. 4 (1986): 424-441.

Romo, H. G. *La contrarrevolucion neoliberal en Mexico / The Neoliberal Counterrevolution in Mexico*. México: Ediciones Era, S.A. De C.V. 1997.

Tamez González, S., & R. I. Valle Arcos. «Desigualdad social y reforma neoliberal en salud». *Revista Mexicana de Sociología,* año 67, núm. 2, (2005): 321–356.

Uribe Gómez, M. & R. Abrantes Pêgo. (2013). «Las reformas a la protección social en salud en México: ¿rupturas o continuidades?» *Perfiles latinoamericanos*, 21 (42): 135–162.

Vuskovic, P. *La crisis en América Latina: un desafío continental.* México: Siglo XXI, 1990.

Warman, Arturo. *La política social en México, 1989-1994*. México: FCE, 1994.

Capítulo 2
Despojo, jornales y aguardiente

Pedro Bracamonte y Sosa

El problema

En los países colonizados por España, durante el siglo XVI, se fue abriendo paso a paso, a costa de la tributación y el trabajo forzoso de los indígenas, una gran clase de trabajadores con diversidad de denominaciones y de formas que, en general, constituyó la servidumbre agraria y doméstica. En algunos lugares, esta clase socioeconómica comenzó a destacar desde principios del siglo XVII, pero su generalización ocurrió durante los siglos XVIII y XIX. En México, solo desapareció en sus formas jurídica y práctica hacia 1934-40 con la creación del campesinado ejidatario por la acción política del estado constitucionalista devenido de la Revolución de 1910-20 y, en especial, por la aplicación de dos de sus mayores concreciones en la realidad: el reparto agrario impulsado por el artículo 27 de la Constitución de 1917 y del 123 como ordenanza del nuevo sistema laboral. Sin embargo, ni las dotaciones de tierras en forma de ejidos, ni los derechos a los trabajadores —como el salario mínimo— pudieron revertir la profunda desigualdad, producto del despojo acumulado durante siglos. Esto porque la servidumbre o el peonaje, como sistema laboral de carácter extraeconómico para la producción mercantil, había marcado la pauta de la cuantía y calidad de los bienes del consumo de los trabajadores, con un nivel radicalmente vinculado a la percepción racial y cultural que dictaba la histórica falacia de la minoría de edad de la población indígena, de sus supuestas condiciones de irracionalidad, carencia de aptitudes para el progreso y desdén por el trabajo asalariado voluntario. La servidumbre es la base primera que nos explica el concepto de los despojados que constituyen la gran masa de los trabajadores y desempleados de América Latina, los cuales se caracterizan por la pobreza y falta de esperanzas.

Como apunté en una publicación reciente,[26] los despojados pudieran ser explicados con otras categorías analíticas, pero de manera incompleta o incluso errónea. El concepto de expoliación del economista francés Frédéric

26 Bracamonte y Sosa, Pedro, *Ensayo sobre la servidumbre. El fracaso del "capitalismo" en México*, CIESAS-Miguel Ángel Porrúa, México, 2018, capítulo 1.

Bastiad, en la primera mitad del siglo XIX,[27] resulta a mi juicio demasiado economicista, ya que deja fuera el ámbito a la cultura y lo mismo puede afirmarse del término de clase social proletaria acuñado por Carlos Marx. De alguna manera, el término que utilizo parece equivaler a la precariedad de la que escribió Zigmunt Bauman en *La modernidad líquida*, pero este autor se refiere más bien a las consecuencias de la modernidad en los países posindustriales, de alto desarrollo de la riqueza y del capitalismo del siglo XXI. Pienso también en el pauperismo, del que ya había advertido Polanyi, como creación de pobres identificada desde el siglo XVIII, como producto del ideal de la autorregulación de los mercados (Polanyi, 1975: 155-163).

Pero a mi juicio, tal pauperismo o precariedad es nada más uno de los componentes que caracterizan al inmenso grupo social de los despojados. Desde el punto de vista conceptual, la desigualdad categorial que se crea y reproduce con base en la explotación y en el acaparamiento de oportunidades (Tilly, 2000: 22-29) no dice mucho de cómo se han forjado en la historia concreta estos dos ejes de entender la realidad. Por otra parte, la noción de vulnerabilidad social que busca una aplicabilidad de políticas públicas en la medición y reducción de la pobreza es de mucha utilidad en la actualidad,[28] pero mi objetivo ha sido explicar la historia que los arrastró a tal situación y esa es una historia de despojo, a la manera como Fanon lo expuso al escribir acerca del colonialismo "Como una negación sistemática del otro" (Fanon, 2011: 228).

En la América española la producción mercantil se abrió paso siempre sujeta a la coerción y al trabajo forzoso con los pueblos, generando el tributo, limosnas y otras cargas; asimismo, entregando trabajo vivo en servicios personales o mandamientos de forma obligada por leyes y reglamentos a cambio de miserables jornales. Para los pueblos pesaban, además, diversas formas de contratos forzosos para producir telas de algodón, tintes, alimentos y otras materias primas (minerales, por ejemplo) o mercancías terminadas. Los repartimientos, como se denominaban esos contratos, estuvieron resguardados por reglamentos y costumbres locales que se sustentaron, como si fuera una norma legítima, en el intercambio no equivalente de valores.[29] Hasta aquí, el trabajo compulsivo organizado por las mismas repúblicas de indios hacía fluir la riqueza a los grupos e instituciones del poder colonial. Y, aunque es muy difícil saber cuánto de la riqueza producida por los pueblos indígenas que-

27 Bastiad, Frédéric, *La ley*, Alianza, Madrid, 2005.

28 El enfoque de la vulnerabilidad social se puede consultar en Kaztman, Rubén, "Notas sobre la medición de la vulnerabilidad social", en *Repositorio Digital CEPAL*, Santiago, 2000, pp. 275-301, en particular p. 279.

29 El intercambio equivalente de valores es la piedra angular del mercado en la producción capitalista sustentada en el trabajo libre. Ver Marx, Carlos, *Elementos fundamentales para la crítica de la economía política (Grundrisse)* 1857-1858, Siglo XXI, México, 1980, Tomo II, pp. 195-196.

daba en sus propias manos, al calcularse la cuantía de lo que debían entregar en productos, dinero y trabajo vivo el resultado es siempre una imagen de pobreza y carencias en el largo plazo.

Pobreza acicateada por una diversidad de calamidades: epidemias, sequías, heladas y más

En la Provincia y Gobernación de Yucatán, así como en toda la América conquistada por el reino de Castilla, el alcohol fue uno de los productos de mayor difusión temprana de aquellos que fueron introducidos por los colonos europeos. Sin duda, la mercancía más generalizada entre los indígenas, al grado de que un franciscano escribió en 1700 una comparación entre el aguardiente y la explotación de los colonos como las causas "de la destrucción de los indios". Si bien el alcohol dañaba la salud del cuerpo, más terrible resultaba "el tener los señores gobernador y cabildo de Mérida y seculares por tan suyos a los naturales que no quieren que dé paso el indio que no sea en su provecho".[30] Los pueblos americanos usaban el alcohol de muy diversas maneras en sus dietas y rituales, pero en muchos casos las bebidas con ese contenido fueron asociadas con las manifestaciones de la religiosidad nativa y, por tanto, prohibidas y perseguidos su producción y consumo. Es el caso del *balché* que los yucatecos apuraban en sus rituales y dieta, que se obtenía de la fermentación de la corteza de un árbol del mismo nombre. Si bien, la persecución de idolatrías no extinguió el uso de esta bebida que se sigue usando hoy en las ceremonias milperas, la verdad es que el vino y el aguardiente de caña se introdujeron desde la colonia temprana y desplazaron al *balché* a la secrecía de los montes y milpas. En una sociedad en la que fue prevalente un estilo de pensamiento mítico y religioso por el gran espacio de autonomía de las repúblicas indígenas, ese nuevo producto se generalizó incluso en los mismos rituales y en las fiestas del cristianismo impuesto, que los mayas adoptaron y adaptaron a su cultura a través de la visión del tiempo cíclico.

La historiografía registra que los mayas yucatecos y otros grupos comarcanos usaban comúnmente esa bebida fermentada denominada *balché* en la que se empleaba la corteza, agua y miel. El uso ceremonial de esa hidromiel quedó registrado en una visita del obispo yucateco del año de 1606 en cuyo informe asentó que en sus prácticas idolátricas decenas de indios veneraban ídolos de barro en una cueva y que al hacerlo "comienzan bebiendo una maldita bebida que ellos hacen de ciertas raíces que llaman *balché* siendo de pestilencia el

30 AGI,México,1035, ff 705 r-706 r, Certificación de fray Felipe de Armas, Conkal, 9 de junio de 1700.

hedor y sabor, según dicen".[31] Con las dos últimas palabras quizás el obispo se curase en salud. Sin embargo, en la colonia temprana, es el clérigo Pedro Sánchez de Aguilar a quien se encomendara un estudio acerca de la recurrencia de la idolatría entre los yucatecos, quien expuso con más contundencia la íntima relación del sagrado *balché* con la continuidad de las prácticas ancestrales. Se interrogó en qué parte de las colonias castellanas se había visto "¿tan abundante embriaguez con su vino *balché*, libado a sus ídolos? ¿dónde tantos ídolos venerados en los altares y llevados procesionalmente?" Al grado que concluyera que a los indios "el demonio con su astucia, y con la dulzura del *balché* ha sacado del redil de la Iglesia, haciéndolos apóstatas" (Sánchez, 1987: 13-112). En una sociedad altamente ritualizada como la maya colonial, estructurada con un estilo de pensamiento mitológico basado en la percepción cíclica del tiempo y en la actividad vaticinal es prácticamente imposible, en lo que al consumo del *balché* se refiere, intentar separar el consumo puramente ritual de aquel que pudiera referirse a la dieta o a una adicción alcohólica.[32] Ahora, de lo que sí estoy seguro, en la medida de que no hay datos en contrario, es que tal bebida nunca se trasmutó a la calidad de mercancía, esto es, que ha permanecido fuera del mercado y se produce según la antigua receta.

William Taylor exploró el uso del alcohol (el pulque) en dos áreas mexicanas durante la colonia, cuyo incremento lo explica como un ajuste de los pueblos ante los cambios con gran influencia de los desastres causados por las epidemias, las reducciones a poblado y los sistemas de trabajo, destacando su papel generador de violencia privada y colectiva (Taylor, 1987: 114-115). Pero debemos destacar aquí la vieja idea del alcohol de escasa calidad como un sustituto calórico de bajo costo ante la carencia de otros alimentos como el pan, idea que fue tomada en cuenta hace años tanto por Witold Kula como Fernand Braudel.[33] De hecho, se ha planteado que uno de los síntomas más dramáticos de la cultura nativa con la conquista fue el alcoholismo, debido a que bebidas como el pulque y la chicha perdieron sus antiguas regulaciones. Lo mismo sucedió con la expansión de la hoja de la coca.[34]

Aparte del *balché*, la documentación sobre la provincia yucateca a lo largo de la colonia y sobre su población en los siglos XIX y XX es consistente en

31 AGI, México 359, R 9, N 50, ff. 107-109.

32 Sobre el balché se puede ver más en Bracamonte y Sosa, Pedro, *"El sagrado balché"*, en *Arqueología mexicana*, vol. VII, núm. 37, INAH, México, 1999, pp. 66-69; Gonzalves de Lima, Oswaldo, *Pulque, balché y pajauaru en la etnobiología de las bebidas y de los alimentos fermentados*, FCE, México, 1990, pp. 179-186.

33 Ver Braudel, Fernand, *Bebidas y excitantes*, Alianza Editorial, México, 1994, p. 19-20.

34 Ver Bethell, Leslie (editor), et al., *Historia de América Latina*, Cambridge University Press/Editorial Crítica, Barcelona, 1990, T. I, pp. 187-189.

asociar al mundo indígena con la embriaguez y, en general, con el consumo de alcohol, en especial el aguardiente de caña, llegado de las Islas Canarias y Cuba, pero también con una producción local en ranchos y haciendas con tierras fértiles donde se instalaron trapiches y pequeñas destilerías. De modo que es plausible un crecimiento rápido y estable del consumo de alcohol en la población maya sometida, en pocas palabras: que el aguardiente se integró en escaso tiempo a la dieta de los hombres. John Chuchiak realizó este análisis para los mayas de Yucatán y además concluyó que la dieta en general debió ir a la baja a pesar de los productos alimentarios introducidos por los castellanos, de donde adelantó que el aguardiente supliría ese déficit (Chichiak, 1998: 107-218). Las exacciones sistematizadas a los pueblos encontraron sus propios límites desde la colonia temprana, por diversas causas, entre las que se deben destacar: a) el aumento de la población española que debía competir con los beneméritos por las rentas de encomienda y de ayudas de costa, así como también por los cargos en la burocracia y la Iglesia y b) los movimientos demográficos indígenas por las secuelas de epidemias y calamidades que se tradujeron en hambre y muerte. La exacción extraeconómica —fuera de mercado laboral— a los pueblos, vistos como corporaciones que se sustentaba en un pensamiento señorial y rentista, tuvo que ser retada y rebasada por otra forma económica de producción mercantil, cuya expresión máxima la encontramos en las estancias, haciendas, ranchos agrícolas o de extracción de materias y latifundios. Se trata de un prolongado momento histórico de cambio no exento de conflictos, básicamente entre pueblos y propietarios privados de tierras, entre la corona misma, los encomenderos y repartidores acres defensores de los pueblos a los que explotaban.

Según las características regionales, el proceso pudo haber sido más rápido o más lento, pero al despuntar el siglo XVIII la clase de la servidumbre o del peonaje estaba plenamente arraigada en la América castellana. Las peculiaridades de este grupo son diversas, así como su formación y tiempo de desarrollo, pero se le puede identificar por cinco características esenciales de sus integrantes: a) estaban dedicados de tiempo completo o parcial a la producción de mercancías; b) por el endeudamiento para el enganche y la permanencia o acasillamiento; c) por su inclusión forzosa en una microeconomía del fundo de la finca; d) por el pago combinado en productos y dinero y, el más importante, e) por el traslado de buena parte del costo de su misma reproducción en la familia del trabajador. No es un contrasentido afirmar que la servidumbre resultaba más barata que la esclavitud y que no se le puede identificar en absoluto con el trabajo asalariado. Es una creatura por sí misma. Y es igualmente imprescindible afirmar que no se trataba de una clase en transición, por lo que no le encuadran los términos de semiesclavo o semiasalariado. Y al sistema económico general que la generó no le aplica ni siquiera el término de protocapitalismo. Al ser una clase determinante en el régimen de producción colonial o de servidumbre, como se le puede denominar, la explicación de su propia existencia y de su capacidad de producción de ganancias para otros —no me queda duda— se basaba necesariamente en el carácter forzoso y, por ende, no asalariado de su relación con los amos de los establecimientos. Se practicaba la total falta de equivalencia, como regla del intercambio, entre el trabajo y el "capital". De manera que los trabajadores y sus familias entregaban un exceso de energía productiva y recibían a cambio mucho menos de los recursos requeridos para la sobrevivencia.

Desafortunadamente es imposible de determinar, con la información hasta ahora disponible, la dieta de la servidumbre. Lo cierto es que el maíz estaba en el centro de la alimentación. En algunas haciendas del Departamento de Campeche, los administradores o mayordomos dieron algunas noticias hacia 1858. En la hacienda Orizaba se consumía "pan (por la tortilla de maíz), pozole y chile; el pan ordinariamente lo toman dos veces al día. La primera de 5 a 6 de la mañana y la segunda de 4 a 5 de la tarde. El pozole ordinariamente tres veces, sobre el almuerzo a las 11 y a las 2 de la tarde".[35] En otras, en cambio, la dieta parece más diversa y rica en nutrientes, por ejemplo, en Mucuichá se plasmó que: "El principal alimento de los sirvientes es el maíz que toman en pozole tres raciones al día, algunas veces carne de res, de venado, aves y regularmente frijol, pepitas, ibes y chile".[36] En Chivic: "Carne de res, carne de venado, pavos, puercos de monte y además aves, frijoles, pepita, chile, pozole y pan de maíz y esto lo hacen a las 8 de la mañana y a las 4 de la tarde".[37] La mayor riqueza alimentaria que se percibe en los dos últimos casos se explica en otra referencia de la finca Orizaba en la que se aclara que después de la jornada laboral "el que no es flojo trae la comida para el día siguiente".[38] Esto es, que la proporción del autoabastecimiento debió ser relativamente grande para asegurar —en la medida de lo posible— variedad alimentaria en la dieta. Se podrá alegar que tales recursos como la carne de distintas especies las obtenía el trabajador del fundo de las fincas, pero se podrá contestar que con el esfuerzo exclusivo de los propios peones.

35 EECBT: Estadísticas del Estado de Campeche en la Biblioteca de la Universidad de Tulane, Hacienda Orizaba, partido de Hecelchakán.

36 EECBT: Hacienda Mucuicha, partido de Campeche.

37 EECBT: Hacienda Chivic, partido de Campeche.

38 EECBT: Hacienda Orizaba, partido de Hecelchakán.

La fórmula (complementada) del despojo en la servidumbre

La siguiente fórmula expresa esa relación del todo asimétrica en la que la ganancia (que no plusvalía) —y no importa su cuantía— depende de la flexibilidad hacia la baja o minorización de los bienes de la subsistencia de los sirvientes, por lo que tiene poca relación con el aumento en la tecnología:

$$Tn = \sum (At) + (Tf) + \{Ee\}\ldots [> Rb]$$

$$Rt = \_\_\_ = Pt\ Bs = \sum (D+M+Ba) + (Pa)\ldots[< Rb]$$

La explicación puntual de esta relación es la siguiente:

(Rt) *Rendimiento del trabajo*: la producción efectiva, que en calidad de mercancía, queda en manos del empresario (amo, hacendado, finquero) y que le genera ganancias monetarias al venderlas.

(Tn) *Trabajo total neto*: considero aquí la suma de las horas de trabajo que el sirviente tenía que entregar para la producción y para los servicios de las fincas rurales. Se trata del desgaste o consumo de energía humana. Incluye los dos conceptos de abajo:

(At) *Años efectivos de trabajo*: el tiempo que a lo largo de su vida el sirviente entregaba por medio de la jornada laboral medida en tiempo o por tareas. Pero, por supuesto, también, el trabajo para la autosubsistencia familiar, así que se debe añadir aquí el esfuerzo de mujeres y menores. Más años debían rendir mayor trabajo total neto, pero enfermedades y otras causas podían tener consecuencias distintas.

(Tf) *Trabajo futuro*: se trata, desde luego, de la cantidad de jornadas laborales o de tareas comprometidas que el sirviente tendría que saldar para condonar su deuda. Tales compromisos podían equivaler a varios años efectivos del trabajo total neto. Ver abajo (Pa) o pagos adelantados, en donde se explica el papel del endeudamiento como una carga en contra de los sirvientes.

{Ee} *Entrega forzosa de energía por encima de la reproducción normal*: que significa el desgaste energético más allá de los límites de la sobrevivencia de toda la familia o grupo doméstico. Se trata de manera obvia de un severo desequilibrio entre el esfuerzo empleado para trabajar para otros e incluso para lograr la supervivencia por medio del autoconsumo. Un déficit en bienes, pero antes que nada en la nutrición y alimentación. De forma que, en la fórmula del intercambio entre trabajo y retribución es necesario incluir la parte de la energía que los trabajadores y sus familias entregaban sin posibilidades de reproducirla de ninguna forma; esto es el sobreconsumo de sus propias fuerzas biológicas y mentales, sin reparación, que parece como déficit alimentario y distorsiones emocionales. La presunción de un déficit alimentario a causa de la sobreexplotación es imposible de corroborar sin la participación de la antropología física y otras disciplinas. Sin embargo, el discurso de los protagonistas —del hambre— a menudo se hacía llegar en forma de quejas y demandas a las autoridades, también como sublevaciones. En la provincia de Yucatán, en el año de 1668 se hizo patente que numerosos indígenas abandonaban sus pueblos para adentrarse en las zonas libres de colonialismo en el Petén, en donde formaban nuevos asentamientos en los que se recreaba el antiguo poder político y religioso. Las causas de esa fuga son complejas, pues se entreveran en ellas argumentos vaticinales, que no profecías, con un súbito incremento en la demanda de trabajo forzoso por los mecanismos de los repartimientos y de los mandamientos o servicios personales. A la huida, siguió una sublevación desde las zonas libres que obligó al gobierno y a la Iglesia a atender, al menos, parte de las causas. El obispo Cifuentes Sotomayor realizó una visita en 1669 para recabar el parecer de las autoridades de los pueblos de indios. El resultado fue contundente: el gobernador provincial Flores de Aldana había aumentado a tal grado la explotación del trabajo indígena que la miseria y las deudas causaban estragos en numerosas familias. He aquí un ejemplo de los cientos que se podrían incluir. El cacique don Pedro Ku y el cabildo de Yaxcabá hicieron la siguiente certificación de su despojo:

> son muchos nuestros trabajos por los repartimientos que nos hace en los pueblos el gobernador, que estamos pobres por los patíes que nos compra y la cera, mantas, grana, hilo de algodón y *sicte* y esto es lo que cargan a los indios cada año y aunque sabemos que ha quitado nuestro rey el que nos hagan repartimiento a los indios no por eso nos lo deja de hacer este gobernador don Rodrigo que desde que entró a gobernar que ha cuatro años [que] empezaron los trabajos en los pueblos y por eso empezaron a huirse los indios y los años señor que a que empezaron a dársenos repartimientos a los indios de este [...] que desde entonces empezó a empobrecerse este pueblo que están muy pobres las indias, que los patíes que les compran el hilo de algodón y por esto están desnudas y

> también los indios que no hacen por la cera y *sicte* que nos hecha de repartimiento en este pueblo de Yaxcabá el gobernador don Rodrigo y ésta es señor la verdad que decimos señor aquí y para el juramento de que es verdad y cierto hacemos la cruz con nuestra mano derecha de que es verdad lo que decimos y firmamos aquí con que acaba nuestro pedimento [...] y así mismo decimos que fuimos a trabajar a la obra y por este mucho trabajo pagaron a dos reales solamente a nuestros indios pero a nosotros los alcaldes y regidores no se nos pagó nada y así es verdad lo que decimos.[39]

[Rb] *Condicionantes raciales*: la expresión [<Rb] significa que el costo del mantenimiento de un trabajador de *raza blanca* será siempre mayor al de cualquier sirviente de color; en tanto que los *Años efectivos de trabajo* o el *Trabajo total neto* (Tn) entregados por una persona blanca resultará siempre menor [>Rb]. Entonces el *Rendimiento del trabajo* de razas consideradas inferiores resulta necesariamente más elevado. La fórmula de la servidumbre hace aflorar una condición inherente y trascendental de carácter extraeconómico en un régimen de producción mercantil colonial o señorial, que es la calidad racial —insertada en la economía— como uno de sus componentes constitutivos. Es claro que la determinación histórica de la "masa de medios de vida" que se consideran apropiados para trabajadores de razas distintas se traduce en diferencias sustanciales en jornales y salarios. No se paga lo mismo por igual trabajo por el simple hecho de que existe la creencia de que unas razas son superiores a otras y que, por tanto, el trabajo que desempeñan no puede tener el mismo valor. Pero además no están destinadas al mismo tipo de trabajos y hay estándares diferenciados para la calidad de sus bienes de subsistencia. Los prejuicios raciales contra la servidumbre se expresan en falsas creencias como en la siguiente consigna a la que apelaban muchos amos al decir de sus trabajadores que eran "muy mezquinos pues se conforman con ganar un real y un cuartillo de ración que es lo suficiente para su manutención diaria".[40] Y el asunto de la diferenciación racial se incorpora en la fórmula del *Rendimiento del trabajo*. La implicación racial se puede expresar en lo siguiente: en un sistema económico de servidumbre, la población blanca europea tiene un costo más elevado que cualquier otra raza que sea considerada bárbara o salvaje, asumiéndose como si de una máxima filosófica o económica se tratara.

39 AGI, Escribanía 318 A, Averiguación del obispo a los pueblos de Yucatán, 1669, Trasunto de la petición hecha por don Pedro Ku sobre los repartimientos, febrero 1669, ff. 74v-76v.

40 Hacienda Orizaba, partido de Hecelchakán.

Entonces, el *Rendimiento del trabajo* de razas consideradas inferiores resulta necesariamente más elevado, asunto que ha mantenido su vigencia en el capitalismo del siglo XXI y en el período neoliberal, ahora en bancarrota. Debo aclarar que lo racial es una expresión particularizada de un campo de conflicto mucho más amplio, que es la diferencia cultural. Para la servidumbre generada en América Latina, la categoría de indígena que se impuso a los pueblos y naciones como minoría de edad en la evolución humana, fue determinante en el despojo de su trabajo.

Para los sirvientes mayas y mestizos yucatecos se daba por segura la siguiente caracterización derivada de su raza: a) que no era "de una grande energía física", pero sí lo suficiente para soportar los trabajos agrícolas "a que sin excepción todos ellos se dedican, acostumbrados al rigor de este clima tropical", b) empero, sí eran "Sobrios al extremo de contentarse con el alimento que en sus diversas manufacturas pueden proporcionarles el grano de maíz" y de escasísimas necesidades en el vestir "que es apenas el necesario para cubrirse" y en la vivienda "que se reduce a una choza mal cubierta de pajas". Con todo, se decía de ellos que eran: c) "saludables, bien formados" y prolíficos, aunque no se distinguían "por un grande amor al trabajo", sino más bien "sienten el estímulo de sus tan limitadas necesidades" y d) "abandonados a sí mismos, no entienden su provisión a más del presente día y satisfecha ya su hambre, gozan con suprema dicha de su libertad, entre el sueño y la embriaguez que les es característica habitual". Sin embargo, e) "son dóciles, obedientes y sumisos a la dirección de sus amos, siendo en el último caso siempre eficaz el apremio de pocos azotes que aún contra las leyes aquí vigentes [Yucatán], han usado frecuentemente".[41]

(Bs) *Bienes de supervivencia*: la suma de los recursos que ingresan en la familia o grupo doméstico y que, independientemente de su origen y forma, se consumen para la supervivencia, desde la misma vivienda y su ajuar hasta la alimentación. De hecho, en el origen de la servidumbre en la provincia de Yucatán, por ejemplo, numerosos tributarios de pueblos bajo campana entraban en el fundo de las estancias y haciendas para evadir las cargas de los mandamientos de trabajo, los repartimientos y la misma tributación en un intercambio que, aparentemente, les resultaba beneficioso, pues a cambio de tierra para las milpas, acceso a recursos de los montes y solar para la vivienda, únicamente debían entregar un día de servicio para la finca o el 10 por ciento de la cosecha de maíz. Este acuerdo primero varió cuando la economía mercantil de las haciendas creció y demandó mayores horas de trabajo y número de brazos. Se sumaron más días de trabajo para esos trabajadores pagándoseles

41 BNE, Manuscrito 13857, Expediente sobre la introducción de indios de Yucatán en Cuba para trabajos agrícolas, "Carta del vicecónsul de España en Campeche al gobernador de Cuba", Campeche, 10 de abril de 1848, ff 108r-111r.

en dinero y ración de maíz para suplir aquel que antes cultivaban en sus milpas de subsistencia. El endeudamiento funcionó, entonces, como el grillete que suplió la buena apariencia de la relación laboral en la constitución de la servidumbre plena.

(D) *Pago parcial en dinero*: las monedas o su equivalente en medios de cambio que conformaban el jornal de acuerdo con la categoría y clase de trabajo. Tales monedas podían ser de curso legal, o bien, restringido al fundo de la hacienda. No obstante, a menudo el dinero efectivo se empleaba para el pago de contribuciones y especialmente para las limosnas y obvenciones parroquiales. A la vez, una porción se usaba para amortizar la deuda y para comprar aguardiente. La historia del jornal se remonta al trabajo forzoso, servicios personales o mandamientos de trabajo que los indios estaban obligados a dar por órdenes del gobernador provincial o por sus representantes en los partidos. Por una parte, este trabajo se distribuía de manera semanal —aunque se cubrieran varias semanas—, pero sin establecerse un vínculo directo de intercambio entre el empleador y el trabajador. Se puede decir que de esta manera se suplía el trabajo requerido como obligación estrictamente forzosa. Veamos dos ejemplos. El cura de Calotmul denunció ante el obispo en 1723 que el capitán a guerra de Tizimín abusaba del trabajo de los semaneros en detrimento del servicio que debían darle al rey y por el que pagaban una miseria: "Esto —señor— ha sido causado porque habrá tiempo de veinte días mandé que fuesen por los indios que estaban en la milpa del capitán y que pasasen a que les pagasen su trabajo, y así lo hicieron. Y por tiempo de cuatro semanas de trabajo les dio a tres reales a cada indio y les dije no fuesen más que los indios que se daban para atalaya al puerto. En servicio de su majestad debían estar en el puerto y no en las milpas mal pagadas".[42] En el segundo ejemplo, se refiere a un despacho del rey al gobernador yucateco en el que consigna:

> hacen con los indios —demás de los repartimientos de algodón y cera que quedan referidos— crecidas milpas de algodón y maíz en montes distantes de sus pueblos diez, doce y quince leguas, dándoles por cada mecate —que son doce brazas en cuadro— medio real y nada por andar dichas leguas de ida y vuelta. Para hacer cien mecates de milpa han menester treinta indios ocho o nueve días, que aún no les cabe a nueve reales a cada uno, con la circunstancia de que con tan corta porción se han de mantener los referidos días porque los capitanes no les dan para co-

42 AGI, México 1021, Carta del cura Vicente Alfonso de Miranda al obispo de Yucatán, Calotmul a 20 de julio de 1723, ff. 143v-145r.

> mer. Y no sólo les mandan hacer milpas para sí, sino también —por sus particulares intereses— dan mandamientos a otros para —con este instrumento— obligar a los indios a que la hagan [a] otros vecinos, dándoles sólo el medio real por cada mecate, como sea por mandamiento, siendo así que cuando trabajan los indios las milpas para éstos, les dan por cada mecate un real. Y suelen ser tantas las que los capitanes y tenientes —para sí y para otros— mandan hacer con sus mandamientos que no les dejan tiempo a los pobres indios para hacer sus propias sementeras, y así perecen de hambre y se van a los montes a buscar frutas silvestres y raíces de árboles para mantenerse y se quedan muchos en los desiertos viviendo como bárbaros y perdiendo sus almas.[43]

A unas nueve décadas de consumada la conquista de los mayas yucatecos, la situación económica de sus familias era bien conocida por los colonos. En 1636, cuando se debatía acerca de la eventual introducción de una nueva carga tributaria, en este caso para la manutención de la Armada de Barlovento, aquellos que se oponían manifestaron lo imposible que resultaría tal medida por la pobreza de los indios y de los mismos españoles. Se escribió de la provincia: "están sus habitadores pobres y sin sustancia, y de los indios sabemos y es cosa comúnmente cierta y conocida que en toda la provincia no se hallarán ciento cuyos caudales valgan cincuenta pesos y que generalmente todo cuanto tiene de menaje de casa cada uno de los demás valdrá seis reales. Y que aún las casas no son suyas sino del común porque del común se hacen. Y cada día vemos las cárceles llenas de indios por deudas de un real y de dos, de que se deduce y prueba la pobreza de la tierra y de los indios y españoles que la habitan.[44] Es obvio que tal situación de extrema precariedad se traduciría en cualesquiera tipo de intercambio entre trabajo y "capital" en pagos absolutamente bajos, similares para reproducir la situación generalizada como si de algo normal y justo se tratara.

Por otra parte, la formalización y dependencia de los indígenas del jornal se concretó en las estancias, ranchos agrícolas y haciendas. La costumbre obligada había establecido ya una minorización del uso del dinero, aunque es probable que, por la competencia de brazos, la tarea laboral común se tasara en un real

43 AGI, México 1022, Despacho del rey al gobernador de Yucatán comunicándole la comisión especial y privativa concedida al obispo Gómez de Parada para que remedie los males por él denunciados, Madrid a 28 de noviembre de 1722, ff. 731r-740r.

44 AGI, México 1024, Cuarto cuaderno, Parecer del deán, diversos religiosos y cabildo sede vacante sobre la imposición del tostón. Mérida, octubre de 1636, ff. 13r-28v.

por día. Sin embargo, por otra parte, la mayor complejidad de la economía mercantil, con la producción de caña de azúcar, tabaco, añil y henequén, requirió de nuevos empleados, asimismo, sujetos a servidumbre y jornal, pero con retribuciones altamente diferenciadas. Por ejemplo, en las haciendas del Departamento de Campeche hacia 1859 eran comunes los siguientes pagos monetarios en las fincas importantes, según la categoría laboral:

Tabla 1. Jornales monetarios mensuales en fincas del Departamento de Campeche, por partidos, en 1859 (la media)

Partidos	Mayoral	Mayocol	Vaqueros	Mayordomos
Parido de Hecelchakán	2.45	2.06	2.08	2.82
Patido de Campeche	3.75	2.56	3.66	8.31
Partido del Carmen	9.62	0	7.81	21.72
Partido de Champotón	7	6.71	4.69	14.38
Partido de Hopelchén	1.6	1.43	0	4.43

Fuente: EECBT.

La diferencia micro-regional (partidos) en un espacio delimitado se explica por la distinta vocación productiva y extractivista de los establecimientos. Así, se explica que en el Partido del Carmen se ubique la media mayor del grupo de mayordomos (21.72 pesos) frente a solo 2.82 pesos del Partido de Hecelchakán. De manera que la cantidad monetaria del jornal estaba en función de la determinada configuración productiva de zonas específicas. En el primer partido, la extracción de palo de tinte y el cultivo de arroz destacan como los productos principales, frente al maíz en el segundo partido. Asimismo, la especialización tecnológica que ganó fuerza en la segunda mitad del siglo XIX en las fincas agroexportadoras tendió a la diferenciación de los jornales. Así, en las fincas de ese mismo Departamento de Campeche el puntero de un ingenio podía ganar 12 pesos y un alambiquero 20.

(M) *Ración de alimentos y mercancías*: la cantidad de maíz, yuca, plátanos u otros alimentos que se daban por cada jornada laboral del sirviente. En Yucatán consistió básicamente en un cuartillo de maíz, pero se consignan también, en menor medida, arroz y carne. El pago en raciones tenía como principal valor económico el que los mismos sirvientes cultivaban los bienes alimentarios que serían parte sustancial de su mismo jornal. Esto no es otra cosa que disminuir la inversión de los empresarios en la adquisición del trabajo. A la vez, anudaba la dependencia de las familias a sus amos y, con ello, se imponía un sólido muro al concepto del trabajador asalariado libre. Algunos datos concentrados se expresan en la siguiente gráfica:

Gráfica 1: Cargas y almudes de maíz de maíz entregados mensualmente a cuatro categorías laborales en 177 haciendas del Departamento de Campeche, 1859.

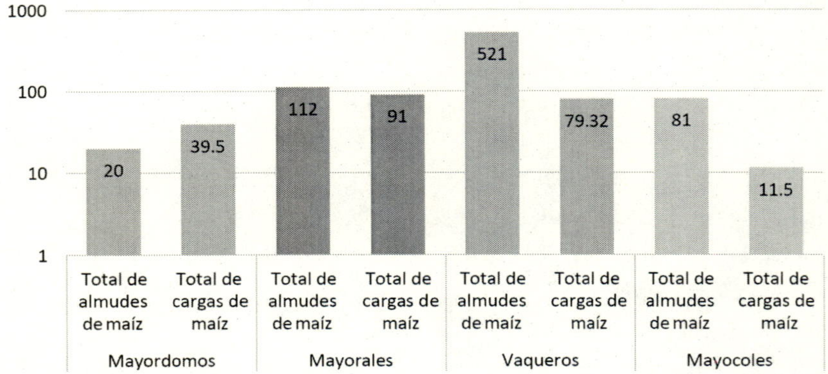

Nota: Un almud contenía aproximadamente 3 ½ kilos y una carga 42 kilos.
Fuente: EECBT.

Desde luego, la cantidad de maíz entregada a la manera de ración estaba en función, al igual que el dinero, de la categoría y la especialización técnica, otorgándose más cargas y almudes a los sirvientes de mayor responsabilidad, quienes no poseían el tiempo para hacer milpas de sobrevivencia. De modo que, en la aparente organización simple del trabajo en las fincas rurales se esconde una complejidad y racionalidad económica en la búsqueda de la producción mercantil de bajo costo. En la medida que los establecimientos rurales se hacían más complejos en la diversificación de sus productos extractivos, agrícolas y ganaderos, también se moldeaban tanto la cantidad en monedas (D) como en el tipo y cantidad de la ración (M). Aun podemos afirmar que en el ejemplo yucateco, los sirvientes denominados luneros formaban la base más extendida y simple, en la formula jurídica llamada de *enfiteusis*. También, estaban los llamados asalariados constituidos por los trabajadores de tiempo completo y aquellos que realizaban labores técnicas como en los ingenios y en las haciendas henequeneras. De esta manera la división del trabajo conformaba distintas categorías laborales con jornales desiguales.

Para hacer frente a las necesidades de maíz —y otros productos— de las raciones, las haciendas utilizaban la labor de luneros, arrendatarios y jornaleros libres de los pueblos para cultivar grandes milpas de este cereal, a más de que era un importante producto comercial. En el gráfico de abajo se consigna el número de mecates de maíz sembrados en 1859 en las fincas rurales de Campeche:

Gráfica 2: Mecates de maíz sembrado en fincas del Departamento de Campeche, 1859.

Nota: 25 mecates conforman una hectárea.
Fuente: EECBT.

Las 1,812 hectáreas de los propietarios podían producir entre 0 y hasta 48 almudes por mecate, esto debido a múltiples factores asociados con el tipo de tierra, montes, clima, conocimientos técnicos y rituales mayas. Lo que significa que, en un año excelente, tales hectáreas tendrían un rendimiento de 508.5 toneladas, que a un precio promedio de 8 reales la carga (1 peso) sumarían 10,595 pesos. Uno puede entender el valor del ahorro para los propietarios al pagar el trabajo con el resultado del mismo trabajo de los sirvientes. No obstante, hay que recordar que las cosechas estaban condicionadas por diversas calamidades como: sequías recurrentes, temporales, langosta y otras plagas, asunto que regía en buena medida la disponibilidad y el nivel de precios. Así que, tener maíz representaba una especie de seguro ante los riesgos, pero solamente hasta cierto límite las grandes pérdidas en cosechas dejaban de producir ganancias y, lo peor, obligaba a las fincas a abastecerse en el mercado para no perder el bien más preciado de una finca: sus sirvientes. Por otra parte, para paliar los pagos en monetario se usaba, al menos en parte, de monedas de uso interno para la tienda de raya, aunque los reglamentos insistían en que el pago de jornales fuera en dinero de plata.

(Ba) *Bienes producto del trabajo de autosubsistencia*: en este rubro se cuentan las cosechas de las milpas de los mismos trabajadores que hacían en su tiempo libre (maíz, frijoles, calabaza y chiles). También, el producto de la cacería y la recolección de frutos y leña, así como los cultivos y crianza de animales de solar. Se puede inferir que el nivel de autoconsumo era oscilante ya que, por una parte, las fincas pasaban por crisis que abatían la producción y en esos lapsos de paro el consumo de los trabajadores recaía exclusivamente en su propia responsabilidad. Por otra parte, en Yucatán, en la medida que el henequén sustituyó al ganado y al maíz comercial, el nivel de autoconsumo se redujo al mínimo posible, en la medida que las haciendas requerían del empleo de mucho más trabajo efectivo, entonces, el dinero y la ración se priorizaban, e incluso se compraba maíz de otros lugares para las raciones. Es asimismo un hecho, como ya apunté, que los trabajadores cualificados y técnicos, como los mayorales, vaqueros, *mayocoles*, maquinistas y otros, tendían más al ingreso monetario que al pago en productos y nada o casi nada del autoconsumo.

(Pa) *Pago adelantado*: por último, entre los bienes de la supervivencia se debe contar con el dinero o el precio (siempre por encima del precio de mercado) de las mercancías recibidas por el trabajador de la tienda de raya por adelantado en calidad de endeudamiento. La deuda se ha explicado por la necesidad de brazos pero, más importante todavía es que, no solo garantizaba el arraigo del sirviente, sino que implicaba la inmovilidad del precio de los futuros jornales independientemente de las oscilaciones de los precios en los bienes de consumo. La impronta del endeudamiento quedó plasmada en un escrito con motivo de los contratos forzosos que se aplicaron a mayas y yucatecos rebeldes con motivo de la Guerra de Castas de 1847, al describirse las ventajas de introducirlos en las plantaciones de azúcar en Cuba: sucede que solicitando casi universalmente anticipaciones de sus amos, éstos con más o menos escasa mano se los franquean siempre, para asegurar su servicio, puesto que la ley tiene establecido que tales criados adeudados no puedan abandonar el servicio de sus acreedores mientras que no encuentren nuevo amo que por ellos pague al antiguo, lo que no siendo muy fácil, especialmente cuando son crecidas las deudas, resulta que por toda su vida permanecen ligados al servicio de la agricultura, y por lo común, al de las haciendas en que una vez se fijaron siendo una especie de siervos de la gleba que se venden con el terrazgo por el valor más uno de las deudas que se les liquidan. De esta relación puede inferirse: primero, que cualquier asignación, habiendo de ser mayor en esa isla, pudiera servirles de estímulo a la emigración si capaces fueran de él; pero no lo son, como no lo es el salvaje con quien en casi todos los extremos se confunden; segundo: que el número de años del servicio por grande que se suponga, no será para ellos una rémora, puesto que bajo este punto de vista son en la realidad, y aún en su intención, esclavos de la tierra.[45]

En la vida cotidiana de las fincas las raciones, la producción de autosubsistencia y el pago adelantado se mezclaban en una microeconomía interna autárquica en la que los sirvientes estaban condicionados a sobrevivir con una combinación de escasas posibilidades. Por ejemplo, la tienda de raya de la hacienda Itzincab era responsable de la distribución de una corta parte de la

45 AHN, Ultramar, Testimonios del expediente general de introducción de colonos yucatecos a la isla de Cuba, Vicecónsules de Campeche y Mérida, 1848.

alimentación y sustento sin apuntarse a la cuenta de los sirvientes. Era norma la repartición de desayunos a la "gente" los días sábado, consistentes en bizcochos, café y azúcar. El 4 de julio de 1908 se entregaron 4,200 bizcochos por 10.50 pesos, 9 libras de café molido por 4.50 y 42 libras de azúcar por 3.36, a cuenta de la finca. Esos días la hacienda saldaba compromisos para la sustentación parcial de las viudas e impedidos y de los coreanos. De forma que, esa misma fecha se utilizaron 7.23 pesos para ayudar a 5 mujeres mayas, una yaqui y un ciego. A los coreanos, de manera individualizada, se les daba libras de arroz y latas de leche condensada. Por ejemplo, a Yu Nimso se le otorgó 3 1/2 libras de arroz y una lata; a la vez, a Yi Quinsú 7 libras de arroz. Las cuentas de la tienda consignan también entrega de coas y otras herramientas de trabajo agrícola con o sin cargarse a la cuenta del trabajador, pero también pequeñas cantidades entregadas en efectivo. Así, el coreano Qui Lu obtuvo a su cuenta 2 pesos el 11 de julio de 1908 y pocos días después, el 14, al yucateco Galecio Chim se le dieron 3 pesos para comprar ropa y útiles de su casa. Las cantidades más significativas solicitadas en efectivo están asociadas con la enfermedad y la muerte. Una cantidad de 5 pesos le fue entregada como adelanto a Martín Pérez el 9 de abril de mismo año "para su enfermedad de la hija"; una de 10 pesos a Macario Castro, el 1 de octubre, por la enfermedad de su hijo y otra de 5 pesos se adelantó el 1 de diciembre a José Y. Chim "para la muerte de su hijo". El 19 de diciembre, Felipe Pacheco recibió 25 pesos "para la atención de su mujer enferma".

En cuanto al alcohol, uno de los libros de esa misma tienda de raya inicia el 13 de junio de 1908 con la entrega de 2 botellas de anís, sin precio, para los chapeadores de la casa principal y, después, el día 27 se entregaron otras 3 botellas para estos trabajadores. De hecho, es una constante esta práctica de entregar este tipo de aguardiente "anisado" exclusivamente a ellos, pues el alcohol no aparece como parte de los suministros de la tienda a los habitantes, excepto para la casa principal, en especial *cogñac*, jerez y cerveza.

Decir que las deudas conformaban una especie de vida adelantada o incluso imaginaria no es para nada un sofisma. Las estadísticas de las fincas rurales del Departamento de Campeche me obligan a concluir que, en el fondo del sistema de este tipo de servidumbre, no se esperaba la liquidación de las deudas, pues eran el engranaje principal de la relación entre el amo y el sirviente. Así se desprende de la tabla de abajo, en la que se demuestra que hacia 1859 entre prófugos y muertos se habrían "perdido" 165,104 pesos durante los últimos ocho años, esto es, una "inversión" entregada por trabajos que ya no serían cubiertos. Sin embargo, ésta es solo una apariencia, puesto que, el trabajo en realidad había sido cubierto durante la vida activa de los trabajadores y el endeudamiento resulta una ficción o un fetichismo en la realidad de la relación laboral de carácter servil. Puedo afirmar que a mayor endeudamiento mayor era la flexibilidad hacia la baja del costo de los jornales.

Por fin, el (Pt) *Plustrabajo convertible en ganancias*: el resultado diferencial de la relación entre lo que el sirviente entrega de energía (Tn) y lo que recibe de manera efectiva (Bs) es el *Plustrabajo convertible en ganancias* (Pt) materializado en volúmenes de determinadas mercancías comercializables. Según esta fórmula y considerando estables las demás variables de la economía, existen únicamente dos maneras de incrementar el *Rendimiento del trabajo* para lograr un mayor plustrabajo y, por tanto, ganancias. Se trata de la reducción de los *Bienes de la supervivencia* o el aumento del *Trabajo total neto*, o aun mejor, ambas cosas a la vez. Ésta es la razón, en buena medida, por la que en una economía colonial, de antiguo régimen o de señorío de producción mercantil, como la mexicana hasta entrado el siglo XX, el peonaje o la servidumbre se erige como la gran solución, ya que permite transferir buena parte del costo de la misma supervivencia al individuo y a la familia, pero reteniendo, a favor de los amos, un alto nivel de control extraeconómico sobre el trabajo. Un poder expresado en reglamentos sancionados positivamente por el derecho casi siempre de carácter regional, pues en ellos se expresaban las condiciones específicas de la demografía, las costumbres y los idearios e intereses de los actores sociales.

En esta fórmula de trabajo forzoso se viola el presupuesto del equivalente de valores que Carlos Marx expuso como uno de los pilares de la explicación de la producción capitalista y de la plusvalía y ganancia en este tipo de régimen. Según su teoría "El límite último o mínimo del valor de la fuerza de trabajo lo señala el valor de aquella masa de mercancía cuyo diario aprovisionamiento es indispensable para el poseedor de la fuerza de trabajo, para el hombre, ya que sin ella no podría renovar su proceso de vida, es decir el valor de los medios de vida físicamente indispensables. Si el precio de la fuerza es inferior a este mínimo, descenderá por debajo de su valor, ya que, en estas condiciones, sólo (*sic*) podrá mantenerse y desarrollarse de modo raquítico." De ahí que dejara esta fórmula metodológica: "*el valor de la fuerza de trabajo* se determina por *el valor de los artículos de primera necesidad* imprescindibles para producir, desarrollar, mantener y perpetuar la fuerza de trabajo" (Marx, 1955: 407). Pero en la servidumbre, en el jornal se establece una transferencia de energía humana más allá de un límite humano; se niega cualquier ética de espíritu del capitalismo de acuerdo con los parámetros de Weber, pero se confirma una fórmula de la desigualdad creciente a escala de la servidumbre. Es una fórmula de despojo no porque el plustrabajo sea muy cuantioso, sino porque se sustenta en la minimización de la supervivencia, incluso a costa de las mismas energías vitales de los trabajadores. Cualquiera puede darse cuenta de que esta explicación encierra una incógnita difícil de despejar, pues según nuestros argumentos para lograrse la ganancia siempre existirá un déficit de los bienes de la sobrevivencia frente al gran esfuerzo del trabajo servil, de sol a sol. Un sobresfuerzo que no puede ser compensado por alimentos o nutrientes. De tal manera que, si dejamos aquí el asunto el resultado tendría que ser necesariamente que trabajadores tan desnutridos no podrían desempeñar siquiera las tareas más simples. En pocas palabras, que resulta imprescindible encontrar la variable necesaria para cerrar el círculo y completar el argumento general. Y la respuesta no podía ser más que un nutriente que los sirvientes consumían en las jícaras o incluso del pico de las botellas y frascos. Un ingrediente psicoactivo: el ¡Aguardiente! (CH_3-CH_2-OH). Esto es, que en la sumatoria de los bienes de la supervivencia, en el nivel del consumo alimentario, se esconde el gran secreto: calorías de muy bajo costo usadas como nutrientes para el trabajo, a pesar de que su ingesta pudiera resultar a la larga dañina para la salud física y social. La fuente de ese consumo se puede ubicar en (D), esto es, el dinero entregado de manera constante y sonante y en (Pa), es decir, en los adelantos monetarios que conformaban el endeudamiento. De hecho, se puede afirmar que el vino, el aguardiente de caña o *pitarrilla* fue la mercancía que más rápidamente se popularizó entre los mayas yucatecos con la conquista castellana, desde el siglo XVI. De manera que, si tomamos el contenido de alcohol del aguardiente con su gran aportación calórica por separado, como convendría, la sumatoria de los bienes de la supervivencia debería quedar expresada de la siguiente manera:

$$Bs = \sum (D+M+Ba) + (Pa) + (CH_3\text{-}CH_2\text{-}OH),$$

En donde $(CH_3\text{-}CH_2\text{-}OH) < (D + Pa)$

Entendemos que el aguardiente de caña que la servidumbre consumía en Yucatán estaba incluido o pertenecía a erogaciones del dinero conseguido en los jornales, así como de los adelantos del endeudamiento. De hecho, fue común que la calidad de sirviente se obtuviera en las tabernas como deudas a los capataces por consumo de alcohol: una forma de enganche.

Con tan escaso mercado español en las provincias, el vino era producto principalísimo para costear el tráfico entre Yucatán y otros lugares similares de América con Cádiz, al grado que se ponía en riesgo el mismo tráfico ultramarino de corto tonelaje.[46] Por lo que, el obispo de Yucatán, Diego Vázquez de Mercado presentó una idea contraria después de realizar una visita pastoral, y así lo escribió al rey en carta del 27 de abril de 1605. Quiero destacar tres

46 *Ibid.*

asuntos que contempla el documento del prelado: a) la introducción del vino entre la población nativa y sus consecuencias para la vida social y religiosa, b) la presunta comisión de delitos de orden moral y religioso en el preciso momento en el que los mayas asumían, a su manera, el cristianismo, y c) el inicio de la relación histórica en ese obispado entre el consumo de alcohol y el endeudamiento como mecanismo de control económico que conduciría al peonaje. Transcribo los párrafos sustanciales del obispo, en los que el lector podrá tener un acercamiento al pensamiento colonizador y a sus interpretaciones de un mundo diametralmente distinto a su experiencia. Dice de la provincia:

> en dos meses que ha que ando visitándola, entre las cosas más necesitadas de remedio, que no han sido pocas, la más general en todo este obispado ha sido el exceso grande de vender vino a estos pobres indios que es en tanta manera y ha ido tan de mal en peor que, además de las innumerables ofensas que con ocasión de él se han hecho y hacen estando los indios embriagados como son cometer muchos estupros e incestos no respetando padres a hijas ni hermanos a hermanas y que algunos quedan con la fuerza del vino tan caídos que ha sucedido morir muchos sin confesión ni poder recibir los demás sacramentos acabando como bárbaros, ha llegado a tanto mal que ha sucedido estando los principales con el demás resto de un pueblo todos borrachos irse a la iglesia y quitar del altar la imagen de Nuestra Señora y traerla por el pueblo de casa en casa con grandísima indecencia y menos precio de la reverencia y adoración que a las imágenes se debe. Y además de esto otros pecados usurarios que los españoles y personas que tienen este trato del vino cometen con grandísimo exceso porque viendo que los indios son tan inclinados a este vicio y que tanto lo apetecen, para hacer sus tratos ilícitos los ceban primero con una escudilleja de vino que sola es bastante por ser tan flacos para quedar luego borrachos y estándolo les hacen tomar por fuerza sus mercaderías dándoles lo que de contado vale dos al fiado por ocho y la paga en los frutos de la tierra en que tienen otras ganancias excesivas. Y cumplidos los plazos de las pagas los maltratan, así de palabra como de obra, dándoles de mojicones y palos.[47]

47 AGI, México 369, ff. 393r-394v, Carta al rey del obispo Diego Vásquez de Mercado, Tabasco a 27 de abril de 1605.

El resultado

Si atendemos a lo ya expuesto, será fácil entender cómo se originó la pobreza galopante de los trabajadores contemporáneos en México y en otros países surgidos del quiebre del colonialismo español, y también comprender los altos índices de alcoholismo y dependencia a otras sustancias psicoactivas que prevalecen actualmente. Miren, lo que sucedió en México, por ejemplo, es que la Revolución de 1910-1920 tuvo —a más de una aspiración democrática— un eje principalísimo en la destrucción de los latifundios, las haciendas y el peonaje. Las ideologías revolucionarias se plasman en la muy recomendable obra *La ideología de la revolución mexicana* de Arnaldo Córdova. El movimiento, diferenciado en los ejércitos Libertario del sur, División del Norte y el Constitucionalista, que le dio el sentido real quedó plasmado en la ley agraria del 6 de enero de 1915 y en la Constitución de 1917. Aun así, el peonaje tardaría unos 30 años en disolverse, no sin dejar sus rémoras almacenadas del trabajo forzoso en la Colonia. La más importante para la proyectada conversión de los peones en trabajadores asalariados simplemente no concordaba con la aspiración de los pueblos a recuperar la tierra. El artículo 27 de esta constitución tuvo que abrir, como prioridad, la dotación de tierras a los campesinos firmes opositores a trabajar para otros. Y para desarrollar la industria, el trabajo obrero y asalariado libre se introdujo el artículo tercero, que en la letra parecía asignar amplios y justos derechos, pero que en una de sus principales promesas llevaba la penitencia: justo en la creación del salario mínimo.

El salario mínimo monetario, nuevo en México, pretendía ser equivalente a una canasta básica aceptable —para una mejor vida—, al definirse en los siguientes términos: "será el que se considere suficiente, atendiendo las condiciones de cada región, para satisfacer las necesidades normales de la vida del obrero, su educación y sus placeres honestos, considerándolo como jefe de familia".

El mismo artículo incluyó mecanismos para acabar con las fuentes de la servidumbre como el endeudamiento.[48] Puedo afirmar que la aspiración constitucional de un salario mínimo remunerativo no solo no se cumplió, sino que el salario monetario para el trabajo libre respondió a la norma teórica de Marx, esto es, que el precio del salario quedó constituido por los precios de la masa de medios de vida que por la costumbre consumían los antiguos peones, pero sin la aportación de las raciones, del endeudamiento y con una dismi-

48 Ver texto original de la Constitución de 1917 y de las reformas publicadas en el *Diario Oficial de la Federación* del 5 de febrero de 1917 al 1 °de junio de 2009, Biblioteca Jurídica Virtual del Instituto de investigaciones Jurídicas de la UNAM, (disponible en: <www.juridicas.unam.mx>), pp. 351-355. Los congresos nacional y locales quedaron facultados para expedir leyes laborales "fundadas en las necesidades de cada región" para normar el trabajo de obreros, jornaleros, empleados, domésticos y artesanos, como también cualquier contrato laboral.

nución de los haberes de la auto-subsistencia. De manera que, aun cuando se trataba de contemplar en la nueva figura del salario legal mínimo un alza del bienestar, la economía reajustó el salario real —lo que se puede adquirir con él— más bien hacia una estandarización en las mismas condiciones del jornal, muy por debajo del consumo, especialmente el alimentario, para la reproducción del organismo humano. Es el secreto que se reproduce detrás de la desigualdad y del abismo entre pobres y ricos, que ha generado una extensa clase social de desposeídos hasta de la esperanza.

Solo miremos las siguientes gráficas. Son resultado de una encuesta realizada en el año 2012 a jefes de familia hablantes de la lengua maya y que tuvieran un apellido en ese mismo idioma. La muestra se aplicó en poblaciones mayores a 10,000 habitantes para indagar las condiciones de pobreza y marginación de la población indígena en ese contexto multiétnico. Como en otras encuestas que hemos realizado en el CIESAS-Peninsular[49] a población maya, los resultados son consistentes en cuatro indicadores: a) actualmente están inscritos a categorías laborales del sector servicios, b) sus ingresos son sumamente bajos en el ámbito de la pobreza, c) su escolaridad se mantiene en el límite acaso de la secundaria y d) el ajuar de la vivienda es asimismo muy escaso en bienes industrializados. Véase internet y computadora.

Gráfica 3: Actividad laboral principal del jefe de familia por grupos de edad, 2012.

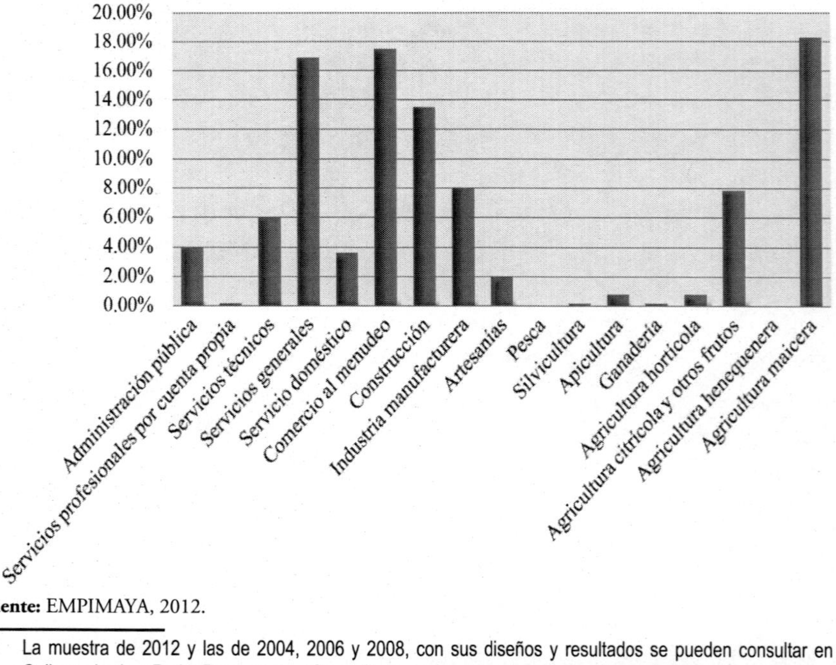

Fuente: EMPIMAYA, 2012.

49 La muestra de 2012 y las de 2004, 2006 y 2008, con sus diseños y resultados se pueden consultar en Lizama Quijano, Jesús y Pedro Bracamonte y Sosa, *Decir que somos quien somos. Compendio de resultados de encuestas a población maya de la Península de Yucatán* (2004-2012), Raíz de Sol, México, 2014.

Gráfica 4: Ingresos monetarios de los jefes de familia (totales)

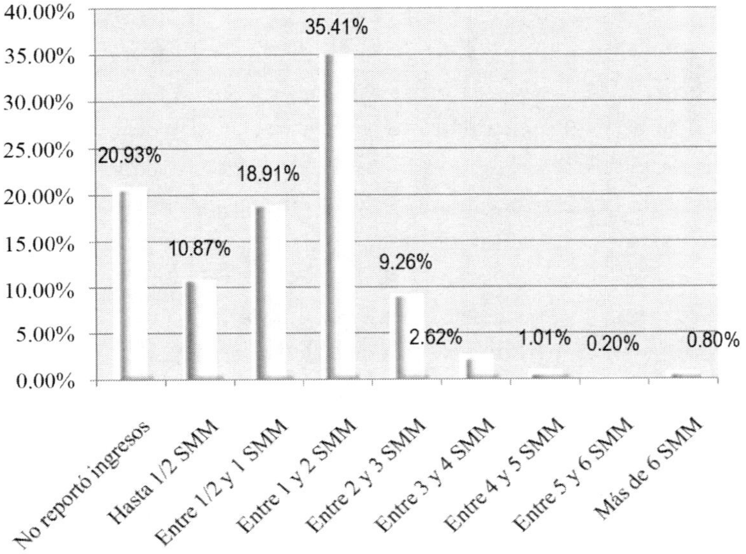

Fuente: EMPIMAYA, 2012.

Gráfica 5: Última escolaridad de los jefes de familia por grupos de edad (totales)

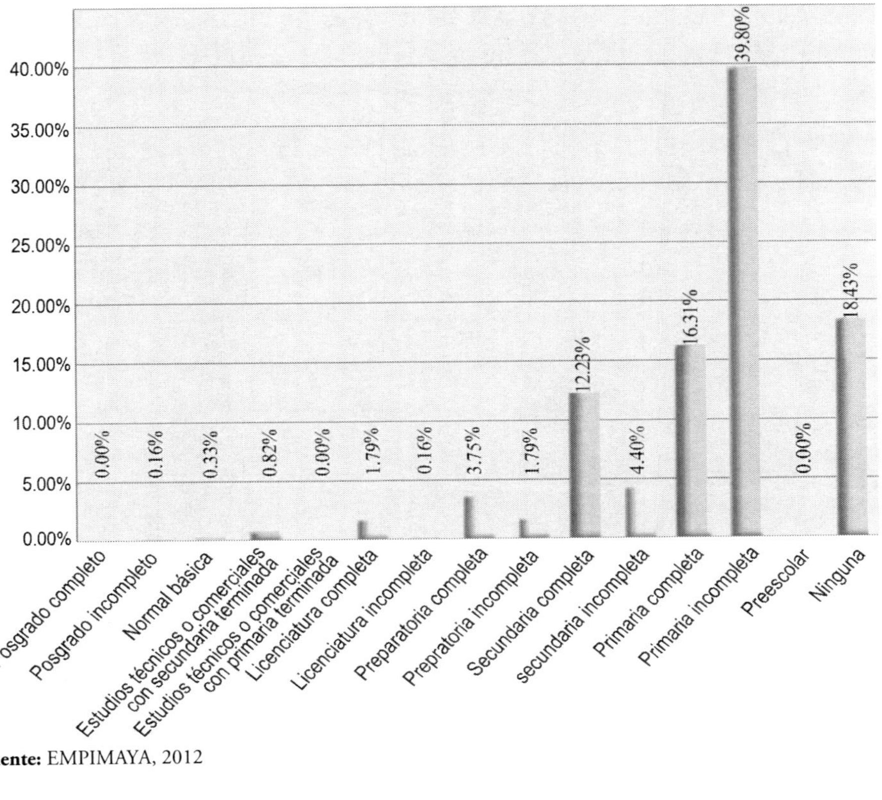

Fuente: EMPIMAYA, 2012

Al rememorar lo hasta ahora escrito en este trabajo, considero que se puede dar por válida —y por validar por otros medios— la siguiente conclusión: que el peonaje o servidumbre es el árbol cuyas distintas y subsecuentes ramificaciones explican la economía colonial concebida como sistema de producción mercantil sustentado en el trabajo forzoso o por mecanismos extraeconómicos. En ella, hasta mediados del siglo XX en México, y usando el ejemplo yucateco, los diversificados accesos al consumo alimentario y de "bienestar" de la servidumbre siempre ha resultado deficitaria, al grado de que el hombre consume sus fuerzas físicas y mentales sin la suficiente reparación. Su resultado es la pobreza extrema, y aquí planteo que la a-historicidad con la que se siguen definiendo los parámetros de los salarios y de la pobreza solamente han sellado, como si de algo normal se tratase, salarios reales de pobreza y de hambre, y de desigualdad monstruosa. Así, se puede entender que con un salario mínimo de 88.36 pesos a mediados de 2018, una familia no pueda sobrevivir más que medrando con los despojos de la cultura del consumo, más que pagando intereses venales por artículos de las casas comerciales y bancos de los hombres del poder para empobrecerse más. Es por ello que muchos, lo único que tengan es la violencia para arrebatar a sus semejantes lo que les ha sido negado. En la tabla de abajo queda claro que el alcohol sigue siendo un extraordinario acompañante para quienes no pueden nutrirse de otra manera. Su consumo es complemento necesitado por la ingesta de calorías de bajo costo.

Tabla 2. Comparación de precios por calorías de tres distintos productos, 2018

Producto	Precio por litro en pesos	Calorías por litro	Precio en pesos por caloría	Precio por cada 100 calorías	Precio por 1,000 calorías	% del precio de 1000 calorías respecto del SM por día (88.36 pesos)
Leche entera de vaca	17.40	616	0.0282	2.82	28.20	31.91
Coca cola clásica	15.00	300	0.015	1.50	15	16.97
Licor Caña Brava	21.0	2,200-2,300	0.0095	0.95	9.50	10.75
Licor Caribeño	24.50	2,200-2,300	0.0111	1.11	11.1	12.56
Licor Palo viejo	28.0	2,200-2,300	0.0127	1.20	12.0	13.58

Siglas

AGI: Archivo General de Indias, Sevilla. BNE: Biblioteca Nacional de España.

AHN: Archivo Histórico Nacional, Madrid.

EECBT: Estadísticas del Estado de Campeche en la Biblioteca de la Universidad de Tulane.

Bibliografía

Bastiad, Frédéric. *La ley*. Madrid: Alianza, 2005.

Bracamonte y Sosa, Pedro. «El sagrado *balché*». *Arqueología mexicana*, vol. VII, núm. 37, (1999): 66-69.

Bracamonte y Sosa, Pedro. «Ensayo sobre la servidumbre. El fracaso del "capitalismo" en México». México: CIESAS-Miguel Ángel Porrúa, 2018.

Braudel, Fernand. *Bebidas y excitantes*. México: Alianza Editorial,1994.

Bethell, Leslie (editor). *Historia de América Latina*. Barcelona: Cambridge University Press/Editorial Crítica, 1990.

Chuchiak, John F. «El tributo colonial y la nutrición de los mayas, 1542-1812. Un estudio sobre los efectos de la conquista y el colonialismo en los mayas de Yucatán». *Iglesia y sociedad en América Latina colonial. Interpretaciones y proposiciones,* Juan Manuel de la Serna (Coordinador): 107-218. México: UNAM, 1998.

Fanon, Frantz. *Los condenados de la tierra*. México: FCE, 2011.

Gonzalves de Lima, Oswaldo. *Pulque, balché y pajauaru en la etnobiología de las bebidas y de los alimentos fermentados*. México: FCE, 1990.

Kaztman, Rubén. «Notas sobre la medición de la vulnerabilidad social». *Repositorio Digital:* 275-301. México: CEPAL, 2000.

Lizama Quijano, Jesús y Pedro Bracamonte y Sosa. "Decir que somos quien somos". *Compendio de resultados de encuestas a población maya de la Península de Yucatán (2004-2012)*. México: Raíz de Sol, 2014.

Marx, Carlos. «Salario, precio y ganancia». *Obras escogidas*, Tomo I. Moscú: Editorial Progreso, 1955.

Marx, Carlos. *Elementos fundamentales para la crítica de la economía política (Grundrisse) 1857-1858*. México: Siglo XXI, 1980.

Polanyi, Karl. *La gran transformación*. México: Quipu Editorial, 1975.

Sánchez de Aguilar, Pedro. «Informe contra los idólatras de Yucatán, escrito en 1613». *El alma encantada, Anales del Museo Nacional de México:* 15-122. México: INI/ FCE, 1987.

Taylor, William B. *Embriaguez, homicidio y rebelión en las poblaciones coloniales mexicanas*. México: FCE, 1987.

Tilly, Charles. *La desigualdad persistente*. Buenos Aires: Manantial, 2000.

Capítulo 3
El doctor Rafael Colomé Trujillo y la homeopatía yucateca

Gabriela Sofía González Mireles
Gabriela Solís Robleda

En este capítulo se aborda la introducción y desarrollo en Yucatán de la homeopatía, una práctica médica que aún se mantiene hoy como una opción para atender la salud de la población, a pesar de enfrentar la férrea oposición de la medicina alópata que se erigió en la corriente de atención médica hegemónica. La presentación de este proceso tiene como eje conductor la actividad de un personaje que dejó una profunda huella en la historia de la medicina yucateca: el Dr. Rafael Colomé Trujillo. Siempre es difícil transitar por la compleja relación que existe entre la acción individual, por un lado, y las estructuras y procesos sociales por otro. Siendo mutuamente dependientes, seguiremos la actuación del Dr. Colomé en su afán por impulsar e institucionalizar la medicina homeopática en el entorno de los cambios generados por la Revolución Mexicana y, más concretamente, por el socialismo yucateco.

La realización de este trabajo, sobre la homeopatía yucateca, fue posible gracias al generoso acceso que nos brindó la familia del doctor Rafael Colomé en el archivo personal de este médico, mismo que conservan con dedicación y cuidado, así como a las facilidades que nos dieron para la reproducción y el uso del material de este acervo. El archivo se conforma por diferentes carpetas en las que se identifica documentación sobre la trayectoria del galeno: certificaciones, nombramientos, recuentos curriculares, cartas personales y profesionales, credenciales, medallas, borradores de sus conferencias y testimonios de su participación como delegado en la Convención del Partido Constitucional Progresista, entre otras actividades desplegadas por el homeópata. En el archivo también se ubica su correspondencia con diferentes autoridades del Gobierno de Yucatán referente al establecimiento de las instituciones que impulsó y en las que trabajó, así como diversas publicaciones que incluyen folletos, artículos de revistas, periódicos alusivos a la ciencia homeopática, especialmente, una serie de colaboraciones del Dr. Colomé en el *Diario del Sureste*, y los obituarios y homenajes publicados tras su muerte. Esta rica documentación se complementa con referencias del Archivo General del Estado de Yucatán e información bibliográfica.

Acercamiento biográfico

Nació Rafael Colomé Trujillo en Campeche, el 6 de enero de 1880, siendo sus padres el señor Francisco Colomé de Llergo y la señora Emilia Trujillo Trudeaux, en tanto que sus abuelos paternos fueron Francisco Colomé Raffus y Marcelina López de Llergo y López de Toledo, los abuelos maternos fueron Miguel Trujillo y Genoveva Trudeaux. Pronto su familia se trasladó a la ciudad de Mérida donde Colomé, tras cursar estudios de bachillerato, ingresó en la Escuela Especial de Medicina, Cirugía y Farmacia, dirigida entonces por el doctor Luis Augusto Molina Solís, hermano del gobernador Olegario Molina. Fue el doctor Molina quien influyó en su hermano para que éste, desde el gobierno, avalara e impulsara los proyectos diseñados por el doctor Luis F. Urcelay para fundar el asilo para enfermos mentales "Leandro León Ayala" y el hospital "Agustín O'Horan", instituciones que fueron inauguradas por Porfirio Díaz en 1906. En la Escuela de Medicina, Colomé se distinguió por sus "brillantes estudios" con médicos como el bacteriólogo Dr. Seidelin, obteniendo el grado de médico cirujano alópata el 16 de octubre de 1909. Dos años después, el 31 de octubre de 1911, fue designado por "su idoneidad" como profesor de la cátedra de *Medicina Operatoria y Anatomía Topográfica*. Se mantuvo como docente de esa institución y tomó parte activa en las acciones para lidiar con los problemas que enfrentó la Escuela.[50]

Una peculiar circunstancia lo acercó a la homeopatía. El doctor Rafael Villamil, calificado como "honra y prez" de la homeopatía yucateca, padecía de *amaurosis*[51] y por el problema en la vista que la enfermedad le acarreaba, invitó a algún estudiante voluntario a leerle por una o dos horas diarias. El joven Colomé, cursando el cuarto año de la carrera, aceptó la invitación y, así, se puso en contacto con "obras maestras homeopáticas" que, junto con las enseñanzas de Villamil, lo fueron "poco a poco convirtiendo a la Homeopatía" hasta tornarse en su ayudante en el ejercicio de la profesión junto con la hija del galeno, Cristina Villamil, quien estaba "bien versada en terapéutica y farmacopea homeopáticas". Se casó Colomé con esta "virtuosa y culta" señorita y, al graduarse, se integró muy exitosamente al consultorio de su suegro "felizmente ayudado al principio por su magnífica compañera".[52] Su interés por el reconocimiento de la homeopatía y por la fundación de instituciones homeopáticas en Yucatán, lo llevó a trasladarse a la Ciudad de México, en donde

50 Sobre el desempeño del Dr. Colomé en esta Escuela véase Erosa Barbachano, A., "Historia de la Escuela de Medicina de Mérida Yucatán" y *La escuela de medicina de Mérida, Yucatán.*

51 Se calificaba como *amaurosis* a la ceguera transitoria completa o parcial por afección del nervio óptico producida por una causa orgánica sin lesión aparente del ojo.

52 APC, Carpeta 22, "Boletín informativo", en *La Homeopatía de México. Revista mensual de divulgación médica,* Vol. XV, 6ª época, No. 300, enero de 1968, p. 4.

presentó en la Facultad de Medicina Homeopática de la Universidad Nacional de México —en el breve lapso del funcionamiento de esa Facultad— exámenes que le permitieron obtener el título de Médico Homeópata, Cirujano y Partero el 4 de mayo de 1922.

De manera paralela a su carrera de médico, Colomé desarrolló una destacada trayectoria política y militar que influyó hondamente en su visión social de la medicina. El inicio de su actividad pública en la política está marcado por su decisión de afiliarse como militante de la corriente maderista, participando en la fundación del Comité del Partido Antirreeleccionista en Yucatán —el 27 de junio de 1909—, organización a la que también perteneció el abogado tabasqueño José María Pino Suárez. Fue después delegado representante de Yucatán en la Convención del Partido Constitucional Progresista en agosto de 1911, evento en el cual se postularon las candidaturas de Francisco I. Madero y del ya citado Pino Suárez para la presidencia y vicepresidencia de la república. En 1912, Colomé fue electo diputado de la XXIV Legislatura del Estado de Yucatán, de la que fue primero secretario y luego presidente; posteriormente, el 6 de junio de ese año fue nombrado presidente del Partido Constitucional Progresista en Yucatán. Tras las muertes de Madero y Pino Suárez, Colomé se incorporó a las fuerzas constitucionalistas en la lucha armada contra Victoriano Huerta. Se enlistó el 1 de mayo de 1913 en el cuerpo del Ejército del Noroeste que comandaba el general Pablo González, quedando bajo las órdenes del general Francisco Coss con el grado de Mayor Médico Militar. Estuvo en el ejército revolucionario hasta el 5 de octubre de 1916, cuando se retiró del servicio. Sus actividades militares se resumen en la Tabla 1.[53]

Tabla 1. Actividades militares del Dr. Rafael Colomé

Fecha	Evento
5 de mayo de 1913	Combate en Villa de Aldama, Nuevo León
6 de junio de 1913	Combate en Candela, Coahuila
15 de agosto de 1913	Combate en San Buena Aventura, Coahuila
1º de enero de 1914	Toma de Linares, Nuevo León
23 de febrero de 1914	Combate en Agua Nueva, Coahuila.
9 de abril de 1914	Combate en Rinconada, Nuevo León.
28 de abril de 1914	Combate en Villa de Ramos Arizpe, Coahuila.
18 de mayo de 1914	Combate en Monterrey, Nuevo León.

53 Los datos biográficos están consignados en diversos papeles sueltos, muchos de los cuales fueron retomados por Luís A. Rosado Lara en su escrito homenaje titulado "Al cumplirse diez años del deceso del Doctor Rafael Colomé Trujillo" y publicado al cumplirse una década de la muerte del Dr. Colomé, conservado también en ese archivo particular.

7 de agosto de 1914	Ataque y toma de la plaza de Querétaro en unión de fuerzas del Gral. Francisco Murguía.
23 de agosto de 1914	Ocupación de la plaza de Puebla y rendimiento de 11,000 federales comandados por el Gral. Luque.
15 de mayo de 1914	Ascenso a teniente coronel.
16 de junio de 1915	Ascenso a coronel Médico Militar.

Fuente: APC, Apuntes biográficos.

Su experiencia en el movimiento armado relacionó a Colomé con personajes con quienes coincidía ideológicamente y fueron determinantes en la vida política nacional y regional, especialmente, con Salvador Alvarado y Felipe Carrillo Puerto[54] a los que "curó e interesó por la Homeopatía" y quienes ofrecieron su apoyo para la creación de una escuela y un hospital homeopáticos. El doctor Rafael Romero señala que la simpatía de Carrillo Puerto por la homeopatía provino de la buena experiencia de un amigo común, Florencio Ávila y Castillo, tratado exitosamente en Nueva York por un médico homeópata.[55] Simpatía que Colomé también comprobó cuando Carrillo le expresó "muy cuerdamente" que los pacientes tenían los mismos derechos para tratarse por la homeopatía que por la alopatía, debiendo entonces tener centros docentes y experimentales que formasen médicos cirujanos "adecuados a cada sistema".[56]

Al coincidir con su programa y principios, Colomé se afilió en 1918 al Partido Socialista del Sureste y tomó parte activa con la organización de un dispensario médico al servicio de los miembros de ese partido. En muchos de sus escritos, el homeópata da cuenta de sus convicciones políticas, que se expresan en su proyecto de medicina homeopática, en el cual fue prioritario el interés por la atención médica a las clases populares y el empeño por consolidar la formación de médicos que pudieran acceder al conocimiento del nuevo método curativo y replicarlo. La destacada participación del Dr. Colomé en la fundación y funcionamiento de la escuela y hospital homeopáticos, así como su defensa ante la clausura de estas instituciones y la amplia labor que desarrolló en la difusión del conocimiento, se abordarán a detalle en los apartados siguientes.

54 Para prueba de estas relaciones, en 1963, Gualberto Carrillo Puerto extendió una constancia dirigida "a quien corresponda" de que el Dr. Colomé fue "íntimo amigo y colaborador" de su hermano Felipe Carrillo Puerto, así como dando testimonio de las varias conferencias impartidas por el médico en la Liga Central de Resistencia y de su intensa colaboración en la causa del Partido. Ver APC, Carpeta 3, Constancia autógrafa de Gualberto Carrillo Puerto sobre la relación de su hermano Felipe Carrillo Puerto con el Dr. Colomé y la actuación del médico en la Liga Central de Resistencia, Ciudad de México a 15 de octubre de 1963.

55 Romero, R. "Historia de la medicina homeopática", p. 365.

56 APC, Carpeta 22, "Boletín informativo" en *La Homeopatía de México, Revista mensual de divulgación médica*, Vol. XV, 6ª época, Núm. 300, enero de 1968, pp. 4-5.

Por su participación en las campañas militares revolucionarias, fue miembro de la Confederación Nacional de Veteranos de la Revolución, que en 1960 le concedió un reconocimiento "a sus meritorios servicios que por la liberación y mejoramiento del proletariado prestó en la Gloriosa Revolución Mexicana, iniciada por el Apóstol de la Democracia Señor Francisco I. Madero". Además, la Legión de Honor Mexicana de la Secretaría de la Defensa Nacional le otorgó una condecoración en 1962: la *Medalla al Mérito Revolucionario.*

Ilustración 1. Reconocimiento de la Confederación de Veteranos, credencial de veterano y medalla al mérito revolucionario del Dr. Rafael Colomé

Testimonio de Honor
de
La Confederación Nacional de
Veteranos de la Revolución
Constituida en:
Sociedad Mutualista Privada
Al C. Dr. Rafael Colome T.

Que otorga esta Institución Nacional en Representación del Genuino Sector Revolucionario como premio a sus meritorios servicios que por la liberación y mejoramiento del proletariado prestó en la Gloriosa Revolución Mexicana, iniciada por el Apóstol de la Democracia Señor Francisco I. Madero.

El pueblo guarda eterna gratitud a los Veteranos de la Revolución porque éstos, con sus nobles sacrificios en los campos de batalla, cristalizaron sus postulados en nuestra Carta Magno de 1917.

"Unidos en la Paz como en la Guerra"

México, D. F. a 28 de Junio de 1960

Fuente: APC, Carpeta 3, Testimonio de Honor de la Confederación Nacional de Veteranos de la Revolución y Credencial de miembro de esa Confederación, México a 28 de junio de 1960; y Condecoración al Mérito Revolucionario, México a 20 de agosto de 1962.

Colomé falleció el 8 de enero de 1968 y la revista *La homeopatía de México* dedicó en su honor su Núm. 300, que vio la luz a principios de ese año. En el editorial se expresa esa dedicatoria y se le denomina "figura prominente y maestro de la Homeopatía en Yucatán, y auténtica gloria de la ciencia de Hahnemann en México". La revista manifestó "profundo dolor" por su muerte y la honra de tener el privilegio de exaltar en sus páginas "el valor científico del Dr. Colomé T. y su admirable conocimiento de la terapéutica homeopática" con la cual curó a "millares de enfermos". Así lo señalaba el *Boletín Informativo* que la Sociedad Homeopática de Yucatán envió a la revista con una carta del secretario de esa Sociedad, Dr. Rafael Moguel Gamboa, misma que se reprodujo en el editorial. Se calificó la muerte del doctor Colomé como un "rudo golpe", y no solamente para la agrupación homeopática yucateca, pues trascendió al correr la noticia del deceso "como reguero de pólvora, de boca en boca rápidamente en todos los sectores de la sociedad emeritense".[57] Al cumplirse una década de su fallecimiento, Luis Rosado Lara publicó un homenaje luctuoso dedicado al Dr. Colomé, en el cual apuntó los datos sustanciales de su biografía y al término del escrito aseguró que el galeno, en su paso por la vida, "llevó la blancura del cisne" y que se le recordará con respeto y admiración.[58]

Un primer enfrentamiento entre métodos terapéuticos

Los problemas que enfrentó el Dr. Colomé para abrir y mantener la primera farmacia homeopática que hubo en Mérida ejemplifican la confrontación registrada desde un inicio entre las medicinas alópata y homeópata en Yucatán. Este enfrentamiento se dio en un entorno de tensiones al identificarse a Colomé con el proyecto socialista de Carrillo Puerto, lo que llevó la disputa política al campo de la salud. Sin embargo, se destaca que también se dio en el contexto de un proceso en el que la medicina alópata buscó mantener su hegemonía al postularse como la única práctica médica acorde con la modernidad y los avances de la ciencia. Como plantea David Soweel, este fenómeno se manifestó en México a través del corporativismo revolucionario del que se valieron los médicos alópatas para pugnar por el control de la estructura

57 APC, Carpeta 22, "Editorial" de la revista *La Homeopatía de México, Revista mensual de divulgación médica,* Vol. XV, 6ª época, Num. 300, enero de 1968, p. 2. El fundador y director general de la revista era el Dr. Rafael López Hinojosa, su redactor el profesor Flavio Heredia Correa y su administrador Francisco López Anaya.

58 APC, Rosado Lara, Luís A., "Al cumplirse diez años del deceso del Doctor Rafael Colomé Trujillo".

institucional que se diseñó para atender la sanidad. Este autor señala que una de las primeras acciones de los alópatas fue constituir en 1919 la Asociación Médico Mexicana, que buscó extenderse en la república a través de asociaciones locales afiliadas para obtener así el "control del mercado de la atención médica" en el nuevo contexto revolucionario, promoviendo campañas contra otros tipos de conocimiento médico, que incluyó desde luego a la medicina homeopática. En Yucatán, se estableció una de estas asociaciones en 1922 y a tan solo un año de su fundación ya contaba con 94 miembros que laboraban en la Escuela de Medicina y el Hospital O'Horan y la Sociedad Médica Yucateca.[59]

Como ya se mencionó, el interés del doctor Colomé en la homeopatía se inició por la influencia de su maestro y suegro el doctor Villamil, ese interés se materializó con el establecimiento de la primera farmacia homeopática. Fue a principios del año de 1915, cuando Colomé solicitó al coronel Rafael Aguirre Colorado —comandante militar del Partido de Yucatán— el permiso necesario para abrir la farmacia. El coronel consultó a la Junta de Sanidad sobre esta solicitud y sus integrantes condicionaron la autorización a que el establecimiento contase necesariamente con un farmacéutico responsable. A juicio del homeópata, la condición impuesta por la Junta "ocultaba de este modo su intención de que el permiso se me negara, toda vez que no existen farmacéuticos homeópatas titulados". Considerando la validez de este argumento, Aguirre realizó una segunda consulta sobre la petición, pero esta vez la pidió al doctor Víctor A. Rendón —secretario general de gobierno—, quien calificó de "sectaria la actitud de la Junta" apoyando la apertura solicitada. De esa forma, la farmacia homeopática fue inaugurada el 15 de abril de 1915 con el nombre de su mentor y suegro: "Rafael Villamil".[60]

Sin embargo, la tensión entre estas dos visiones de la medicina continuó, como también la oposición al funcionamiento de la farmacia. En 1916, Colomé recurrió al gobernador del estado, Gral. Salvador Alvarado, para pedir la ratificación de la licencia otorgada el año anterior para la apertura de su farmacia homeopática y poder estar él a cargo como responsable. Hizo la petición obligado por la amenaza de que sus "perseguidores", opuestos al método que practicaba, solicitasen su clausura valiéndose de la Junta de Sanidad que mantenía la exigencia de que el establecimiento estuviese bajo la responsabilidad de un farmacéutico alópata. Sobre esto, Colomé argumentó la imposibilidad de cumplir este requisito por las tajantes diferencias de criterio científico y porque sería poner en la farmacia homeopática "a un verdadero enemigo de ella". Aseguró ser falso que la pretensión de sus enemigos fuese

59 Soweel, D. *Medicine on the periphery*, p. 42.

60 APC, Carpeta 20, Carta de Rafael Colomé al gobernador de Yucatán, Mérida, sin fecha.

para evitar intoxicaciones al público, pues su verdadera intención era "hostilizarme y provocar mi ruina por cuantos medios estén a su alcance". El cierre que buscaban, además, causaría perjuicios a "las numerosas familias afectas a la homeopatía". En abono de la defensa de su farmacia, Colomé señaló que el proyecto homeopático fue visto con beneplácito por el "apóstol y mártir Madero" como un medio para "quebrantar la dictadura médica oficial" y que el código sanitario vigente era obra de una "opresión dictatorial", en alusión directa a la actitud en su contra de "los médicos perseguidores". Añadió que la Junta de Sanidad, que exigía la regulación, "no puede ser imparcial en el presente caso, ya que está compuesta por médicos alópatas —y por lo tanto— adversos a la homeopatía". En su solicitud, Colomé abogó por la cientificidad del saber homeopático al estar en sintonía con la modernidad que se pretendía alcanzar en diferentes ámbitos de la sociedad, por lo que había que apoyar este conocimiento si "se quiere encausar en moldes nuevos y racionales la instrucción porque en el orden científico se conserva una dictadura, desaparecida ya en países de reconocida cultura".[61]

No obstante, el problema persistió. Con la reorganización en 1918 de la Junta Superior de Sanidad, se establecieron nuevas medidas para mejorar la práctica médica, como la verificación del título que debían tener todos los cirujanos, dentistas, farmacéuticos y médicos.[62] Otra de las disposiciones ratificó la obligación para los propietarios de farmacias y establecimientos análogos de contar con un farmacéutico responsable, so pena de la clausura del establecimiento, dando un plazo para ello de tan solo quince días. Ante esta reiterada exigencia, Colomé solicitó de nuevo al gobernador que su situación fuese reconsiderada recurriendo a los mismos argumentos esgrimidos dos años antes, pues expuso que los farmacéuticos no conocían el procedimiento y personalización de las fórmulas correspondientes a la terapéutica del método homeópata. Por esta circunstancia, Colomé aseguró que "era imposible poner al frente de mi farmacia homeopática a un farmacéutico alópata, que sólo podría servir para hostilizarme".[63] En otra carta al gobierno, el galeno apeló a los cambios generados a partir del movimiento revolucionario al señalar que, tal vez en otros tiempos políticos del país, "el gobierno podría hacerse cómplice de esta intriga sectaria que nada enaltece a sus autores", pero que si ellos pedían el apoyo del gobernador para clausurar su farmacia "con una saña que es resultado de su impotencia", él en cambio únicamente solicitaba justicia y:

61 APC, Carpeta 16, Petición del Dr. Colomé al gobernador Salvador Alvarado, Mérida a 10 de julio de 1916.

62 Sobre esta medida de verificar los títulos profesionales, véase Soweel, D., *Medicine on the periphery*, p. 63.

63 APC, Carpeta 16, Carta del Dr. Colomé a Salvador Alvarado, gobernador del estado de Yucatán, sin lugar ni fecha.

> sin perder la serenidad, sin odios de escuela, pido sencillamente que se pesen las razones de orden legal y de orden científico que doy y que se notifique definitivamente a la H. Junta de Sanidad que no es necesario refrendarme anualmente la licencia, aunque la farmacia homeopática sigue prosperando.[64]

Este incidente permite constatar de manera fehaciente la animadversión existente en esos años entre los seguidores de la alopatía hacia el método homeopático, pero también se pueden apreciar algunos de los argumentos que sostuvo Colomé en su defensa del nuevo método, "a pesar de que no ignoraba que seguiría detrás de mí la sorda guerra de los médicos alópatas", misma que se repitió en las constantes comunicaciones que escribió en los años subsecuentes: el derecho y la legalidad que asistían a los establecimientos homeopáticos y el carácter moderno y científico del tipo de medicina que ejercían.[65] La defensa del galeno fue exitosa porque pudo mantener vigente su farmacia, aunque cambió el nombre por el de "Cristina Villamil", en honor a su esposa. Actualmente, sigue funcionando con el nombre "Farmacia Homeopática Colomé" en la calle 68 número 484, entre 57 y 59, en el barrio de Santiago, en el centro de Mérida, donde se atiende a pacientes que buscan alivio a sus dolencias y los visitantes se sorprenden por la antigüedad y belleza de su mobiliario e implementos.

La fundación de la Facultad y Hospital de Homeopatía de Yucatán

El proyecto para impulsar la homeopatía en Yucatán logró un importante éxito con la fundación de una escuela y un hospital donde se formaran médicos en el método y se aplicara su terapéutica. Para conseguirlo se conjugaron dos factores. En primer término, incidió la aceptación social y la popularidad de la homeopatía en el ámbito nacional, reflejadas en la relevancia que adquirieron sus instituciones. Tal fue el caso de la fundación en 1895 de la Escuela Nacional de Medicina Homeopática en la ciudad de México, la cual gozaba de una buena reputación y que, en 1919, envió una petición a la Junta Superior de Sanidad de Yucatán solicitando que la legislación estatal autorizara a sus médicos egresados ejercer legalmente en Mérida.[66] El otro factor que incidió en la

64 APC, Carpeta 20, Carta del Dr. Colomé al gobernador del estado de Yucatán, Mérida, Yucatán, sin fecha.

65 *Ibidem.*

66 Torres R. y Conde J. "Historia y estado actual de la homeopatía en México", Postgrado de Homeopatía, en (disponible en: <http://www.colegiodemedicinahomeopatica.edu.mx/historia-homeopatia/49-historia-homeopatia-en-mexico>),consultado en septiembre de 2017, y Soweel, D., *Medicine on the periphery,* p. 65.

fundación de la escuela y hospital involucró de manera directa al doctor Colomé como uno de los líderes del proyecto impulsor de la homeopatía, puesto que, su cercana relación con Felipe Carrillo Puerto y los sucesivos gobiernos de corte socialista atrajo simpatías y voluntades a favor del nuevo método médico. Al afiliarse en 1918 al Partido Socialista del Sureste, Rafael Colomé coincidió con el líder socialista y, sobre este encuentro, el doctor señaló después que "en el local de la Liga Central de Resistencia[67] hicimos una campaña efectiva en favor de nuestra causa," y allí Carrillo Puerto "nos ofreció que el día que fuese gobernante[68] reconocería los derechos legítimos, inalienables, de los representantes de la homeopatía en Yucatán".[69]

Para gestionar sus demandas e institucionalizar su práctica médica, los homeópatas se organizaron en la Sociedad Médico Homeopática de Yucatán, presidida por el doctor Rafael Romero, quien solicitó al gobierno el reconocimiento jurídico de esta asociación el 10 de diciembre de 1921. La Sociedad estaría formada por "médicos graduados en cualquier Facultad, debidamente autorizada, tanto nacional como extranjera, y por personas cultas de reconocida adhesión a la medicina homeopática". Tendría como objetivos trabajar por el progreso de este tipo de medicina, "difundiendo por cuantos medios estén a su alcance su conocimiento, y al mismo tiempo proteger y defender los intereses de los médicos homeópatas". Para alcanzar estas metas celebrarían semanalmente sesiones a las que podrían asistir "médicos alópatas simpatizadores de la Sociedad o que deseen adquirir conocimientos sobre Homeopatía". Los fundadores establecieron un órgano de divulgación con periodicidad mensual: la *Revista de Medicina Homeopática*, cuya intención era "la vulgarización científica, haciendo llegar a todos conocimientos ciertos sobre prácticas y principios médicos". Es de destacar que, en los estatutos de la naciente Sociedad, se incluyó un artículo específico encaminado a defender a los médicos homeópatas ante el clima hostil en el cual desarrollaban su trabajo, los posibles obstáculos para el ejercicio de su profesión y la eventual afectación de los intereses de sus miembros. El artículo estipulaba que, "tanto la sociedad con su personalidad jurídica como todos los socios estarán obligados a emplear todos los recursos necesarios para hacer de la manera más efectiva, segura y eficaz una defensa común". El reglamento fue sancionado

67 Las Ligas de Resistencia eran los subcomités del Partido Socialista de Yucatán, conformados en mayo de 1917 por el general Salvador Alvarado. Las Ligas impulsaron actividades políticas, educativas, agrícolas, artísticas, deportivas, etcétera, incorporando a un importante número de afiliados, particularmente entre los trabajadores del campo, con lo que acrecentó su poder político. Véase Pérez y Pérez, C. A., "Las Ligas de Resistencia socialista. Unión entre Salvador Alvarado y Felipe Carrillo Puerto", consultado en octubre de 2017 en la página web *Por esto!.* Disponible en: <http://www.poresto.net/ver_nota.php?zona=yucatan&idSeccion=1&idTitulo=63406>.

68 En efecto, accedió Carrillo Puerto a la gubernatura yucateca el 1º de febrero de 1922 y la ocupó hasta su fusilamiento acaecido el 3 de enero de 1924.

69 APC, Carpeta 9, Colomé, R., *La Escuela de Medicina Homeopática de Yucatán*, Mérida, 1938, p.6.

en asamblea general ordinaria de la Sociedad el 15 de diciembre de 1921 y aprobado por el Gobierno del Estado el 26 de enero de 1922.[70]

Con esta asociación ya reconocida por el gobierno, la comunidad de homeópatas yucatecos nombró una comisión compuesta por los médicos José D. Conde Perera, Rafael Romero, Rafael Colomé, Alonso Hernández Castro y Celiano Pérez Vargas.[71] El objetivo de la comisión fue solicitar la fundación de una facultad y un hospital de homeopatía, pues "había llegado el momento en que la sociedad Médica-Homeopática viera realizadas sus aspiraciones", señalaron.[72] En asamblea extraordinaria la Sociedad acordó pedir al doctor psiquiatra Eduardo Urzaiz, rector de la recién fundada Universidad Nacional del Sureste, incluir en la nueva institución el proyecto educativo homeópata, quien apoyó la moción. Sobre esta decisión positiva, el doctor Urzaiz escribiría a Colomé que, por estar "convencido yo de la justicia de tu petición, acogía la idea y te animé a presentar la solicitud correspondiente, en debida forma ante el Consejo Universitario".[73] La petición formal para la creación de la Facultad de Homeopatía se presentó el 9 de marzo de 1922 y el asunto llegó a la legislación yucateca meses después a través del proyecto de ley del "establecimiento de la Escuela y Hospital homeopático". En la discusión sobre el tema, el diputado Fernando M. Estrada —encargado de exponer la moción— apuntó que la salud es un derecho inalienable y "por el altruismo y el espíritu eminentemente socialista que sirve de norma nuestros actos, debemos conceptuar justo el que los desamparados enfermos que por sus convicciones deseen ser tratados médicamente por los médicos homeopáticos, encuentren también abiertas las puertas de un asilo bienhechor"; argumento que fue apoyado en el Congreso.[74] Según el doctor Romero, la aceptación del gobierno a la petición era muestra "no sólo del esfuerzo de nuestra Sociedad Homeopática, sino también del espíritu libre de prejuicios escolares de los elementos directores de ese Gobierno".[75]

Tras estos trámites, finalmente el 9 de septiembre de 1922, el gobernador Felipe Carrillo Puerto expidió el decreto por el cual se creó la Facultad de Medicina

70 AGEY, Congreso del Estado, Dictámenes, Comisión de Hacienda, vol. 23, exp. 69, Petición para sancionar la personalidad jurídica solicitada por la Sociedad de Médica-homeopática de Yucatán, Mérida, Yucatán a 26 de enero de 1922.

71 Léon, T. S., "Doctor Rafael Romero, ¿un médico olvidado?", en *La homeopatía de México,* Vol. 86, núm. 709, pp. 34-40.

72 APC, Carpeta 9, Colomé R., *La Escuela de Medicina Homeopática de Yucatán,* Mérida, 1938, p. 6.

73 APC, Carpeta 17, Carta del Dr. Colomé al Dr. Eduardo Urzaiz, rector de la Universidad del Sureste, Mérida Yucatán a 10 de marzo de 1922 y Carta del Dr. Colomé al Dr. Eduardo Urzaiz, Mérida, Yucatán a 20 de marzo de 1922.

74 AGEY, Congreso del Estado, Dictámenes, Comisión de hacienda, vol. 25, exp. 16, Iniciativa del diputado Fernando M. Estrada, para la creación de la facultad de medicina homeopática de Yucatán y el establecimiento de un hospital homeopático, Mérida, Yucatán a 22 de agosto de 1922.

75 Romero, R., "Historia de la medicina homeopática", p. 370.

Homeopática de Yucatán, "con el reglamento y plan de estudios que acuerde la Universidad Nacional del Sureste de México", así como el Hospital Homeopático "Hahnneman" dependiente de la Facultad y donde los estudiantes realizarían sus prácticas. Los miembros de la Sociedad Homeopática fueron designados en diferentes cargos de ambas instituciones "sin remuneración alguna, con el carácter de *ad honorem* hasta que hubiesen los fondos para el pago de maestros y de médicos para el hospital". Colomé había sido ya nombrado director de esa Facultad el 5 de julio anterior y el doctor Celiano Pérez Vargas como secretario.[76] Estas designaciones fueron controvertidas, ya la Sociedad Homeopática había propuesto por votación a Pérez Vargas como director y a Alonso Castro Hernández como secretario. Años después, el mismo Pérez Vargas escribió sobre el asunto que, el rector Urzaiz había indicado en varias ocasiones a los miembros de la Sociedad Homeopática "que vería con agrado que propusiéramos al doctor Rafael Colomé para ocupar aquel puesto", ante lo que se opuso tenazmente, pues éste no tenía título de Médico Homeópata y sin embargo "de la noche a la mañana y sin que supiéramos, Colomé tomó pasaje para la ciudad de México", aludiendo a su estancia en la Escuela Nacional de Medicina Homeopática, donde obtuvo el título correspondiente.[77] A pesar de este cuestionamiento, Carrillo Puerto mantuvo su apoyo a Colomé, quien luego consignó haber sido "llamado a Palacio por aquel ecuánime gobernante que con amplio criterio se preocupa por cuidar la salud del pueblo, me dio en mano propia la llave del magnífico edificio en que estuvieron los dos establecimientos durante más de quince años".[78] No hay duda de que esta concreción del proyecto homeópata causó gran entusiasmo en el galeno.

Ilustración 2. Edificio del Hospital Homeopático Hahnemann, calle 59 por 50

Fuente: Fototeca Pedro Guerra, Universidad Autónoma de Yucatán.

76 APC, Carpeta 22, "Boletín informativo" en *La Homeopatía de México, Revista mensual de divulgación médica,* Vol. XV, 6ª época, No. 300, enero de 1968, Ibid, pp. 4-5.

77 Romero, R., "Historia de la medicina homeopática", p. 371.

78 APC, Carpeta 9, Colomé R., *La Escuela de Medicina Homeopática de Yucatán,* Mérida, 1938, p. 8.

Las cátedras en la Facultad comenzaron a impartirse el 18 de septiembre del propio año de 1922 conforme al programa propuesto que, ajustado al reglamento universitario, "poseía todos los elementos indispensables para impartir la enseñanza de la medicina de acuerdo con los principios de la homeopatía, como se ha hecho en los países más adelantados". A decir del Dr. Colomé, el inicio de los cursos causó beneplácito en la sociedad yucateca por haberse establecido una "escuela cuya verdad se sancionaba por los resultados positivos de su terapéutica y por los modernos inventos y descubrimientos de las ciencias".[79] El esfuerzo invertido en el proyecto homeópata yucateco fue reconocido a fines de ese año cuando la Universidad invitó al sociólogo argentino Alfredo L. Palacios a dictar una serie de conferencias. En una de las sesiones, a la cual asistió el gobernador Carrillo Puerto, el sociólogo elogió la labor de Colomé y la escuela que dirigía, a más de alabar las bondades de las instituciones homeopáticas. Una foto, incluida en el reporte de la sesión que ofreció una revista, plasmó para la historia la imagen de los principales asistentes.[80]

Ilustración 3. Asistentes a la escuela de Homeopatía

Fuente: APC, Carpeta 22, "Boletín informativo", en *La Homeopatía de México, Revista mensual de divulgación médica,* Vol. XV, 6ª época, núm. 300, enero de 1968.

Resulta obvio que la fundación de la Facultad de Medicina Homeopática de Yucatán constituyó un hecho de gran importancia para la difusión del nuevo método curativo, pero cabe destacar que tuvo alcance nacional porque

79 *Ibid*, p.14.

80 APC, Carpeta 22, "Boletín informativo", en *La Homeopatía de México, Revista mensual de divulgación médica*, Vol. XV, 6ª época, núm. 300, enero de 1968, p. 5.

los estudiantes de la Escuela Libre de Homeopatía de México solicitaron al gobierno del estado el "canje" de sus títulos, por los que serían expedidos por la Universidad del Sureste. La petición fue sometida al criterio del doctor Colomé quien respondió que, aun cuando la facultad que dirigía estaba "deseosa de no poner obstáculos a la difusión libre de la homeopatía, apartándose de los moldes tradicionales", otorgar lo pedido por los estudiantes solamente sería posible cuando el Hospital anexo a la Facultad estuviese totalmente organizado y "siempre que el requisito de la enseñanza preparatoria fuese llenado conforme a nuestro programa".[81] Al comparar los planes de estudios de ambas escuelas, resulta obvio el motivo por el cual los alumnos de la Escuela Libre de México pretendían canjear sus títulos por aquellos que otorgaba la Escuela de Yucatán. No solamente por ser más larga, seis años en lugar de cuatro, sino por sus ambiciosos contenidos que ofrecían una formación médica más completa. La comparación de estos programas se ofrece en la tabla 2.

Tabla 2. Planes curriculares de la Escuela de Homeopatía de Yucatán y la Escuela Libre de Homeopatía de México

	Escuela de Homeopatía de Yucatán	**Escuela Libre de Homeopatía de México**
PRIMER AÑO	Anatomía Descriptiva	Anatomía Descriptiva
	Disección de Anatomía Descriptiva	Disección de Anatomía Descriptiva
	Química Médica y Biológica (Teoría y Práctica)	Histología
	Farmacopea Homeopática	Doctrina Homeópata
		Química Médica y su Laboratorio
		Microbiología y Práctica
		Fisiología General
		Prácticas de Histología
		Embriología (Primer semestre)
		Farmacia Homeopática y sus Prácticas
		Neuro-Anatomía (Segundo semestre)
SEGUNDO AÑO	Anatomía Descriptiva, segundo curso	Materia Médica General
	Disección de Anatomía Descriptiva, segundo curso	Propedéutica de la Química

81 APC, Carpeta 16, Carta del doctor Rafael Colomé al gobernador del Estado de Yucatán, sin lugar ni fecha.

	Fisiología (Teoría y Práctica)	Patología Médica
	Química Médica y Biológica (Teoría y Práctica)	Patología Quirúrgica
	Doctrinas Médicas y Organón	Higiene, Dietética y Medicina Preventiva
		Doctrina Homeopática (2º curso)
		Enfermería Quirúrgica y sus Prácticas
		(Prácticas en el Sanatorio Hospital anexo)
TERCER AÑO	Bacteriología y Parasitología (Teoría y Práctica)	Obstetricia Eutócica
	Patología General	Clínica Obstétrica (1er. curso)
	Patología Médica, primer curso	Materia Médica Comparada
	Patología Quirúrgica, primer curso	Deontología Médica
	Anatomía Patológica (Teoría y Práctica)	Psicología Médica e Higiene Mental
	Clínica Propedéutica Médica	(Prácticas en el Sanatorio Hospital anexo)
	Materia Médica y Terapéutica Homeopáticas, primer curso	
CUARTO AÑO	Patología Médica, segundo curso	Obstetricia Distócica
	Patología Quirúrgica, segundo curso	Clínica Obstétrica (2º curso)
	Anatomía Topográfica (Teoría y Práctica)	Puericultura
	Medicina Operatoria (Teoría y Práctica)	Ginecología y su Clínica
	Clínica Médica, primer curso	Terapéutica Homeopática
	Clínica Quirúrgica, primer cuso	Patología General
	Materia Médica y Terapéutica Homeopática, segundo curso	Fisioterapia
		(Prácticas en el Sanatorio Hos-pital anexo)

QUINTO AÑO	Obstetricia Teórica	
	Clínica Médica, segundo curso	
	Clínica Quirúrgica, segundo curso	
	Clínica Obstétrica, primer curso	
	Fisioterapia	
	Pediatría	
	Materia Médica y Terapéutica Homeopáticas, tercer curso	
SEXTO AÑO	Clínica Médica, tercer curso	
	Clínica Quirúrgica, tercer curso	
	Clínica Terapéutica Quirúrgica	
	Higiene Legal y Toxicología (Teoría y Práctica)	
	Clínica Obstétrica, segundo curso	
	Psiquiatría (Teoría y Práctica)	
	Clínica Ginecológica	

Fuente: APC, Carpeta 9, Colomé R., *"La escuela de medicina homeopática de Yucatán, Fundación, actuación y clausura,* Mérida, 1938, pp. 22-23; y Delgado Crespo, Á., "La Educación Médica y la Escuela Libre de Homeopatía de México", pp. 20-23.

Se fundó el nosocomio con el nombre de Hospital Homeopático Hahnemann y fue inaugurado el 16 de septiembre de 1923, un año después del establecimiento de la Facultad. Se nombró como su primer director al doctor José D. Conde, administrador al doctor Celiano Pérez Vargas y a la señora Ana Armengol como jefa de enfermeras. El doctor Rafael Colomé fue designado responsable de la sala de cirugía de mujeres, en tanto que el doctor Alonso V. Gamboa lo fue de la de hombres y el mismo Pérez Vargas, de la sala de maternidad. Se asignó al hospital un subsidio de 1,800 pesos mensuales para la atención de 40 enfermos. Los directores subsecuentes fueron Rafael Colomé, José M. Nicoli, Víctor M. Cintra, nuevamente José Conde y Alonso V. Gamboa.[82] El doctor Colomé desempeñó otros cargos en el hospital e impartió en la

82 Romero, R., "Historia de la medicina homeopática", pp. 377-378.

Facultad diversas materias, actividades que realizó de manera honorífica por la falta de recursos para afrontar el pago de salarios, como se ha mencionado ya.[83]

Ilustración 4. Lecciones prácticas en el Anfiteatro del Hospital Hahnemann

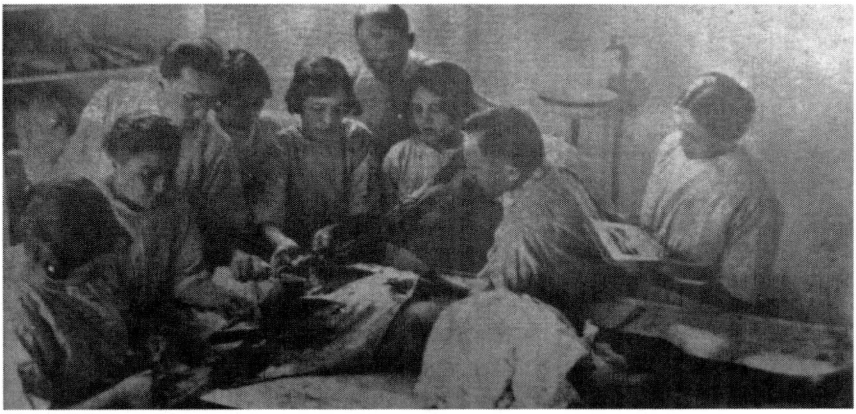

Fuente: APC, Carpeta 9, Colomé R., *"La escuela de medicina homeopática de Yucatán, Fundación, actuación y clausura*, Mérida, 1938, s/p.

Las actividades docentes transcurrieron con normalidad en la Facultad de Medicina Homeopática hasta 1929, "ajustándose con todo rigor" a su programa y reglamento. A decir del propio Colomé, "la suficiencia de la escuela se revelaba por el extenso programa de estudios, en que se comprendían los conocimientos doctrinarios de la Homeopatía y los que correspondían a la medicina en general".[84]

El Dr. Colomé, en ese lapso de siete años de funcionamiento de la Facultad Homeopática entre 1922 y 1929, además de cumplir sus labores docentes y sus responsabilidades en el hospital, defendía la "causa homeopática" con entusiasmo difundiéndola a través de una importante labor editorial, a la vez que atendía exitosamente a muchos pacientes particulares y se aseguraba que su "enorme clientela" patentizara las innumerables curaciones realizadas con el tratamiento homeopático, al grado de tener que trabajar más de diez horas diarias, incluyendo días festivos.[85]

83 En el hospital Colomé fue jefe del servicio mixto de infancia, jefe del servicio mixto de cirugía y consejero de la Junta de Vigilancia. Entre las múltiples asignaturas que impartió en la Facultad se consignan los cursos siguientes: "Doctrinas Médicas y Organón", "Clínica Propedéutica Quirúrgica", "Anatomía Topográfica", "Medicina Operatoria", "Clínica Homeopática Quirúrgica", "Pediatría", "Clínica Quirúrgica", "Clínica Terapéutica Médica", "Patología Médica" y "Materia Médica y Terapéutica Homeopáticas". Ver APC, Carpeta 1, Nombramientos del Consejo Universitario de la Universidad del Sureste y nombramientos del Gobierno del Estado de Yucatán a distintos cargos al doctor Rafael Colomé, Mérida, Yucatán, 22 de enero de 1925 al 21 de julio de 1930.

84 APC, Carpeta 9, Colomé, R.,*"La escuela de medicina homeopática de Yucatán, Fundación, actuación y clausura,* Mérida, 1938, p.16.

85 " Boletín informativo" en La Homeopatía de México, *Revista mensual de divulgación médica,* Vol. XV, 6ª época, núm. 300, enero de 1968, pp. 5-6.

El ataque a las instituciones homeopáticas

La situación favorable para la homeopatía cambió drásticamente en el citado año de 1929. Tras el asesinato de Felipe Carrillo Puerto en enero de 1924, le sucedieron en el gobierno de Yucatán José María Iturralde y Álvaro Torre Díaz, quienes dieron continuidad al proyecto socialista yucateco, aunque moderando los alcances de su plan social y alineándose a la política nacional e institucional dictada por Plutarco Elías Calles, lo cual conllevó a un reordenamiento de los intereses políticos en la región. Estos cambios no pasaron desapercibidos para Colomé, pues escribió que "en nuestro país los más altos organismos intelectuales con frecuencia se bambolean a cada cambio de gobierno, y en su personal las más de las veces hay una renovación completa". Se refirió de forma específica a la formación en 1929 de un nuevo Consejo Universitario en la Universidad del Sureste, cuyos integrantes más influyentes "eran elementos muy distintos de los fundadores" y por tanto "no privaba entonces en su seno el mismo ambiente libertario de verdadera emancipación intelectual, que al crearse esa altísima Institución le infundiera su fundador con criterio apartado de exclusivismos".[86] Una clara alusión al ambiente hostil hacia la homeopatía en el Consejo recién instituido.

Para ese momento, los alumnos inscritos cuando se fundó la Facultad de Homeopatía habían terminado los cursos del currículo establecido en el programa de estudios y solicitaban a las autoridades de la Universidad sustentar los exámenes profesionales correspondientes para obtener el título de médico cirujano homeópata. Sin embargo, señala Colomé, "ocurrió un hecho paradójico y que no podía tener otra explicación más que la antigua y sistemática oposición a nuestra escuela médica, manifestada en estos momentos por la pretensión de no permitir la adquisición del título profesional que les correspondía".[87] Este episodio lo califica el doctor Romero como "lamentable error", pues en esa primera generación hubo un pequeño grupo de alumnas cuyos estudios previos eran de profesoras normalistas, por lo que presentaron exámenes en la Universidad de algunas asignaturas para revalidar esos estudios al nivel preparatoriano. Esta equiparación fue aceptada por la Universidad con anuencia del gobierno del estado, como una excepción que solo contempló a este grupo de profesoras. Sin embargo, había otros estudiantes en la misma situación a quienes les fue negado el examen de grado, alegando que sus estudios preparatorios eran insuficientes y no satisfacían por tanto a la Universidad. De manera que, la excepción realizada para algunas estudiantes, "de momento halagadora, resultó ser una fuente de dificultades".[88]

---

86 *Ibid*, p.10.

87 *Ibidem*.

88 Romero, R., "Historia de la medicina homeopática", p.379.

Tabla 3. Tesis presentadas en la Escuela de Medicina Homeopática

Sustentante	Título de la tesis
Dra. Leonor García S. de Pérez	"Breve estudio de la diabetes y su tratamiento homeopático"
Dra. Josefa Osorno M.	"Hydrastis canadensis"
Dr. Rafael Moguel Gamboa	"La diotenetenria y su tratamiento homeopático"
Dra. Pilar Domínguez Borges	"La pelagra y su tratamiento homeopático"
Dr. José T. Trejo González	"El paludismo y su tratamiento homeopático"
Dr. Adolfo Magaña Calderón	"Algunas consideraciones acerca de la gonococia"
Dra. Adolfina Escalante	"Metritis"
Dra. Mercedes Vela	"Enteritis infantil"
Dr. Sixto Cetina Peniche	"La gripe"
Dra. Magdalena Orive L.	"Higiene del embarazo"

Fuente: APC, Carpeta 9, Colomé R., "La escuela de medicina homeopática de Yucatán, Fundación, actuación y clausura, Mérida, 1938, p.18.

Este problema de la excepción hecha a favor de algunas estudiantes se registró además en medio de un ambiente de incertidumbre por los rumores de la falta de recursos para continuar sosteniendo la Facultad y el Hospital, y por tanto de su posible clausura. El gobernador Torre Díaz, "con una decisión que grandemente lo enaltece, por su carácter de médico extraño a nuestra escuela", apuntó Colomé, se comprometió a mantener el reconocimiento de la Facultad como parte de la Universidad del Sureste, "siempre que los cargos los desempeñáramos sin emolumentos". Una vez más, Colomé ofreció la renuncia al cobro de su salario para destinar este recurso al sostenimiento de la institución homeopática. A pesar de este apoyo gubernamental, los rumores negativos y generalizados persistían y "los estudiantes que puntualmente han cumplido con sus deberes, tiemblan ante el futuro; los nuevos que estaban listos para ingresar corren asustados; otros desertan engañados por las intrigas de nuestros enemigos".[89]

Los enemigos a los que Colomé aludía trascendían el campo médico porque actuaban también en la arena política. El enfrentamiento se dio en el marco de la presentación al Congreso de Yucatán de la propuesta de *Ley sobre la instrucción preparatoria y profesional de la Universidad Nacional del Sureste* de 1927, en la cual se discutió la pertinencia de mantener dos facultades de medicina distintas y fue el momento más álgido de la confrontación entre la

89 APC, Carpeta 2, Colomé R., *"Por la verdad de la homeopatía, La Facultad Homeopática debe formar parte de la Universidad Nacional del Sureste"*, Mérida, 1928, p. 26.

alopatía y la homeopatía en la entidad. La crítica a los homeópatas provino de miembros de la *Liga de Acción Social*, asociación fundada en 1909 por Gonzalo Cámara Zavala a la que perteneció el gobernador Torre Díaz y que se identificaba con un sector del grupo de los henequeneros.[90] Esta organización, a través del doctor alópata Eduardo Aldana, cuestionó la existencia de dos facultades de medicina en una misma universidad y exigió el reconocimiento de una sola escuela con la denominación de Facultad de Medicina y Cirugía. Argumentaron los críticos, entre otras cosas, que "los homeópatas no han descubierto nada que beneficie a la humanidad" y que "la ciencia médica universal ha rechazado siempre la pretensión de los homeópatas, considerándola como casi una alucinación y como una rémora". Sus cuestionamientos alcanzaron a la Escuela Nacional de Homeopatía cuando señalaron que en la Universidad Nacional de México "sobran sabios eminentes que enmendaron el error o complacencia del general Porfirio Díaz en permitir la existencia de la impropiamente llamada Escuela Homeopática".[91]

Como respuesta a este ataque, Colomé publicó un folleto exponiendo sus argumentos en abono de que la Facultad Homeopática continuase incorporada a la Universidad Nacional del Sureste. Hizo una revisión detallada de la fundación y trayectoria de la institución homeópata para señalar que "cuando se escribe en contra de nuestra escuela, se hiere esgrimiendo armas virulentas; y esto lo hacen aun instituciones serias que llevan como escudo el mejoramiento y perfeccionamiento social", en referencia a la *Liga*. El folleto incluyó la transcripción de un artículo de Humberto Peniche Vallado señalando a la *Liga de Acción Social* como la principal detractora a la Facultad de Homeopatía, "irguiéndose luego con un dogmatismo intolerante".[92] Aunque esta discusión se enmarcó en una pugna más amplia entre grupos de poder regionales que trascendió al campo de la medicina, concretamente se inscribió en el ya consignado proceso por el cual la alopatía buscaba legitimarse como la práctica médica predominante en la sociedad yucateca. Señala Sowell que la creación institucional del sistema de salud de Yucatán forma parte de ese proceso y que los médicos

90 La Liga de Acción Social agrupó a un sector progresista de la élite regional yucateca que impulsó un proyecto para mejorar progresivamente las condiciones de vida de la población yucateca. Ver Savarino F., "El despertar de las masas: Cambios sociales y crisis política en Yucatán (1897-1911)", en *European Review of Latin American and Caribbean Studies*, Nº. 65, pp. 45-65.

91 Romero, R., "Historia de la medicina homeopática", p. 385. Seguramente este ambiente hostil a la homeopatía fue el motivo para que el doctor Colomé solicitase en 1927 y 1929 certificaciones notariales del título de Médico Homeópata que obtuviera en mayo de 1922 y que firmara el rector de la Universidad Antonio Caso y el Secretario de Educación José Vasconcelos. La de 1927 la pidió en Mérida al notario Lic. Ricardo Alpuche y la de 1929 la solicitó en México, justo el año de la negativa del Consejo Universitario a que los estudiantes de la primera generación de la Facultad Homeopática presentasen su examen de grado y se otorgara la autonomía a esa Facultad. Ver APC, Carpeta 3, Certificación notarial del título de Médico Homeópata obtenido por el Dr. Colomé en México en mayo de 1922, Mérida a 30 de mayo de 1927 y México a 23 de enero de 1929.

92 APC, Carpeta 2, Colomé, R., *"Por la verdad de la homeopatía, La Facultad Homeopática debe formar parte de la Universidad Nacional del Sureste"*, Mérida, 1928, p. 27.

yucatecos alópatas pugnaron activamente por obtener la autoridad exclusiva en ese campo con la creación de las instituciones de salud como vehículos de poder corporativo y el desarrollo de vínculos con las comunidades médicas nacionales e internacionales, además de establecer una lucha contra los "otros" saberes médicos, entre los que se encontraba, desde luego, la homeopatía.[93]

Similar enfrentamiento se registró en la Ciudad de México donde los homeópatas padecían las mismas dificultades que sus colegas yucatecos, tanto económicas para sostener sus establecimientos como en lo concerniente al reconocimiento legal de los médicos egresados de la Escuela Nacional de Homeopatía. En 1920, siendo José Vasconcelos rector de la Universidad Nacional, fue reconocida la Facultad Nacional de Medicina Homeopática. No obstante, en 1923 la Secretaria de Educación Pública suprimió la carrera de la Universidad relegándola al nivel de una especialidad de posgrado en la Facultad de Altos Estudios de la propia Universidad, e incluso como tal fue eliminada en 1925. Los médicos homeópatas protestaron la supresión y consiguieron que el presidente Calles, mediante decreto del 3 de febrero de 1928, restableciese la escuela como entidad autónoma dependiente de la Secretaría de Educación Pública.[94] Pero los esfuerzos por impulsar la homeopatía no se restringieron a las instancias del estado, pues se buscaron otras vías para consolidar el método sin depender del financiamiento público. La Escuela Libre de Homeopatía de México, de carácter privado, fue fundada por el doctor Higinio G. Pérez en la capital del país el 12 de octubre de 1912 con el lema "Ciencia, labor y abnegación". El fundador donó el edificio que serviría para realizar las actividades docentes de la Escuela y dos decretos del presidente Emilio Portes Gil normaron su funcionamiento. El primero —de 22 de octubre de 1929—, le otorgó el reconocimiento legal y los privilegios concedidos por la Ley Reglamentaria de Escuelas Libres; en tanto que el segundo —de 28 de enero de 1930—, reconoció la misma validez para los estudios en la Escuela Libre y los realizados en instituciones oficiales, estableciendo la normativa para que la Secretaría de Educación Pública revalidase los estudios y títulos otorgados con anterioridad al decreto.[95]

Ángel Delgado Crespo, en un artículo publicado en 1968, atribuyó la emisión de estos decretos al reconocimiento que a nivel mundial había alcanzado la homeopatía del país por su "benevolencia, cientificismo y mexicanidad". Sin embargo, dos meses antes del primer decreto, en agosto de 1929, México había sido la sede del Congreso Internacional de Homeopatía al que se calificó de un "evento científico y trascendental". En ese Congreso

93 Soweel, D.,Medicine on the periphery, pp. 62-66.

94 Torres, R. y J. Conde, "Historia y estado actual de la homeopatía en México".

95 Los dos decretos se plasman a la letra en Delgado Crespo, Á., "La Educación Médica y la Escuela Libre de Homeopatía de México", en La Homeopatía de México, *Revista mensual de divulgación médica,* Vol. XV, 6ª época, núm. 300, enero de 1968, pp. 7-9.

se le dio la presidencia al fundador de la Escuela Libre, distinguiéndolo así entre los médicos más destacados a nivel mundial. Ya con aval oficial, la Escuela Libre se avocó a la enseñanza suponiendo que ese respaldo legal haría desistir a sus "encubiertos enemigos". No obstante, su labor afectaba "los intereses poderosos de empresas" farmacéuticas al ver disminuidos sus ingresos y por médicos que pretendían tener "el monopolio de la profesión", quienes buscaron menguar o incluso eliminar la medicina homeopática. Estos enemigos del nuevo método se acercaron a funcionarios y legisladores con el argumento de la necesidad de reglamentar las profesiones, para lo cual organizaron un Congreso de Profesionistas y pidieron que los homeópatas fuesen excluidos, tanto del Congreso como de la reglamentación para que quedasen fuera de la ley. Delgado califica a los enemigos como gente con "tendencias malévolas mal reprimidas" y asegura que fracasaron en su intento por la arbitrariedad con la que actuaron, así como por su ignorancia de las bondades de los postulados científicos de la homeopatía. Asimismo, destaca el hecho de que la Escuela Libre cumplía desde su fundación una importante labor social porque atendía a "las clases necesitadas" mediante consultorios que su director fundador estableció en diferentes puntos de la ciudad, mismos que también servían para la formación de los estudiantes que en ellos realizaban sus prácticas quirúrgicas. En 50 años de operación, Delgado calcula que con esta estrategia habían atendido a millón y medio de pacientes.[96]

La autonomía de la Escuela y su posterior clausura

La animadversión que los homeópatas sufrían en la Universidad del Sureste, materializada en la negativa de otorgarles el título a los estudiantes que habían concluido sus estudios, encontró solución al conseguir su autonomía y convertirse en la Escuela de Homeopatía de Yucatán. La concesión de este carácter autonómico para la Escuela motivó elogios de Colomé para el entonces gobernador Álvaro Torre Díaz, señalando que sus acciones lo "enaltecen" porque "con un amplísimo levantado criterio, digno de su reconocida ilustración, nunca demostró oposición a nuestras instituciones homeopáticas". El proyecto del decreto para otorgar esta concesión postulaba que, "dada la naturaleza" de la Facultad de Medicina Homeopática, ésta debía ser autónoma para evitar que antagonismos y diferencia de criterios

96 *Ibid*, pp. 9-11 y 16-17.

> le impidan actuar y desenvolverse científicamente [...] por lo que debe separarse de la Universidad Nacional del Sureste y tener vida propia e independiente, aunque con existencia oficial, para evitar el charlatanismo y poner un freno a los que sin la instrucción científica necesaria pretenden dedicarse el ejercicio de la Medicina con perjuicio del público.[97]

Fue el 25 de julio de 1929 cuando se expidió el decreto para la creación de la Escuela de Homeopatía de Yucatán, en el que se sancionó el plan de estudios para obtener el título de médico cirujano homeópata. Quedó a cargo del estado su manutención, así como la del Hospital como institución de beneficencia, reservándose la competencia en todas las decisiones de gobierno de la escuela. Se consideró anexarle una escuela de enfermeras y parteras y, tras resolver el asunto de los títulos, se otorgó también validez a todos los estudios que se hubiesen realizado mientras la Escuela formó parte de la Universidad del Sureste. Con la intención de zanjar los cuestionamientos que los médicos alópatas levantaban contra los homeópatas, se determinó que "los Médicos Cirujanos Homeópatas, titulados con arreglo a este Decreto, disfrutarán de los mismos derechos y tendrán las mismas obligaciones que los Médicos Cirujanos Alópatas".[98]

Ilustración 5. Prácticas en el laboratorio de la Escuela de Homeopatía de Yucatán

Fuente: APC, Carpeta 9, Colomé, R., "La escuela de medicina homeopática de Yucatán, Fundación, actuación y clausura, Mérida, 1938.

97 APC, Carpeta 9, Colomé, R., *"La escuela de medicina homeopática de Yucatán"*, Mérida, 1938, p. 14.

98 AGEY, Congreso del Estado 1833-1946, Dictámenes, Comisión de gobernación e instrucción pública, exp. 18, Vol. 2, Mérida a 16 de julio de 1929.

Para regir la escuela se estableció un detallado reglamento, sancionado por el gobierno, que estableció para su administración dos cargos: un director y un secretario. El primero trataría de forma directa los asuntos del gobierno de la escuela, presentando informes y presupuestos anuales. Entre sus competencias estaba el redactar su estatuto y los programas de exámenes anuales, así como la designación de ayudantes para las salas del hospital y el anfiteatro. Por su parte, el secretario supliría en casos necesarios al director y llevaría la nómina de estudiantes, matrículas y actas de exámenes. Esta exigua planta administrativa se completaba con un conserje que llevaría el inventario de los muebles y libros de la biblioteca, además de encargarse del aseo de la Escuela. En el reglamento se estableció que los profesores, además de sus obligaciones en el aula, debían asistir a las juntas convocadas por el director y formar parte de los sínodos en los exámenes. Los alumnos, para su ingreso, tendrían que haber ya cursado "todas las materias que la ley de Instrucción Pública exige para los estudios de medicina general, ya sea en el Instituto Literario del Estado, o en otros institutos oficiales de diferentes estados." Su inscripción los comprometía, asimismo, a cumplir con las obligaciones de estudio y a cuidarse de no caer en los motivos de una posible expulsión que podía darse por faltas graves a la moral o a la disciplina, desaplicación notoria, faltar 31 veces en el año a las clases sin causa justificada o establecer consultorios para ejercer la medicina antes de obtener el título correspondiente. El período escolar se iniciaría el 2 de enero y terminaría el 30 de noviembre con clases diarias a excepción de los domingos y fiestas nacionales, siendo atribución del director establecer las vacaciones de primavera y verano.[99]

Uno de los puntos esenciales de este reglamento fue el relativo a los exámenes que avalarían el carácter científico y legal de los estudiantes como médicos homeópatas y cuya realización rigurosa era indispensable para la legitimidad de la Escuela. Se establecieron tres tipos: de estatuto, de suficiencia y profesionales. Los primeros, eran anuales y se presentaban en el mes de noviembre, "serían públicos y durante treinta minutos para cada materia", con sínodos formados por el profesor de la asignatura y dos profesores nombrados por el director. Los de suficiencia durarían una hora y contarían además con la presencia del director. En ambos casos, los exámenes se calificarían con escrutinio secreto del sínodo en una ponderación del 60 al 100. Finalmente, para presentar un examen profesional era necesario que el estudiante hubiese cubierto todos los estudios marcados en el currículo y enviado su solicitud al director para el efecto, junto con diez ejemplares de su tesis sobre un tema de libre elección relacionado con la medicina o la práctica quirúrgica. Para realizar el examen se nombraría un jurado compuesto por cinco profesores presidido por el director de la escuela

99 APC, Carpeta 9, Colomé, R., *"La Escuela de Medicina Homeopática de Yucatán"*, Mérida, 1938, pp. 22-30.

o el profesor de más antigüedad y con la presencia del secretario. Los exámenes serían públicos, teóricos y prácticos, llevándose a cabo a lo largo de dos días. En el primero, se sometería al examinado durante tres horas a pruebas prácticas con cadáveres en el anfiteatro, de laboratorio y de clínica en las salas del hospital. En el anfiteatro el sustentante haría tres procedimientos determinados por los números que sacase al azar de un ánfora "correspondientes a las diferentes operaciones que podrán ser efectuadas" establecidas por la Secretaría y el profesor de "Medicina Operatoria". Enseguida, presentaría las pruebas de laboratorio y de clínica ya mencionadas. Al día siguiente, también por tres horas, "el examen versará sobre la tesis y otros puntos elegidos libremente por los sinodales y relativos a la profesión". Tras la deliberación del jurado, el estudiante recibiría la comunicación del resultado por oficio. A la vez, se autorizaba la presentación de exámenes profesionales de incorporación, adicionando una serie de requisitos administrativos para su efecto.[100]

Según lo expuso el Dr. Colomé, el prestigio de la Escuela de Medicina Homeopática de Yucatán se consolidó extendiéndose al resto de la república y al extranjero y los títulos que expedía llenaban todos los requisitos legales para ser registrados debidamente en el Departamento de Salubridad Pública de México. Los alumnos egresados dieron cuenta de la calidad de su formación al estar al tanto de los avances en la investigación médica de la homeopatía, pues sus tesis abordaban temas innovadores y de interés social que podían consultarse en una biblioteca y hemeroteca actualizada y especializada con la que contaba la Escuela. Destacan los trabajos elaborados por las mujeres que habían alcanzado el grado de médicos homeópatas. Las tesis mencionadas por Colomé se consignan en la tabla 3.

Ilustración 6. Doctoras graduadas en la Escuela de Homeopatía de Yucatán

Fuente: APC, Carpeta 9, Colomé, R., "La escuela de medicina homeopática de Yucatán, Fundación, actuación y clausura", Mérida, 1938.

100 *Ibidem.*

A pesar de los afanes por sustentar la legalidad, calidad y suficiencia de los estudios homeopáticos desarrollados en la Escuela de Homeopatía de Yucatán, los ataques al método prosiguieron. El Hospital también sorteó diversas dificultades tras la muerte de Carrillo Puerto, ya que se ordenó su clausura y, aunque el cierre no se llevó a cabo, sí se le retiró el subsidió destinado a su sostenimiento. Su permanencia fue posible gracias al apoyo de una Junta de damas encabezada por las señoras Adela Villamil de Molina y Mercedes Zapata de Cano, que recaudaron los fondos para este fin.[101] Sin embargo, el 19 de enero de 1932 la Junta de Beneficencia del Estado solicitó suprimir el "Hospital Homeopático Hahnneman", ante lo cual la Sociedad Médico Homeopática de Yucatán, desde luego, protestó argumentando que lo pedido era "improcedente e injusto" pues esa institución "es obra revolucionaria, socialista y humanitaria de Felipe Carrillo Puerto". Para el doctor Colomé, la sola intervención del personaje aludido legitimaba la existencia del hospital, pero al mismo tiempo lo hacía controversial y blanco de ataques debido a diferencias políticas e ideológicas, como también por los cuestionamientos al carácter científico de la homeopatía. El doctor Rafael Romero coincide con Colomé en el esfuerzo colectivo de la Sociedad Homeopática por mantener el hospital y en la opinión sobre Carrillo Puerto como un hombre de estado "sin prejuicios escolares y de amplia visión" que benefició la práctica homeopática al apoyar la conformación de sus instituciones.[102] La defensa del nosocomio insistió en señalamientos previos sobre la carencia de facultades de la Junta de Beneficencia para realizar solicitudes semejantes, así como del derecho que asistía a los homeópatas de acceder a los recursos que el estado otorgaba a las instituciones de beneficencia y que eran repartidos inequitativamente. El cierre del hospital no solo afectaría a la población que atendía, sino también a la Escuela Homeopática que dependía del establecimiento para las prácticas que sus estudiantes debían realizar como parte sustantiva de su formación.[103]

Al parecer, el gobierno del estado suspendió temporalmente la medida de clausura porque en enero de 1937 el Ayuntamiento de Mérida encargó al doctor Colomé, en su calidad de miembro del Servicio de Asistencia Pública del Hospital Hahnemann, un estudio de los problemas relativos a la higiene infantil. Mas la pugna continuó y el hospital fue separado de las instituciones de beneficencia, aunque los esfuerzos por preservarlo consiguieron que quedase bajo la tutela directa del estado. Sin embargo, afloraron diferencias entre los homeópatas. El día 12 de abril de ese año los doctores Rafael Moguel

101 Romero, R., "Historia de la medicina homeopática", p. 378.

102 *Ibid*, p. 375.

103 APC, Carpeta 22, Delgado Crespo, Á., "La Educación Médica y la Escuela Libre de Homeopatía de México", en La Homeopatía de México, *Revista mensual de divulgación médica*, Vol. XV, 6ª época, núm. 300, enero de 1968, pp. 16-17.

y Celiano Pérez Vargas, como presidente y secretario de la Sociedad Médica Homeopática, enviaron al gobernador propuestas de la Ley Orgánica del Hospital Homeopático "Hahnemann" y de su reglamento interno para su aprobación. Las diferencias mencionadas dieron lugar a que, tres días después, el licenciado Carlos R. Castellanos, jefe del Departamento jurídico del gobierno, convocase a una junta al doctor Colomé y a un representante de la Asociación para discutir los proyectos.[104]

El doctor Romero consigna estas diferencias al señalar que el "desastre de las instituciones homeopáticas" provino no solo de los ataques externos, sino de "desavenencias intestinas que constituyeron material propicio a la exaltación de los enemigos de la Homeopatía", afirmación fundada en las declaraciones del doctor Pérez Vargas, quien fuera secretario de la Escuela y médico del Hospital Hahnneman, publicadas en un diario bimestral de propaganda homeopática llamado "Orientación". Allí, el médico denunció la injusticia de haber sido destituido del cargo de secretario de la Escuela de Medicina que presidía Colomé y lanzó otras acusaciones, como la falta de un reglamento para el hospital que su director se negaba a solucionar y el robo de medicamento en su farmacia. Asimismo, señaló que ese nosocomio atendía a menos de la mitad de enfermos según lo estipulado por la asignación recibida, de manera "que por su administración actual resulta el hospital más caro del mundo" y "se ha desvirtuado el objeto para el que fue fundada esta institución". Años atrás, Pérez Vargas había tenido ya un primer desacuerdo público con el doctor Colomé por la designación de este último como director de la Facultad de Homeopatía y surgieron controversias "nacidas más bien del amor propio o del deseo de predominio", mismas que "sembraron la semilla que más tarde había de germinar en resultados perjudiciales a nuestra doctrina médica" al proveer de argumentos a los detractores de la práctica homeopática.[105]

El golpe definitivo a las instituciones de homeopatía se registró el 3 de febrero de 1938 cuando el gobierno del estado, presidido por el ingeniero Humberto Canto Echeverría, clausuró tanto la Escuela como el Hospital.[106] Se señaló en la prensa la versión de que el gobernador odiaba la homeopatía porque un hijo suyo había fallecido en La Habana atendido por un médico

104 APC, Carpeta 17, Oficio del oficial mayor del Gobierno de Yucatán E. Moguel Ruz al doctor Rafael Colomé, Mérida a 15 de abril de 1937.

105 Romero, R., "Historia de la medicina homeopática", pp. 391-392.

106 Es probable que la inminente clausura de la Escuela y del Hospital fuese lo que motivó al doctor Colomé a solicitar en enero de 1938 al Notario Público Federico Aguilar Solís una certificación del título de médico alópata que había obtenido en la Facultad de Medicina y Cirugía el 16 de octubre de 1909. Exhibió su título por el cual constaba que había aprobado su último examen y por tanto se le expidió autorizándolo a ejercer libremente la medicina conforme a las leyes y reglamentos vigentes. Ver APC, Carpeta 3, Certificación notarial del título de Doctor por la Facultad de Medicina y Cirugía obtenido por el Dr. Colomé en 1909, Mérida a 9 de enero de 1938.

seguidor del nuevo método.[107] Colomé intentó infructuosamente acercarse por todos los medios al gobernador, y en diferentes misivas recurrió, como en otras ocasiones, a la figura de Felipe Carrillo Puerto y a su política socialista que caminó "por nuevos senderos de equidad y de justicia en que se atendía el derecho de todos y el beneficio de la colectividad". No obstante, también estaba consciente de los nuevos aires políticos y le aclaró al gobernador Canto que su petición por mantener los establecimientos homeopáticos obedecía al bienestar que habían ofrecido a la gente de menos recursos, pero que "no intentaré obstaculizar su gobierno, del que tengo el honor de ser su colaborador, al mismo tiempo que leal amigo de usted." Sin embargo, le aseguró que para los médicos homeópatas de Yucatán fue imposible convencer a las autoridades, habiéndose él convertido en un elemento "incómodo", a pesar del prestigio y solidaridad social que los establecimientos en cuestión habían alcanzado para el programa de gobierno del moderno estado yucateco, que así había encontrado otra política social para beneficiar a los "más necesitados".[108]

El 11 de febrero de ese año de 1938, días después del decreto de clausura, Colomé y el doctor Alonso V. Gamboa solicitaron el amparo de la Justicia Federal en el Juzgado Segundo de Distrito en México contra la medida, señalando como responsables de los actos, motivo de la queja, al Gobernador del Estado y al Inspector General de Policía. La resolución del Juzgado fue casi inmediata, cuatro días después, concediendo el amparo solicitado por Colomé y Gamboa y por tanto "la suspensión respecto de los demás actos consistentes en la clausura y entrega del mobiliario, útiles y archivos de los mencionados establecimientos". El gobierno estatal interpuso un recurso de revisión alegando que, no quedó "comprobada la orden de clausura de las citadas instituciones", ya que los oficios que emitió el gobernador solamente se referían "a recoger el mobiliario, útiles y archivo, que son de la pertenencia al Ejecutivo", lo que no implicaba "otros bienes que pudiesen permitir el funcionamiento de la Escuela Homeopática y del Hospital Homeopático". No obstante, según narra el doctor Romero, el 12 de mayo de ese mismo año, "sin que sepamos el motivo y después de haber sido amparados en el incidente de suspensión, los doctores Colomé y Gamboa presentaron al mismo Juzgado de Distrito escrito del desistimiento" del amparo solicitado.[109]

Hubo diferentes instancias que se manifestaron a favor de los establecimientos homeopáticos suprimidos, como diversas asociaciones de Homeopatía y el Frente Revolucionario de Trabajadores de la Medicina, que describie-

107 Romero, R., "Historia de la medicina homeopática", p. 393.

108 APC, Carpeta 21, Correspondencia del doctor Rafael Colomé con el gobernador de Yucatán Humberto Canto, Mérida a 14 de febrero y 22 de abril de 1938.

109 Romero, R., "Historia de la medicina homeopática", pp. 396-397.

ron al hospital como "una obra de utilidad pública, que con sus tendencias altruistas beneficia particularmente a las clases trabajadoras".[110] Sin embargo, nada pudieron hacer los homeópatas yucatecos y el 2 de marzo, un mes después de la clausura, Colomé escribió al oficial mayor del gobierno del estado, el licenciado Pasos Peniche, buscando la continuidad del hospital, pero evitando su habitual tono acusatorio para con sus detractores. Aseguró que él había contribuido a su fundación y luchaba "hasta ahora porque persista, como una obra de utilidad pública y levantado espíritu altruista, pero no porque continúe en la misma forma, imposible". Lo que el gremio deseaba entonces para el nosocomio era "una renovación completa en su forma administrativa para que corresponda, como un establecimiento de beneficencia, a sus levantadas finalidades".[111] A pesar de esta moderación en el discurso, la clausura de ambos institutos persistió. A pesar de ello, Colomé valoró el legado que dejaron para la medicina homeopática y su práctica por las ideas científicas inculcadas en la desaparecida Escuela "en cada uno de los estudiantes, ahora ya médicos, [que son] otros tantos sostenedores de la propaganda de nuestros principios doctrinarios en una sociedad que sabe aquilatar el valor de una medicina que cura con testimonios irrefutables".[112]

El doctor Colomé y la difusión de la ciencia

Una parte fundamental del desarrollo de la homeopatía yucateca, además de la fundación de su escuela y hospital, fue la amplia difusión del método a través de diversas publicaciones periódicas. El doctor Rafael Romero fue el primero en impulsar distintas revistas, entre ellas, *La Reforma Médica* (1909), la *Revista mensual de Medicina Homeopática, Cirugía y Obstetricia*, *La Revista Hahnemanniana* y la *Revista de Medicina Homeopática*, que se convirtió en el órgano oficial de la Sociedad Homeopática de Yucatán.[113] Por su parte el doctor Colomé destacó como fundador y director de las revistas "Clínica Homeopática de Yucatán" y "Homeopatía Científica" y como colaborador en la "Revista de Medicina Homeopática". En éstas y otras publicaciones desplegó una importante actividad en el campo de la difusión científica. Esta labor de Colomé enfocada a la difusión de la ciencia se constata en una serie de

110 APC, Carpeta 17, Transcripción del oficio enviado por el Gobierno del Estado de Yucatán al secretario general del Frente de Trabajadores de la Medicina, Mérida a 7 de marzo de 1938.

111 APC, Carpeta 21, Carta del doctor Rafael Colomé a Manuel Pasos Peniche, oficial mayor del Gobierno de Yucatán, Mérida a 2 de marzo de 1938.

112 APC, Carpeta 9, Colomé, R., *La escuela de medicina homeopática de Yucatán,* p.21.

113 Para un recuento más amplio de las publicaciones sobre homeopatía de la época, véase Romero, R., "Historia de la medicina homeopática", pp. 380-384.

colaboraciones periodísticas en el *Diario del Sureste*, en 1910-11 y 1931-32, conservadas en el Archivo Particular de la Familia y dan cuenta también de la evolución de su pensamiento y de su defensa del método homeopático.

El conjunto de artículos publicados en los primeros años referidos, recién graduado como médico alópata, abordan asuntos relevantes para la práctica médica y la apertura a nuevas ideas en ese campo, así como sobre el papel moral y social de la medicina. Es interesante notar que muchos de estos temas continúan vigentes en la actualidad. Planteó Colomé la importancia de la "moral médica" que todos los galenos debían observar y que implicaba tanto adquirir la instrucción necesaria para obtener el título como mantener luego esa moralidad en el ejercicio de la profesión, no solo para conservar su reputación sino para defenderla "del menoscabo a la dignidad de la ciencia que profesa". Incluso, médicos de prestigio, a decir de Colomé, se olvidaban de esta cualidad. En la práctica profesional era indispensable una conducta fundada en opiniones basadas no en dogmas sino en el estudio de diferentes doctrinas científicas para formarse un criterio independiente. No apegarse al fanatismo que exige "la ciega oposición a todo lo nuevo", pues modernos métodos de investigación habían desplazado antiguas teorías. Tan malo era "la credulidad sistemática como el atacar por hábito, sin previo examen, toda doctrina nueva que lleva gérmenes de reforma y de progreso". La medicina aún estaba sobre "movedizas bases" y privaba la terapéutica paliativa con uso extendido del opio y la morfina, pero anatomistas y fisiólogos habían descubierto nuevos horizontes. La práctica profesional también debía ajustarse con la moral médica. Cuando los médicos anunciaban sus servicios debían evitar artificios como ofrecer el remedio de enfermedades incurables, no insistir en métodos curativos ineficaces ni negarse a brindar los beneficios de un método alterno. Tampoco debían desacreditarse unos a otros ante los pacientes, especialmente en el caso de homeópatas de quienes médicos ignorantes del método se mofaban mermando la dignidad de la ciencia. Propagar un nuevo método "puede parecer un crimen", a pesar de ser patente "la fragilidad de las creencias científicas". Concluye que la moralidad era indispensable en todo médico, en especial el aprecio recíproco y que esa armonía permitiría analizar nuevas doctrinas como la Homeopatía.[114]

Colomé abundó en el tema de la moral médica y la responsabilidad social de la medicina al plantear que esta ciencia, desde sus remotos orígenes, se ocupó de mantener la salud pública al investigar el origen de enfermedades contagiosas y cuando, ante el brote de epidemias, eran los médicos siempre los primeros en acudir a enfrentarlas, "sin acompañarle su triunfo de pom-

114 APC, Carpeta 10, Colomé, R., "Antiguas y nuevas doctrinas. La moral médica" y "La medicina moderna. Lo que dicen médicos notables", en *Diario del Sureste* a 29 de julio de 1910 y 9 de septiembre de 1911.

posos aplausos". Pero la sociedad los olvidaba para en cambio enaltecer "con fanatismo" a políticos y guerreros. Destaca Colomé el carácter científico de la higiene y la necesidad de promoverla para preservar la salud y por tanto el bienestar y la prosperidad del pueblo. Debía ser una tarea de la medicina porque obreros y campesinos no tenían las nociones elementales de higiene: calidad de los alimentos, equilibrio entre trabajo y descanso, riesgos laborales a la salud, nocivos efectos de las "toxicomanías" —hoy llamadas adicciones—, recursos contra tétanos y rabia, beneficios de la lactancia materna, contagio de enfermedades venéreas, entre otros aspectos preventivos. Señala Colomé la necesidad de su divulgación entre el pueblo de todas las maneras posibles, como artículos periodísticos en lenguaje sencillo, folletos, pláticas frecuentes en sindicatos y festivales artísticos que incluyesen esta prevención.[115]

En otro de sus primeros artículos, Colomé defiende la homeopatía al señalar el deber del estado en relación con el derecho de los ciudadanos al conocimiento de cuestiones de salud, así como a pensar y seguir un criterio independiente en ese campo. Mientras las "verdades" políticas eran ampliamente discutidas, en medicina se aceptaban sin previo análisis. En los hospitales estatales había adhesión exclusiva a un método determinado y era obvia su deficiencia para atender la demanda de gente sin recursos. Dos métodos se aplicaban: el centenario alópata y el homeopático que, a pesar de sus éxitos, era rechazado. Tras su fundación en Europa, la homeopatía se arraigó en EE.UU. con la Escuela Homeopática de Filadelfia fundada a mediados del siglo XIX con hospital para la enseñanza. Para el caso de Brasil, con estadísticas de cinco hospitales que seguían ambos métodos, Colomé ofreció los datos siguientes: entre 1859 y 1900 ingresaron 21,122 pacientes a tratamiento homeopático y 31,369 al alopático, pero la mortalidad con el primer método fue de 4.87%, en tanto que con el segundo de 7.25%. En México, la homeopatía florecía con el apoyo del presidente de la república brindando nuevas formas de curar: así "lo ha comprendido el pueblo" y "la salud del pueblo es la suprema ley". Pero solo quien podía pagar recibía el beneficio del tratamiento homeopático, mientras a los pobres se les negaba en los hospitales que debían ofrecer esta atención dado el "derecho individual de todos los enfermos".[116]

En sus publicaciones, Colomé se pronunció por los beneficios del método homeopático arremetiendo contra las leyes irrefutables emitidas por "académicos patentados" que regían el pensamiento con una fuerza que "tiraniza". A esta rigidez se enfrentaban nuevas doctrinas y se imponía el progreso

115 APC, Carpeta 10, Colomé, R., "La moral médica. El médico ante la sociedad" y "Sobre educación y propaganda en materia de higiene", en *Diario del Sureste* a 23 de agosto y 10 de febrero de 1911.

116 APC, Carpeta 10, Colomé, R., "La moral médica. Exclusivismo científico en los hospitales. Deberes del Estado", en *Diario del Sureste* a 21 de octubre de 1910.

en medio de estas "opuestas energías". Por ignorancia se negaban las rápidas curaciones homeopáticas, como en el caso del cólera que fue motivo de la adhesión de muchos alópatas al nuevo método, como el Dr. Nemesio de los Santos Rubio, exdirector de la Escuela de Medicina, y el Dr. Riera, quien introdujo la homeopatía en Yucatán. Lo mismo sucedía con otras graves enfermedades. La alopatía, al aliviar un síntoma alarmante, ofrecía la idea de una fácil y breve curación, pero prolongaba la enfermedad e impedía la acción del "verdadero medicamento curativo", que era el homeopático. Administrado a dosis infinitesimales, no actuaba por fe ni brujería, sino recurriendo a la energía de partículas de la materia que tenían un relevante papel en fenómenos biológicos, como las toxinas, diastasas y cuerpos coloidales. La homeopatía no era contraria a las intervenciones quirúrgicas, como se creía, pero debían acompañarse con la "medicina interna apropiada" que el método ofrecía. Los nuevos métodos operatorios, junto con la asepsia y la antisepsia, impulsaron la eficacia de la cirugía al prevenir la infección, permitiendo intervenir órganos antes inaccesibles. Sin embargo, destacó una importante y difícil cuestión: decidir cuándo el médico debía ser sustituido por el cirujano y cuándo era mejor la terapéutica del galeno, para concluir que la decisión siempre debía ser en beneficio del enfermo.[117] Otro deber moral del médico.

Un conjunto de cuatro artículos publicados por Colomé en 1932, bajo el título genérico de *Nuevas ideas y doctrinas médicas*, se encaminaron a difundir avances diversos registrados en la disciplina. Abordó las propiedades mecánicas y químicas de la inmunidad que permitía al organismo combatir infecciones al destruir agentes patógenos. La inmunidad podía ser natural cuando por herencia se recibían células ya invulnerables al ataque de algunos microbios y era adquirida por adaptación cuando, en una infección anterior, la lucha contra microbios y toxinas produjo sustancias que "hacen refractarios los humores" ante nuevas agresiones. Los ataques constantes de agentes patógenos, aunados a la depresión nerviosa, una nutrición deficiente y "los enfriamientos", propiciaban la entrada del enemigo. Apunta Colomé su idea de estudiar los "humores", ya no como "materia pecante" que debía expulsarse ni como exceso de ácidos, sino como la perturbación humoral ligada a procesos morbosos y lesiones anatómicas. En la sangre ocurría una batalla química: a las secreciones glandulares se oponían fermentos microbianos, y a toxinas y parásitos, sustancias bactericidas y antitóxicas de las células. Se enfocó también Colomé en el proceso mismo de la infección, cuando los microbios en el aire y agua entraban en el organismo por vías respiratorias, digestivas, piel y mucosas, causando perturbaciones al producir toxinas que alteraban las células y

117 APC, Carpeta 10, Colomé, R., "Oportunidad de las intervenciones quirúrgicas" y "Las nuevas doctrinas médicas. Investigación científica en los Hospitales", en *Diario del Sureste* a 12 de enero de 1910 y 10 de febrero de 1911.

el sistema nervioso que regulaba funciones. El microbio se situaba en un lugar determinado del cuerpo, pero sus toxinas alteraban al conjunto ocasionando síntomas diversos. Pero muchos de los microbios no causaban enfermedades y por tanto la terapéutica debía enfrentar solo aquellos perturbadores o patógenos para restaurar el equilibrio fisiológico, apoyando el esfuerzo natural del hígado, los riñones y las glándulas. Describió asimismo Colomé diversas formas de fiebre asociadas con distintas enfermedades. Su principal causa era de origen microbiano cuando actuaban como sustancias piretógenas sobre nervios y centros termógenos. Experimentos habían comprobado que el calor impedía prosperar a los microbios y actuar a las toxinas. La fiebre debía combatirse eliminando esos agentes patógenos con medicamentos, pero teniendo en cuenta que la fiebre era "signo de lucha" y fuente de energía para destruir al enemigo interno expulsando los elementos tóxicos que producían la enfermedad.[118]

En cuanto a la terapéutica, Colomé abordó la historia y la diversidad de los medicamentos para luego plantear las bases históricas de la diferencia entre homeopatía y alopatía: mientras Hipócrates aplicó la ley de los semejantes con medicamentos que en salud producían síntomas análogos a la enfermedad, Galeno recurrió al principio de los contrarios para restaurar el equilibrio humoral donde la medicina tiene acción inversa a los síntomas. Entre la alquimia medieval y el siglo XVIII se descubrieron virtudes medicinales de fuerzas intra-atómicas. Unos consideraron al cuerpo humano como una máquina y a los órganos como palancas buscando con los medicamentos armonizar los movimientos perturbados por la enfermedad. Otros buscaron el efecto químico de medicamentos alterantes, diaforéticos y sudoríficos para atajar enfermedades concebidas como fermentaciones, efervescencias, alcalinidades o exceso de ácidos. A inicios del siglo XIX, la enfermedad se vio como irritación o inflamación de tejidos y se usó medicación antiinflamatoria con sanguijuelas y sangrías. La medicina fisiológica surgió del conocimiento de los órganos y sus funciones, en tanto que estudios experimentales comprobaron que la enfermedad era la desviación de procesos normales del organismo, generándose medicamentos basados en sustancias que accionaran sobre tejidos y órganos enfermos. En la segunda mitad del siglo XIX, se descubrieron los microbios y sus productos tóxicos o toxinas, así como los fagocitos y el poder de la sangre mediante los leucocitos para defenderse. Se constituyó una terapéutica moderna que combate la causa de la enfermedad nulificando sus síntomas y eliminando agentes sépticos. Pero Colomé critica esta terapéutica

118 APC, Carpeta 10, Colomé, R., "En qué consiste la inmunidad. Cómo se destruyen los agentes patógenos. Mecánica y química biológicas", "Mecanismo de la infección.- Teorías microbianas.- Influencia preponderante del terreno" y "Trastornos de la calorificación.- Centros térmicos reguladores.- Moderna interpretación de la fiebre.- Influencia del sistema nervioso", en *Diario del Sureste* a 17 de febrero y 9 y 27 de abril de 1932.

al señalar que la biología, la física y la química habían aportado conocimiento sobre los fenómenos vitales y las leyes que los rigen. No debía atacarse únicamente las causas ni limitarse a modificar temporalmente órganos enfermos ni atacar síntomas aislados, pues era todo el individuo quien estaba enfermo. Había que concebir al organismo como una unidad y a la energía como base de todos los fenómenos de la naturaleza, de manera que sus funciones tenían un ritmo conjunto y su desviación o ruptura era la enfermedad. Debía por tanto, atacarse el desorden dinámico con la ley de las interferencias: luz más luz da obscuridad. Aplicando esta ley, el medicamento curaría de forma cierta, rápida y duradera con la acción dinámica, intra-atómica, del medicamento.[119]

Otros siete artículos, publicados por Colomé en 1931 y 1932, antecedieron a sus títulos la sentencia: *Sobre física biológica o moderna*, y algunos también la frase *Divulgación científica*. En ellos abordó el mecanismo de diversas funciones del cuerpo, así como el papel de la energía en su funcionamiento. Uno abordó la respiración como una combustión que combina el oxígeno con el carbono produciendo "una hoguera en las profundidades del organismo", necesaria para la vida. Para entender el fenómeno había que tomar los componentes microscópicos de los pulmones donde se transformaba la sangre venosa en arterial. Repasa Colomé, con datos puntuales y medibles, la compleja mecánica del aporte de oxígeno sustituyendo al ácido carbónico y el papel de los riñones para expulsar otros desechos. Propone que la química biológica de esta función respiratoria sigue los principios de una doctrina vitalista que lleva a las modernas ideas científicas de "iones, electrones, fuerzas radioactivas y vibraciones", donde el hombre es "la lámpara que arde y se consume hasta que fatalmente llega la muerte". También, se ocupó de la descripción fisiológica del cerebro, aunque advierte que aún no se conocían todas sus funciones. Apuntó que los cordones nerviosos eran hilos conductores que iban de los órganos hasta los hemisferios cerebrales y sus lóbulos, concentrándose en la parte sensitiva-motriz y en los efectos que causan en ello las lesiones. Similar descripción hizo para el caso del hígado, al apuntar que era la víscera más voluminosa que desempeñaba una multitud de funciones: para la digestión con la secreción biliar y al verter directamente a la sangre productos que nutrían tejidos, neutralizaban venenos y sostenían el "equilibrio fisiológico de los humores". Se enfoca en el análisis de estos productos y en la mecánica que parte de la electricidad del eje cerebro-medular para fabricar azúcar de la glucosa, elaborar ácido úrico y ejercer acción antitóxica. Describe el autor de estos artículos con detalle el mecanismo de estos procesos.[120]

119 APC, Carpeta 10, Colomé, R., "Las nuevas ideas médicas. Qué es un medicamento. Los grandes medicamentos terapéuticos. Moderno concepto de la sustancia medicinal", en *Diario del Sureste* a 21 de febrero de 1932.

120 APC, Carpeta 10, Colomé, R., "Mecánica respiratoria.- Una lámpara que se extingue con la muerte", "Dinamismo

Sobre la energía, Colomé exploró la manera por la cual el descubrimiento de las ondas hertzianas, al probar que una descarga eléctrica produce ondas y vibraciones en el espacio, abrió nuevos caminos a la física, la química y a nuevas concepciones sobre la materia y la energía, cambiando las ideas tradicionales sobre estos elementos. Desapareció la antigua concepción dualista, pues la materia era solo una forma de la energía, lo que se observaba en la constitución del átomo. Las fuerzas estables e inestables se desarrollaban en "el éter" y comprendían a todos los seres vivos cuya primordial sustancia era la materia viva —o protoplasma— que estaba en cambio constante adaptándose en sus relaciones externas e internas, por lo que el equilibrio perfecto de estos cambios determinaba el estado de salud del individuo, en tanto, su ruptura generaba la enfermedad. En el cuerpo humano, los órganos de los sentidos eran muy importantes en esta adaptación continua de las relaciones internas y externas. Las vibraciones del mundo externo se transmitían al cerebro para percibirlas y Colomé planteó un definición detallada del sonido y del funcionamiento del oído humano como su transmisor.[121]

En un artículo más de esta serie de divulgación científica sobre física biológica, Colomé se enfocó en el desarrollo del conocimiento sobre el cuerpo humano con un repaso de sus distintas concepciones a lo largo de la historia. Desde la idea inicial de su conformación por cuatro elementos: agua, tierra, aire y fuego y el comienzo de la contienda entre explicaciones materialistas y espiritualistas, hasta la concepción —retomada por la homeopatía— de que la salud es la armonía y la enfermedad el desequilibrio. Para Hipócrates, el organismo era una mezcla de humores en determinada proporción y al faltar o exceder uno sobrevenía la enfermedad. La fuerza vital luchaba contra agentes morbosos eliminando sustancias tóxicas. Como se señaló antes, aplicó la ley de los semejantes para curar y se oponía a la escuela materialista que se enfocaba en órganos y en enfermos. Viene Galeno, experimentador, fisiólogo y plurivitalista que concibió espíritus en el cerebro, corazón e hígado, postulando una patología humorista y el principio de los contrarios en la terapéutica. En el medievo, se establece la enseñanza médica en escuelas y monasterios; se practica la alquimia que precede a la química. Paracelso —en el siglo XVI— concibe al hombre con alma corporal y alma inteligente, considera a los venenos como el origen de toda enfermedad y con "genialidad" afirma que el medicamento actúa por su acción dinámica en dosis infinitesimales, pero además, con su quintaesencia de las sustancias,

cerebral.- Sensación y movimiento.- Elaboración intelectual y física" y "Secreción interna del hígado.- Un condensador de energía.- Baluarte de las defensas orgánicas", en Diario del Sureste a 29 de junio y 9 y 21 de septiembre de 1931.

121 APC, Carpeta 10, Colomé, R., "El descubrimiento de Hertz. Ondas electromagnéticas", "La materia es sólo una forma de la energía. El mundo de lo imponderable" y "El cuerpo humano como estación receptora y transmisora.- Las ondas sonoras", en *Diario del Sureste* a 9, 19 y 30 de abril de 1932.

vislumbra la energía intra-atómica. Ya en el siglo XVIII se diseccionan cadáveres, impulsando la anatomía, se descubre la circulación de la sangre y el microscopio penetra los tejidos. Lavoisier explora el mecanismo de la respiración y el papel del calor animal. Descartes concibe al hombre como una máquina y por tanto la nutrición, secreciones y el movimiento de la sangre son actos mecánicos; ubica el alma en una glándula. La química observa fermentaciones, volatizaciones, sustancias ácidas y alcalinas. En oposición, Stahl y el vitalismo de la escuela de Montpelier se enfocan en las propiedades de los tejidos vivos como irritabilidad, incitabilidad, espasmo y atonía. Finalmente en 1821, Hahnemann proclama la doctrina homeopática y propone la enfermedad como una perturbación de la fuerza vital.[122]

El doctor Colomé también difundió sus ideas mediante múltiples charlas y conferencias. En una impartida en la Universidad Nacional del Sureste, siendo director de la Facultad de Medicina Homeopática, disertó sobre la importancia para la homeopatía del estudio de la anatomía humana a la luz de las nuevas ideas. Retomó los temas de una conferencia anterior donde abordó los principios de la medicina homeopática y las diversas críticas que se le planteaban. Luego, se enfocó en la relevancia de los conocimientos anatómicos para el desarrollo de la ciencia médica y, en particular, para la práctica homeopática. La medicina, desde su institucionalización, se había enfocado a la observación y conocimiento del cuerpo del hombre, apreciar la estructura y relaciones de todos sus órganos como sus elementos constitutivos para entender sus padecimientos y curarlos. Mas, fue la experimentación lo que ensanchó sus fronteras al aproximarse por medio del microscopio al elemento primordial de la vida: la célula que conforma todos los tejidos y órganos. Se pudo entonces describir y analizar las partes constitutivas de la célula y los fenómenos físico-químicos. Estos fenómenos presentaban propiedades vitales y funcionales "maravillosas", que solo eran peculiares a los elementos dotados de vida. Los avances en este campo del conocimiento habían permitido a la medicina homeopática demostrar que "en medio de la estructura de cuerpos vivientes se encuentra una fuerza o principio vital en torno del cual gravitan las funciones orgánicas." Planteó Colomé que esto era una de las bases fundamentales de la homeopatía y que su terapéutica dependía de la modificación del ritmo de esa energía que sostenía y regulaba el mecanismo fisiológico.[123]

---

122 APC, Carpeta 10, Colomé, R., "Antiguas ideas médicas.- El hombre máquina del siglo XX", en *Diario del Sureste* a 30 de abril de 1932.

123 APC, Carpeta 10, Versión mecanográfica de la conferencia "El estudio anatómico del cuerpo humano ante la doctrina homeópata", impartida por el Dr. Rafael Colomé Trujillo en la Universidad Nacional del Sureste, Mérida, sin fecha. El subrayado se encuentra así en el documento.

Apunte Final

Con lo anteriormente expuesto, queda claro que el doctor Rafael Colomé fue un personaje central en el desarrollo de la medicina homeopática en Yucatán al impulsar el reconocimiento de esa práctica médica en la construcción de instituciones del México posrevolucionario. Su actuación en la medicina y su militancia política lo ubican en lo que Luis González llamó la "generación revolucionaria", en la que destaca una clara preocupación social, ya que nunca un grupo "había peleado con tal denuedo por la redención de los humildes", pero no lo hicieron de manera sistemática porque esa generación estuvo "siempre acosada por las contradicciones y la desunión".[124] Este planteamiento nos explica el conflictivo del entorno en el cual Colomé impulsó la homeopatía yucateca. La coincidencia ideológica y su participación en el movimiento armado como médico militar, le granjearon la simpatía y el apoyo de los gobiernos surgidos de la revolución para fundar y sostener la Escuela de Medicina Homeopática de Yucatán y el Hospital Hahnemann, especialmente en el marco del proyecto socialista de Felipe Carrillo Puerto por los postulados del galeno de impulsar el beneficio colectivo en el campo de la salud y aplicar la medicina homeopática para atender a las clases trabajadoras y a los pobres en general.

El doctor Colomé fue un hombre plenamente convencido de que la homeopatía era la mejor medicina y empeñado en que fuese arropada por el estado para que sus beneficios pudiesen alcanzar a los grupos menos favorecidos, pero la homeopatía encontró fuertes obstáculos en diversos ámbitos: uno de carácter profesional y científico y otro en la arena política. Esta controversia se extendió por el mundo y llegó a Yucatán, donde la homeopatía encontró en el doctor Rafael Colomé a su máximo exponente. Los obstáculos mencionados marcaron la corta vida, de apenas quince años, de la Escuela y el Hospital Homeopáticos de Yucatán. En primer término, se enfrentó con la medicina alópata con la cual difería sustancialmente por diferencias marcadas respecto a sus filosofías, principios, formulación y preparación de medicamentos y la concepción misma del ser humano, pero especialmente por la pretensión de los médicos alópatas de consolidar su práctica médica como la única legítima que debía privar en todos las instituciones de salud creadas y sostenidas por el estado, desplazando otras prácticas como la homeopatía. Por otra parte, esa pugna se enmarca en un contexto de reacomodos políticos en Yucatán del periodo posrevolucionario tanto a nivel federal como estatal.

En lo que se refiere al entorno político, la confrontación entre estas dos prácticas de atención médica se enmarcó, tanto en México como en Yucatán,

124 González y González, L., *Los artífices del cardenismo*, p. 112.

en los fuertes reacomodos de la etapa postrevolucionaria y en los diferentes proyectos emanados de la revolución. El proyecto socialista de Felipe Carrillo Puerto tuvo un fuerte impacto en la sociedad regional y el vínculo de Colomé con este dirigente le granjeó su apoyo para impulsar la homeopatía. No es de extrañar, por tanto, que un hombre combativo y de profundas convicciones empalmadas con ese proyecto, como lo era el doctor Colomé, hubiera luchado enconadamente por el impulso y desarrollo de una práctica de atención médica que era concebida como un instrumento de política social. Sin embargo, tras el asesinato de Carrillo Puerto en 1924, el ímpetu de ese proyecto fue perdiendo fuerza por la moderación de la política nacional frente al socialismo, especialmente en el gobierno de Plutarco Elías Calles. Con el posterior fortalecimiento del aparato estatal que culminaría con el reparto agrario durante el periodo cardenista, que coincidió con la clausura definitiva de su escuela y hospital, la homeopatía se vio desplazada ante la consolidación de la medicina alópata como práctica médica hegemónica.

Siglas

AGEY, Archivo General del Estado de Yucatán
APC, Archivo Particular Colomé

Bibliografía

Erosa Barbachano, A. *La escuela de medicina de Mérida Yucatán*. Mérida: UADY, 1997.

Erosa Barbachano. «Historia de la Escuela de medicina de Mérida Yucatán». *Rev Biomed*, Núm. 8, (1997): 266-273.

Léon T. S. «Doctor Rafael Romero, ¿un médico olvidado?». *La homeopatía de México,* vol. 86, núm. 709 (2017): 34-40.

Pérez y Pérez, C. A. «Las Ligas de Resistencia socialista. Unión entre Salvador Alvarado y Felipe Carrillo Puerto». *Por esto!, 2017.* Disponible en: <http://www.poresto.net/ver_nota.php?zona=yucatan&idSeccion=1&idTitulo=63406>.

Romero R. «Historia de la medicina homeopática». *Enciclopedia Yucatanense*, tomo IV: 342-407 Mérida: Gobierno del Estado, 1944.

Savarino F. «El despertar de las masas: Cambios sociales y crisis política en Yucatán (1897-1911)». *European Review of Latin American and Caribbean Studies*, núm. 65, (1998): 45-65.

Soweel, D. *Medicine on the Periphery. Public Health in Yucatán, Mexico, 1870–1960.* Lanham: Lexington Books, 2015.

Torres R. y Conde J. «Historia y estado actual de la homeopatía en México». Postgrado de Homeopatía, 2001. Disponible en: <http://www.colegiodemedicina-homeopatica.edu.mx/historia- homeopatia/49-historia-homeopatia-en-mexico>.

Capítulo 4
Prácticas y representaciones sobre la alimentación durante la primera y segunda infancia

Fénix Martínez Azcorra

Ubicado en el municipio de Yaxcabá, uno de los más grandes del estado, la ranchería de Cisteil (también llamado Chan Kantirix o Kantirix 2), por su número de habitantes, según el INEGI,[125] es una de las comunidades más pequeñas, pero emblemáticas de Yucatán.[126] Actualmente está habitada por 105 personas y el rango de edad es de aproximadamente 32 años, lo cual la convierte en una población relativamente joven, con un gran número de niños (52) y tres adultos con más de 75 años.

Cisteil cuenta con 24 familias, 6 de ellas de reciente formación, es decir, recién casadas. Cada una con una vivienda de guano y/o cemento, que comparte terreno con otros integrantes de la familia extensa. El poblado cuenta con luz y agua potable en los hogares, pero solamente la escuela primaria cuenta con drenaje. Todos hablan lengua maya y español en distintos niveles. Por último, es importante señalar que Cisteil es considerada una comunidad de alta marginalidad según criterios de la CONAPO[127] en el ámbito federal. Entendiendo por marginación: "fenómeno estructural múltiple que valora dimensiones, formas e intensidades de exclusión en el proceso de desarrollo y en el disfrute de sus beneficios" (Bustos, 2011: 169-186).

Dimensiones socioeconómicas como educación (analfabetismo y población sin primaria completa), vivienda (sin agua entubada, sin drenaje, ni servicios sanitario exclusivo, con piso de tierra, sin energía eléctrica y algún nivel de hacinamiento), ingresos monetarios (población ocupada que percibe hasta dos salarios mínimos) y distribución de la población (localidades con menos de 5 mil habitantes), son indicadores de un alto o bajo nivel de marginación, en el caso de Cisteil, ésta se encuentra en un nivel mayor de acuerdo con las características que expondré a continuación.

A nivel educativo, los integrantes de las cinco familias que componen la muestra del estudio, únicamente dos (un hombre y una mujer) concluyeron

125 Instituto Nacional de Estadística y Geografía.

126 Su relevancia histórica radica en que fue justo en Cisteil donde Jacinto Canek, en noviembre de 1761, impulsó un levantamiento social, que aunque no tuvo grandes consecuencias en ese momento para el régimen colonial, marcó la historia de la península advirtiendo lo que ocurriría menos de un siglo después: la Guerra de Castas.

127 Consejo Nacional de Población.

la educación secundaria. Los restantes acudieron a la primaria, pero solo dos la concluyeron. El nivel educativo es bajo, ya que la mayoría de la población no concluyó la educación primaria (información obtenida por el comisario ejidal). En cuanto a la vivienda, todas las casas de la población tienen un cuarto de baño, aunque éste no cuenta con un drenaje instalado en forma, y su uso se limita casi exclusivamente al baño, mientras que el patio o solar es usado para orinar y defecar. En cuanto al piso, todas las casas de Cisteil cuentan por lo menos con una habitación con piso de cemento, aunque en el resto de la construcción es de tierra. Cuentan con energía eléctrica en cada domicilio y viven en él alrededor de seis a 15 personas, lo que nos indica un alto nivel de hacinamiento. El servicio médico en la población es intermitente, ya que un médico general acude para realizar seguimiento de talla y peso a los niños, así como para dar consultas médicas —en caso de enfermedad— cada tres meses aproximadamente.

En cuanto a los ingresos, la principal actividad económica de los habitantes es el campo o milpa. La siembra del chile habanero, además del maíz, frijol y calabaza es característica. El primero es el producto que genera ingresos a la familia: $30.00 por kilo en promedio. Los demás productos obtenidos de la tierra son exclusivos para uso familiar, en particular el maíz, que siempre resulta insuficiente y complementan sus raciones comprando en la tienda Diconsa[128] de la comunidad. Además del ingreso por la producción agrícola, las familias que tienen hijos que acuden a la escuela primaria reciben los beneficios del programa PROSPERA. Estos beneficios incluyen una despensa cada dos meses y una beca que va de $250.00 a $700.00 pesos bimestrales, la cantidad depende del grado escolar al que acuda el menor.

Por último, el indicador de distribución de la población es más que evidente en la comunidad, ya que cuenta únicamente con 105 personas, como señalé anteriormente. Esto, aunado a la falta de transporte directo y una única vía de acceso. En resumen, Cisteil es una comunidad aislada, con bajo nivel educativo y servicios públicos básicos.

Es en este contexto donde la investigación fue desarrollada, la cual a través del método etnográfico tuvo como objetivo registrar la dieta infantil, específicamente durante la primera y segunda infancia,[129] la organización familiar en torno a la alimentación de los menores y comprender la construcción de prácticas alimentarias desde el ámbito de las representaciones y hábitos culturales. Así como también, el impacto que tiene el acceso a los alimentos y

128 Sistema de Distribuidoras CONASUPO, S.A. de C.V.

129 Consideramos la primera infancia como el periodo que abarca desde el nacimiento hasta los tres años de edad, caracterizada por un crecimiento rápido. La segunda infancia se inicia a los tres años cumplidos hasta el comienzo de la edad puberal, en esta etapa el crecimiento se mantiene constante.

las políticas públicas dirigidas a mejorar el estado nutricional de los niños. La hipótesis principal giró en torno a demostrar que la alimentación infantil es construida por diversas variables (ingresos familiares, número de hijos, ideas relacionadas con la alimentación infantil aprendidas de los padres, los principios de una buena y mala alimentación que los programas de gobierno difunden y el acceso a los alimentos), y es el tejido de todas éstas que el día a día en la alimentación de los menores se construye. Un ir y venir entre lo aprendido en el hogar y la voz de las autoridades, el acceso a distintos alimentos y la posibilidad económica de adquirirlos.

Por último, cabe señalar que los resultados aquí presentados, forman parte del proyecto: "Análisis de los sistemas locales de salud en comunidades mayas del Oriente de Yucatán: Alimentación, enfermedad, prácticas e ideas", financiado por CONACYT en su programa Fronteras de la Ciencia, donde ésta y otras investigaciones fueron desarrolladas.

Estado del arte

Como en todo proceso de investigación, la revisión bibliográfica fue una actividad permanente. Útil para identificar las corrientes teóricas, metodológicas y trabajos realizados relacionados con los temas eje que aquí abordaremos: prácticas alimentarias, acceso a los alimentos, políticas públicas y representaciones relativas a una buena y mala alimentación. A continuación, expondré los trabajos más relevantes y propositivos relacionados con el problema que aquí nos ocupa: la alimentación en la primera y segunda infancia.

La alimentación y nutrición infantil han sido temas recurrentes, tanto para las ciencias de la salud como para las ciencias sociales y humanidades. Los estudios antropológicos que buscan conocer los índices en la calidad de la dieta, específicamente en México, son variados. En el ámbito epidemiológico específicamente, un estudio importante fue el desarrollado por Anderson[130] y otros colaboradores, quienes durante los años de 1943 y 1944 estudiaron en el Valle de Mezquital, registrando las condiciones de alimentación y nutrición de cuatro comunidades y destacando en sus resultados la precaria situación nutricional que presentaba la población.

Por el lado de la antropología, otra importante obra es la de Guillermo Bonfil Batalla (2006), con su diagnóstico sobre el hambre en Sudzal, Yucatán. Dicho trabajo fue publicado en 1962 y su aporte consiste en presentar datos

130 Más información en: Informe de evolución histórica de la situación nutricional de la población y los programas de alimentación, nutrición y abasto en México, CONEVAL, 2009.

cuantitativos y cualitativos acerca de la alimentación y grado de nutrición de esta comunidad maya. Sus resultados demuestran el deficiente estado de la población, incluyendo la infantil. Y reconoce que la desnutrición puede tener diferentes consecuencias negativas como: minimizar la capacidad para las jornadas laborales, tener menor resistencia a las enfermedades y aumentar la tasa de mortalidad, así como mermar las capacidades físicas e intelectuales de los individuos, radicando aquí su importancia.

Además de los grados nutricionales de la población y el registro de sus prácticas alimenticias, otra línea de investigación está dirigida hacia la distinción entre nutrición y alimentación. Nuria Segura Domínguez presenta ambos conceptos: "Alimentación es el conjunto de actividades y procesos por los cuales tomamos alimentos del exterior, portadores de energía y sustancias nutritivas necesarias para el mantenimiento de la vida" (Segura, 2010: 2). Nutrición, por otro lado es definida por la autora como: "Conjunto de procesos fisiológicos armónicos y coordinados que tiene como finalidad proveer al organismo de la energía y los nutrientes necesarios para mantener la vida, promover el crecimiento y reparar pérdidas" (*Ibidem*).

Es decir, la nutrición es el proceso biológico que prosigue a la alimentación, es la labor que realiza nuestro organismo con los alimentos que ingerimos. La alimentación es el hecho consciente y voluntario donde diversos factores influyen, la cultura, la educación, etcétera; es ésta la que nos incumbe. Definida por Diego Díaz Córdoba (2016: 635), la alimentación es concebida como un "hecho social total y por lo tanto, como un fenómeno complejo". Podemos ver distintos aspectos que se ven involucrados en la alimentación, éstos son: la disponibilidad de alimentos, factor económico, factores socioculturales, factores geográficos, factores familiares, factores contraculturales, factores ligados a la prevención o curación de enfermedades y factores ligados a la vida moderna.

Éstos, aunque aplicables a las ciudades, no son útiles a la vida cotidiana de Cisteil, donde la disponibilidad de alimentos es limitada y los factores económicos son determinantes. Los factores más vinculados con la realidad de Cisteil y que fueron observados, son los que brinda Patricia Aguirre (2004: 2) y son descritos a continuación como elementos del comer:

1. Biológico: las necesidades y capacidades del organismo del comensal junto con características de los alimentos que se transformarán en su comida.
2. Ecológico-demográfico: cantidad y calidad de alimentos que se pueden producir en un hábitat determinado para sostener cuánta población y con qué calidad de vida.

3. Tecnológico-económico: los circuitos de producción-distribución y consumo que hacen que los alimentos lleguen al comensal.

4. Socio-políticos: relaciones que condicionan el acceso a los alimentos según clases, sectores o grupos, ya sea a través de mecanismos de mercado (compra), asistencia del estado (políticas asistenciales) o relaciones de amistad, vecindad y parentesco (redes de ayuda mutua).

5. Culturales: sistemas prácticos de clasificaciones que señalan qué cosa es "comida" y qué no lo es; qué, cuándo y con quién se debe comer o cómo "debe ser" el consumo de alimentos entre sectores, edades y géneros.

Los factores mencionados incluyen la dimensión socio-económica y, al mismo tiempo, la dimensión subjetiva de la cultura. Lo que nos permite ver la alimentación como un hecho complejo, más allá del simple acto de comer. Es decir, se aleja de lo simplemente biológico y vincula lo cultural, dando por hecho esta relación indisoluble por más repetido y cotidiano que sea el comer.

Anteriormente, se mencionó que la comunidad de Cisteil está catalogada por la CONAPO como de alta marginación; esta categoría responde a factores también mencionados, pero éstos en conjunto llevan a ubicar a los niños de esta población en una situación de riesgo, siguiendo la propuesta de Cusminsky, Lejarraga y otros autores (1993: 18). El enfoque de riesgo que presentan se basa en la premisa de que:

> Es conocido que no todos los individuos, familias o comunidades tienen la misma probabilidad de enfermar y morir, sino que para algunos ese riesgo es mayor que para otros. Esta diferencia establece un distinto grado de necesidades que va desde un mínimo para los individuos de bajo riesgo hasta un máximo para aquellos que presentan una alta probabilidad de sufrir en el futuro alteraciones en la salud. Esto supone cuidar más de la salud de aquellos que tienen mayores necesidades.

Para identificar si una comunidad o un individuo está en riesgo de desnutrición, los autores nos presentan el siguiente cuadro:

Tabla 1. Riesgo de desnutrición a nivel individual y comunitario

	Nivel individual	Nivel comunitario
Factor de riesgo	Falta de aporte alimentario	Estado de pobreza extrema (marginalidad)
Riesgo	Descenso de peso	Niños con peso bajo para su edad
Daño	Desnutrición Ausencia o corta duración de lactancia materna	Escasez de recursos económicos Desempleo Comunidad analfabeta
Indicadores de riesgo	Analfabetismo o baja escolaridad materna Falta de higiene Infecciones repetidas: Diarrea, IRA (infecciones respiratorias) o sarampión.	Conceptos tradicionales del estado de salud Falta de agua potable Inaccesibilidad de los servicios

Fuente: Cusminsky, Marcos, Horacio, Lejarraga, (et.al), Manual del crecimiento y desarrollo del niño, 1993, p. 20

Puede verse cómo los factores de riesgo tienen indicadores muy puntales, los cuales en su mayoría están presentes en Cisteil, representan la probabilidad de un daño futuro, no únicamente en el plano individual, también en toda la comunidad. Es decir, la mala alimentación y mala nutrición no son solo problema en el entorno personal o familiar, son problemas de salud comunitaria.

Identificar estas alertas que pueden promover la desnutrición o un mal crecimiento en los menores es un campo basto de investigaciones, al igual que la definición de lo que es una "buena alimentación". A nivel internacional y según lo describe Pautassi (2016: 626), la FAO considera que se alcanza el carácter de alimentación adecuada cuando: "La ingesta de comida diaria posee todos los requerimientos nutricionales, tanto cuantitativos (contenido energético) como cualitativos (proteínas, vitaminas y contenido mineral). La comida es segura para ser consumida por seres humanos y no provoca enfermedades. La comida es culturalmente aceptable para aquellos que la consumen".

Es en esta discusión en la que nos centraremos enseguida, retomando a María del Carmen Suárez (2016), en su artículo sobre lo que es una "alimentación correcta" en México, la autora define "alimentación correcta" o "dieta correcta" como "la unidad de alimentación, es decir, el conjunto de alimentos y platillos que se consumen diariamente" siempre y cuando cumplan con las siguientes características (*Ibidem*):

1. Completa. Que contenga todos los nutrimentos. Se recomienda incluir en cada comida alimentos de los tres grupos (proteínas, verduras y cereales).
2. Equilibrada. Que los nutrimentos guarden las proporciones apropiadas entre sí.
3. Inocua. Que el consumo habitual no implique riesgos para la salud porque está exenta de microorganismos patógenos, toxinas y contaminantes y se consuma con moderación.
4. Suficiente. Que cubra las necesidades de todos los nutrimentos, de tal manera que el sujeto tenga una buena nutrición y un peso saludable y, en el caso de los niños, que crezcan y se desarrollen de manera correcta.
5. Variada. Que incluya diferentes alimentos de cada grupo en las comidas.
6. Adecuada. Que esté acorde con los gustos y la cultura de quien la consume y ajustada a sus recursos económicos, sin que ello signifique que se deban sacrificar sus otras características.

Con estos requerimientos para una "buena alimentación"[131] puede notarse lo lejos que una comunidad como Cisteil está de cumplirlos, con su dieta a base de maíz, frijol, cereales y harinas, la cual detallaremos más adelante. Otra pregunta que aquí cabría hacer es: ¿Quiénes cumplen con estos estándares en su alimentación?

En los párrafos anteriores se presentaron algunas de las líneas principales vinculadas con la alimentación y nutrición, así como la conceptualización de lo que debe ser considerada una buena alimentación. Con todos estos ejemplos, además de brindar un panorama sobre los diversos tópicos que se abordan, se quiere abrir camino a la presentación de la metodología utilizada en esta investigación, la cual será expuesta en el siguiente apartado.

131 Las comillas son de la propia autora.

Metodología e instrumentos de recolección de datos

La presente investigación es un estudio descriptivo de corte transversal, donde se utilizó una metodología de tipo cualitativa. Las investigaciones cualitativas se caracterizan por observar los fenómenos en su contexto natural, intentando encontrar el sentido o la interpretación de los mismos a partir de los significados que los mismos actores les conceden, por lo que es adecuada para estudiar creencias y prácticas.

Esta metodología responde a la necesidad de conocer la comunidad y sus prácticas alimentarias. Estas son definidas como el conjunto de las prácticas sociales relativas a la alimentación del ser humano, las cuales son influidas por la cultura, y van cambiando con el tiempo (Osorio, 2002). Es decir, los hábitos de alimentación, la selección de los alimentos, su preparación y las cantidades ingeridas son criterios culturales que se van conformando, en primer lugar, dentro del ámbito familiar. La cultura y sus creencias son determinantes de la comida cada día, interviene en las preferencias y aversiones que manifiestan los individuos y desarrollan un importante papel en las formas de preparación, distribución y servicio de alimentos.

En los primeros cinco años de vida, los modos de alimentarse, gustos y rechazos hacia determinados alimentos son condicionados y aprendidos (Osorio, 202).[132] En general, un niño incorpora y adquiere la mayoría de sus hábitos y prácticas alimentarias en los primeros años de vida, y es casi siempre con la ayuda de la madre o figura de autoridad en su familia. Es aquí donde resulta importante el estudio de los núcleos familiares para comprender la construcción de las prácticas relacionadas con la alimentación.

La unidad doméstica inserta en primer lugar las prácticas alimenticias en los niños que son criados en ella. Sin embargo, al mismo tiempo esta construcción de lo que es la alimentación es compartida por la influencia de discursos institucionales y hegemónicos, que permean no solo en el niño, también en los responsables de su alimentación y cuidado. Ambos saberes, el cultural, transmitido por generaciones y el institucional difundido en ámbitos públicos como la escuela y la asistencia médica pública se retroalimentan y repelen en distintos momentos y circunstancias durante el desarrollo de los niños. Por último, un tercer factor determinante en la alimentación de los niños es el acceso a los alimentos. La razón de su impacto radica en tres ejes principales:

1. La economía familiar, es decir, el ingreso de capital para la compra de alimentos;

132 *Ibídem.*

2. El sistema de producción (milpa) y los alimentos que ésta proporciona.

3. La variedad de alimentos a los que la familia tiene acceso, debido a su distribución en la comunidad.

En resumen, propongo que la unidad familiar, las políticas públicas y el acceso a los alimentos se conjugan para conformar las prácticas alimentarias en la dieta infantil, la cual a través de las madres va construyendo una relación simbiótica continua. Así, estos tres ámbitos se conjugan, alimentan y los individuos se apropian de ellos para conformar las prácticas y concepciones con respecto a la alimentación infantil.

Para obtener la información necesaria se realizó trabajo etnográfico durante ocho meses con cinco familias que contaban entre sus miembros con niños de 0 a 12 años. Se utilizaron técnicas como: la observación participante, entrevistas abiertas,[133] entrevistas grupales y grupos de discusión para identificar las prácticas alimentarias. Dichas entrevistas incluyeron a todos los integrantes de la familia, aunque principalmente fueron las madres quienes proporcionaron la información.

En relación con las madres de familia, es importante señalar su importante papel en la alimentación de los niños, la selección, la preparación, variedad, raciones de comida y, más importante aun, que son los agentes de mediación entre los hábitos de consumo familiares y los gustos personales. Es decir, su desempeño y la información que proporcionaron fueron de vital importancia para comprender las prácticas e ideas familiares con respecto a la alimentación.

Los datos sobre la dieta se complementaron a través de la observación de la preparación de los alimentos y la hora de la comida (tanto el desayuno, almuerzo y cena), así como el registro fotográfico de la dieta infantil, es decir, los platos de comida que se le proporcionaban y los alimentos fuera del hogar. Todo esto en conjunto con una revisión bibliográfica sobre los ejes clave de la investigación.

Características de la población participante

Antes de iniciar con la investigación, se convocó a todos los padres de niños menores de 12 años a una reunión informativa. En dicha reunión se presentó el proyecto, describiendo los objetivos y las técnicas de recolección de datos, explicándoles las visitas domiciliarias, el registro fotográfico, las entrevistas

133 Ver anexo1.

y los grupos de discusión. La invitación fue abierta y una semana después se realizó otra reunión general para conocer quiénes aceptarían participar, el resultado fue de cinco hogares[134] donde pudo realizarse el estudio.

Es importante señalar que hablamos de hogares y no de familias por una cuestión operacional, ya que en el estudio se incluyó un hogar donde conviven más de una familia nuclear, por lo que utilizar el concepto familia limitaría la descripción.

El total de integrantes en los hogares participantes fue de 34 —de los 105 habitantes de la población de Cisteil—, con 20 niños, de los cuales 8 son hombres y 12 mujeres. Los adultos sumaron 14, ya que en uno de los hogares se registraron seis mayores de edad. Los adultos van de los 18 a los 62 años de edad, mientras que los niños fluctúan entre los seis meses y 12 años de edad.

En todos los hogares sus integrantes son beneficiarios de algún programa gubernamental. En el caso de los adultos: Seguro Popular (el cual brinda atención médica), PROCAMPO (apoyo a los trabajadores del campo y propietarios de tierra) y Comunidad Diferente (programa del DIF Sistema Nacional para el Desarrollo Integral de la Familia, que proporciona capacitaciones y apoyos para proyectos productivos a las mujeres). El caso de los menores será descrito en el siguiente apartado, al igual que los resultados de la investigación.

Resultados de la investigación: organización familiar y dinámica en relación con la alimentación infantil

Es un hecho que el núcleo familiar continúa siendo el primer y más importante acercamiento a los alimentos y el medio por el cual se construyen las ideas con respecto a la comida. En Cisteil, las actividades de las mujeres madres de familia giran en torno a la preparación de alimentos durante todo el día. Con un promedio de cuatro hijos, la preparación de los alimentos y supervisar que los niños coman, les lleva aproximadamente unas ocho horas diarias. Esto, dependiendo del número de hijas que tengan, ya que ellas son la principal ayuda en la cocina.

Las niñas ayudan en actividades complementarias como: lavar los trastes sucios, las verduras o carne que se preparará, llevan el maíz a moler o hacen las compras inmediatas (condimentos o algún ingrediente que haya faltado para

134 Se entiende hogar como los define el Instituto Nacional de Salud Pública: "es el conjunto de personas relacionadas por algún parentesco o no, que habitualmente duermen en una vivienda bajo el mismo techo, beneficiándose de un ingreso común aportado por uno o más miembros del hogar. Véase: Encuesta Nacional de Salud y Nutrición, 2012, p. 539.

la comida).[135] En estas actividades, los niños no están integrados; en ningún momento se registró la ayuda de un niño o de algún hombre perteneciente a la familia en la preparación de alimentos. A la vez, durante las entrevistas se confirmó que su participación está remitida a la milpa y las actividades productivas o de caza.

Las personas encargadas de la alimentación infantil son siempre las mujeres del hogar, la madre, la abuela, la tía, la hermana mayor, etcétera. Son ellas las que deciden qué alimentos se consumirán durante el día, la porción que cada uno recibirá e incluso proporcionan el dinero para la compra de algún dulce o producto de la tienda. Es importante destacar que, aunque las mujeres controlan el gasto familiar, se limitan al dinero que el padre o jefe del hogar les proporcione; aunque, en algunos casos observados las mujeres manejan el dinero de las becas que los niños reciben por acudir a la escuela, así como las despensas que reciben. Otro aspecto importante a señalar respecto a las dinámicas familiares relacionadas con los alimentos, es la distribución e intercambio de alimentos entre hogares. Por ejemplo: tres de los hogares participantes son familiares (lo que no resulta extraño en una comunidad pequeña como Cisteil) y por lo menos una vez a la semana un hogar cocina para todos, es decir, para sus integrantes y los de los otros dos, principalmente el almuerzo. Así mencionan: "no tenemos que preocuparnos todos los días por cocinar y la comida es más variada" (madre, 28 años). No solo se comparten los alimentos cotidianos, también en el caso de que alguno de los miembros del hogar cace algún animal, éste se prepara en su totalidad y se comparte entre todos los familiares. Ejemplo de esto fue que uno de los padres cazó un venado y éste fue preparado en distintos guisos como pipían, carne salada y asado. Este animal rindió para tres comidas principales de tres hogares.

Políticas públicas dirigidas a los menores

Al ser una comunidad de alta marginalidad, los niños de Cisteil cuentan con programas federales de atención nutricional que impactan directamente en su alimentación. Entre los programas más importantes se encuentra PROSPERA,[136] (programa de inclusión social) donde se les otorga una beca bimestral a los niños a partir de los seis años que acuden a la escuela (la beca monetaria es de entre $200.00 y $1,000.00 según el nivel de estudios).

135 En Cisteil no hay tortillería, todas las familias muelen su maíz en el molino comunitario y tortean sus propias tortillas.

136 Antes "Oportunidades".

Además del beneficio económico, cada niño recibe una despensa también bimestral. Esta despensa contiene, con algunas variaciones: leche en polvo, detergente para ropa, jabón corporal, aceite, arroz, lentejas, pasta para sopa, atún, puré de tomate, frijol, galletas y harina de trigo. A través de las entrevistas, las informantes hicieron notar que aunque reciban una o más despensas, por su número de hijos, ésta les alcanza aproximadamente para tres semanas —en una familia con dos hijos-, por lo que tratan de combinar los alimentos y conservas que trae con verduras y carne que obtienen en su comunidad.

Un producto importante que incluyen estas despensas es una bebida en polvo, CAES (Complemento Alimenticio Estrictamente Supervisado), el cual es un multivitamínico indicado para menores en riesgo de desnutrición o que han sido detectados con anemia por el personal de salud federal. Todas estas estrategias conforman la estrategia federal denominada "Cruzada Nacional Contra el Hambre", donde uno de sus principales objetivos es la mejora de la nutrición.

Para ser incluidos en este programa, se les realiza un estudio mediante censos de condiciones socioeconómicas, entregando los "apoyos" a las familias con menos ingresos económicos. Como condición para mantenerse como "beneficiarios" del programa las familias deben cumplir con una serie de responsabilidades, por ejemplo, limpieza de los caminos, recolecta de basura, asistir periódicamente a pláticas y cursos que distintas secretarías les llevan a la comunidad y presentar a sus hijos a un seguimiento médico cada determinado tiempo (según los informantes a ellos les dijeron que la visita del médico sería cada dos meses, pero normalmente son cada cuatro).

Otro de los programas de los que hacen uso los menores de Cisteil es el comedor comunitario. Dicho comedor está a cargo del DIF federal y les proporciona la comida de mediodía a los niños y adultos mayores por $2.00. Este comedor y su funcionamiento es responsabilidad de un grupo de mujeres de la propia comunidad, quienes reciben los alimentos, preparan los menús y cocinan todos los días según el calendario escolar, es decir, no hay este servicio sábados, domingos y vacaciones escolares.

Durante las entrevistas y la observación pudo detectarse que, dado a que los alimentos que se les proporciona a los comedores son muy semejantes a los de la despensa de PROSPERA, los platillos que se preparan en el comedor y en los hogares son muy similares. En el siguiente apartado se presentarán algunos ejemplos. Por último, los niños que acuden a la primaria[137] reciben un pequeño desayuno, que normalmente consta de leche de vaca y galletas de avena, aunque según las últimas entrevistas ya se estaban incluyendo frutas como plátano, sandía y naranja.

---

137 En Cisteil la primaria es multigrado, es decir, en el único salón existente se enseñan a distintos grados escolares.

Dieta y prácticas alimentarias

Los niños incluidos en la investigación comenzaron la ablactación (ingesta de alimentos sólidos y distintos a la leche materna) a los seis meses de edad. Esta edad se elige, según informaron las madres, debido a las indicaciones de los médicos, aunque fueron registrados casos en que a los cuatro meses los niños probaban papa, zanahoria, calabaza, el caldo del frijol, atoles de maíz, caldo de pollo o tortillas de maíz. Las entrevistadas refirieron que los dulces se los dan hasta que estén completos los dientes, aunque en la observación fue frecuente ver que a los bebés se les diera paletas de caramelo una vez que puedan sostenerla con las manos.

Al dejar completamente la leche materna, a los dos años aproximadamente (si hay complicaciones médicas del niño o la madre el tiempo de lactancia), puede ser menor o mayor, los niños son incluidos en la alimentación general de la familia, es decir, comen lo mismo que sus hermanos mayores, si es el caso, o que los adultos. Esto facilita el trabajo de las madres, al hacer una sola comida y según ellas, ayuda a reducir el gasto familiar.

A continuación presentaré ejemplos de los alimentos que se preparan para el desayuno, almuerzo y cena en los hogares estudiados. Es importante recalcar que la idea de colaciones no es frecuente y que responde más a la existencia de alguna fruta o dulce en el domicilio.

Menú 1.
Desayuno: galletas (2 por niño), tortillas con tomate asado (3 o 4 por niño) y un vaso de leche.
Almuerzo: sopa de pasta con lentejas (un plato pequeño para los niños) y tortillas (4 o 5 por niño), agua.
Cena: pan francés (una barra por niño) y un vaso de leche con chocolate en polvo.

Menú 2.
Desayuno: atole de maíz (un vaso mediano por niño) con tortillas (3 o 4 por niño).

Almuerzo: para una familia de siete personas, 8 huevos, tres kilos de tortillas y un cuarto de kilo de frijol. Los niños comen aproximadamente un huevo con 5 o 6 tortillas cada uno.

Cena: leche de vaca (un vaso pequeño) y galletas marías (unas 10 o 12 por niño).

Menú 3.
Desayuno: tacos de chicharra (aproximadamente 2 o 3 por niño).[58]

Almuerzo: lentejas con papas (un plato pequeño para cada niño) y tortillas (4 o 5 por niño).

Cena: arroz con leche (un plato pequeño para cada niño).

Menú 4. Fin de semana.
Desayuno: tortillas con manteca (3 o 4 tortillas por niño)

Almuerzo: tortillas (3 o 4 por niño) con caldo de gallina (plato pequeño: una pieza de pollo).

Cena: tamales de pollo (dos tamales pequeños por niño).

Puede verse que la alimentación de los menores está basada principalmente en carbohidratos y grasas, comiendo en promedio dos veces a la semana proteína animal, además de los casos especiales como cumpleaños[138] o la caza de algún animal mayor. Una estrategia muy utilizada por las madres es el de dar a los niños las "sobras" del almuerzo a la hora de la cena, para aprovechar el alimento, no cocinar de nuevo y evitar que se descomponga la comida, ya que no todos los hogares cuentan con refrigerador. Otro producto muy utilizado en la dieta es el huevo de gallina, el cual se come aproximadamente dos o tres veces en una semana normal.

La comida chatarra a la que tienen acceso los niños son principalmente: papas fritas y caramelos, incluyendo los picantes.[139] Uno de los niños mencionó que come en promedio tres veces a la semana papas fritas: "las papas son mi vida" (niño, 9 años). Además de las dos pequeñas tiendas en el pueblo, no hay acceso a comida chatarra o procesada, lo que limita el acceso, no solo a este tipo de alimento, sino a todos en general.

Discursos sobre una buena y mala alimentación

Respecto a lo que consideran una buena alimentación, durante los grupos de discusión y las entrevistas abiertas se registraron las siguientes generalidades: los niños menores de dos años deben alimentarse principalmente de leche

138 En una de las casas de la comunidad mataron un cerdo y lo frieron para vender el kilo en $100.00

139 Para los festejos importantes se acostumbra preparar pavo o cerdo. Aproximadamente a los cuatro años los niños ya comen picante en los alimentos.

materna y aunque pueden probar otros alimentos, la leche debe ser el principal. La lactancia es considerada la etapa más importante, y es aquí donde las madres tienen asimilada su importancia y por esto, como por el factor económico (se ahorran la comida del bebé) es que la alargan lo más posible, por ejemplo, se registraron casos de lactancia hasta los tres años.

Al cumplir los dos años y una vez que pueda comer todos los alimentos, se le incluye a la dieta familiar, es decir, come lo mismo que sus hermanos y los adultos. Aquí resulta importante hacer una anotación: las raciones de comida son iguales en ingredientes y tamaño para todos los niños del hogar, es decir, un niño de dos y otro de ocho comen exactamente lo mismo. No fue visible el aumento del tamaño de las raciones durante el estudio.

Tal como les indican en las pláticas de salud, una buena alimentación infantil contiene alimentos variados, lo cual significa un problema para las madres de Cisteil. Esto debido a la falta de acceso a frutas y verduras distintas a las de la región, es decir, zanahorias, papas, manzanas y uvas son difíciles de conseguir y muy caras. Así, las madres saben que no les dan una comida variada en cuanto a frutas y verduras, pero dicen compensarlo con variar los platillos día con día.

Entre los alimentos "buenos" se mencionaron los frijoles, íbes,[140] lentejas, arroz, verduras como la zanahoria y la papa, frutas como las manzanas, uvas, naranjas y toronjas. También mencionaron que les han "enseñado" que la comida sin grasa es mejor, pero confesaron hacer caso omiso, ya que "la grasa es lo que le da sabor a las cosas, no mucha grasa, con poco" (madre, 32 años).

Los alimentos malos para nuestro grupo de estudio son: el *sheck* (ensalada tradicional de frutas compuesta por jícama, mandarina, naranja, chile y limón), esto se los mencionó una doctora que les dijo que dañaba el estómago de los niños. Otro alimento malo es el azúcar, pero según se observó no es de uso diario y se consume generalmente en alimentos procesados como galletas y panes dulces.

En relación con la comida chatarra, una madre indicó: "nos dicen que la comida chatarra es mala, pero los chamacos lo lloran" (27 años). Con esto, las madres se muestran como mediadoras en el consumo de este tipo de comida, restringiendo o permitiendo su consumo. Durante la observación fui testigo de varios regaños a los niños por comer dulces sin permiso de la madre. Otro factor por lo que la comida chatarra no es una preocupación para las madres es que además del acceso limitado a ella, ni los niños, ni los padres cuentan con los recursos para comer frecuentemente: "Sí les compro, aunque por el número de niños (siete) sería mucho gasto comprar diario. Si hay dinero, comen galletas" (madre, 27 años).

140 Un tipo de frijol caracterizado por sus colores que van del blanco al morado.

Consideraciones finales

Las prácticas alimentarias en Cisteil, son construidas a través de una mediación entre lo que las responsables de la alimentación infantil, es decir las madres, creen adecuado y lo que les indican en los programas institucionales. Es decir, su papel como mediadora y transmisora de los principios y hábitos del comer es esencial. Durante el estudio pudo observarse que son la cocina y los alimentos elementos totalmente controlados por las mujeres, quienes llevan a sus hogares y a sus recetas lo aprendido desde la infancia y lo aprendido por parte de las capacitaciones que les brinda el Estado.

Según se observó, durante pláticas que profesionales en atención a la salud dieron a la población, el Estado busca la homogenización en la alimentación, que todos los niños coman lo mismo para así llegar a estándares internacionales de salud. Esto evidentemente produce un choque con la realidad de las comunidades de alta marginalidad donde, aun teniendo los conocimientos, los recursos son limitados. En pocas palabras, la generalidad de las pirámides, cuadros y tablas alimenticias los desfavorecen y ponen en aprietos.

Para los adultos, comer poco no es comer mal. Esto se traduce en pequeñas porciones para los niños y permite que la tortilla y el frijol sigan siendo los principales alimentos. A pesar de lo que dicen las autoridades, no consideran que los niños estén mal alimentados, ya que como señaló un padre de familia "comen lo que yo comía de chico, o hasta con más variedad" (35 años). Otro comentario al respecto fue "con el doctor hay de dos: o estás gordo o estás flaco" (madre, 24 años), con esto sentencian que ningún cambio que hagan en su alimentación será suficiente para los programas asistencialistas.

Como propuesta para el mejoramiento de la alimentación infantil, es que ésta debe ser apoyada por el conocimiento de las prácticas y representaciones relacionadas con la alimentación en las localidades, sin pretender implantar ideas de zonas urbanas o con acceso a diferentes alimentos. Establecer pautas generales, que pueden ser ajustadas a las características particulares de cada región.

En el caso de las comunidades catalogadas como de alta marginación, el problema es mayor y debe atacarse con distintas estrategias, sin limitarse a la asistencialista, porque no solo las prácticas y concepciones culturales respecto a la alimentación infantil son las que la determinan, también lo hacen el acceso a los alimentos y el nivel económico de cada hogar.

Agradecimientos

El buen desarrollo y término de este estudio fue gracias al apoyo del municipio de Yaxcabá, donde sus autoridades brindaron todas las facilidades y apoyo. También agradezco el apoyo de la promotora comunitaria del programa Comunidad Diferente, quien fue una puerta de entrada en todos los hogares. Al CIESAS Peninsular y sus investigadores como la Dra. Paola Peniche y el Dr. Jesús Lizama por cobijarme, apoyar y enriquecer mis ideas.

El comisario ejidal de Cisteil también fue apoyo y fuente de conocimiento sobre las generalidades de la comunidad. Y por último, pero no menos importante, todas las familias que abrieron las puertas de su casa y su cocina para el desarrollo de esta investigación: su paciencia y empatía hacia mi persona marcaron la diferencia.

Bibliografía

Aguirre Patricia. «Ricos flacos y gordos pobres. La alimentación en crisis». *Claves para Todos.* Colección dirigida por José Nun, 1-41. Buenos Aires: Editorial Capital Intelectual, 2004.

Bonfil Batalla, Guillermo. *Diagnóstico sobre el hambre en Sudzal, Yucatán (Un ensayo de antropología aplicada).* México: Centros de Investigaciones y Estudios Superiores en Antropología Social, Universidad Autónoma Metropolitana, Universidad Iberoamericana, 2006.

Bustos, Alfredo. «Niveles de marginación: una estrategia multivariada de clasificación». *Realidad, datos y espacio. Revista Internacional de Estadística y Geografía,* vol. 2, núm. 1 (enero-abril 2011): 169-186.

Consejo Nacional de Evaluación de la Política de Desarrollo Social. *Informe de evolución histórica de la situación nutricional de la población y los programas de alimentación, nutrición y abasto en México.* México: 2009. Disponible en: <http://www.coneval.org.mx/rw/resource/coneval/EVALUACIONES/EVALUACIONES_PROGRAMAS_POLITICAS_DS/EE%20Nutricion%20y%20Abasto/Informe%20de%20evolucion%20historica%20de%20la%20situacion%20nutricional%20de%20la%20poblacion.pdf>.

Cusminsky, Marcos, Lejarraga, Horacio (*et.al.*). *Manual de crecimiento y desarrollo del niño. Serie PALTEX para ejecutores de programas de salud.* núm. 33. Washington: Organización Panamericana de la Salud, 1993.

Díaz Córdoba Diego, «Novedades metodológicas aplicadas a la antropología alimentaria: modelos basados en agentes y redes sociales». *Salud Colectiva,* núm. 12 (2016): 635-650.

Instituto Nacional de Salud Pública. *Resultados nacionales 2012. Síntesis ejecutiva.* México: Secretaría de Salud, 2012.

Osorio, Jessica; Weisstaub, Gerardo y Carlos Castillo. «Desarrollo de la conducta alimentaria en la infancia y sus alteraciones». *Revista Chilena de Nutrición,* vol. 29, núm. 3 (2002): 280-285. Disponible en: <https://scielo.conicyt.cl/scielo.php?script=sci_arttext&pid= S0717-75182002000300002>.

Pautassi L. C. «La complejidad de articular derechos: alimentación y cuidado». *Salud Colectiva* 12 (2010): 621-634.

Segura Domínguez, «*Diseño de un instrumento de medida de creencias en alimentación*». Tesis, Málaga, Facultad de Medicina-Departamento de farmacología y pediatría-Universidad de Málaga, 2010.

Suárez Solana María del Carmen, «Significado externo de "alimentación correcta». *México. Salud Colectiva* 12 (2016): 575-588.

Anexo 1

Proyecto: Prácticas y representaciones sobre la alimentación durante la primera y segunda infancia en la comunidad de Cisteil, Yaxcabá, Yucatán.
Guion entrevista abierta. Familia No.________Niño No._____
Miembro de la familia que proporciona los datos (rol y nombre):

1. Relación del entrevistado con el menor.
    1.1. El entrevistado, ¿Alimenta al niño?
    1.2. ¿Bajo qué circunstancias?
    1.3. ¿Alguien más lo alimenta? ¿Quién o quiénes?
2. Dieta infantil.
    2.1. ¿Cuántas veces se alimenta al menor en el hogar?
    2.2. ¿De esas veces, cuántas lo alimenta usted?
    2.3. Hablando de los alimentos que usted le proporciona: ¿Qué alimentos sabe que ha ingerido el menor?
    2.4. ¿Qué alimentos consume frecuentemente (en una semana normal)?
    2.5. **En el desayuno**: ¿Qué come generalmente durante el desayuno en una semana normal?
    2.6. ¿Quién es la persona encargada de preparar el desayuno?
    2.7. ¿Quién decide qué y cuánto desayunará el menor?
    2.8. ¿Qué porciones se le proporcionan? Ver recientes.
    2.9. ¿Cuáles son sus favoritos?
    2.10. ¿Cuáles no le gustan?
    2.11. ¿Por qué considera que son los alimentos adecuados para el desayuno?
    2.12. El niño, ¿Dice quedar satisfecho o con hambre?
    2.13. ¿Cuánto tarda en comer su desayuno?

2.14. ¿Come con otras personas?, ¿Quiénes?

2.15. **En el almuerzo**: ¿Qué come generalmente durante el almuerzo en una semana normal?

2.16. ¿Quién es la persona encargada de preparar el almuerzo?

2.17. ¿Quién decide qué y cuánto almorzará?

2.18. ¿Qué porciones se le proporcionan? Ver recipientes.

2.19. ¿Cuáles son sus favoritos?

2.20. ¿Cuáles no le gustan?

2.21. ¿Por qué considera que son los alimentos adecuados para el almuerzo?

2.22. El niño, ¿Dice quedar satisfecho o con hambre?

2.23. ¿Cuánto tarda en comer su almuerzo?

2.24. ¿Come con otras personas?, ¿Quiénes?

2.25. **En la cena:** ¿Qué come generalmente durante el almuerzo en una semana normal?

2.26. ¿Quién es la persona encargada de preparar el almuerzo?

2.27. ¿Quién decide qué y cuánto almorzará?

2.28. ¿Qué porciones se le proporcionan? Ver recipientes.

2.29. ¿Cuáles son sus favoritos?

2.30. ¿Cuáles no le gustan?

2.31. ¿Por qué considera que son los alimentos adecuados para el almuerzo?

2.32. El niño, ¿Dice quedar satisfecho o con hambre?

2.33. ¿Cuánto tarda en comer su almuerzo?

2.34. ¿Come con otras personas?, ¿Quiénes?

2.35. ¿Considera que el niño come correctamente?, ¿Por qué?

3. Organización familiar.

3.1. Miembros de la familia que habitan en el hogar (descripción).

4. Actividades productivas.

    4.1. **Distribución de las actividades del hogar:** ¿El niño tiene responsabilidades en las labores del hogar?, ¿Cuáles?

    4.2. Actividades del padre.

    4.3. Actividades de la madre.

    4.4. Actividades de los demás miembros de la familia.

    4.5. Actividades con remuneración económica.

    4.6. Ingreso económico promedio.

    4.7. ¿Cuánto de ese ingreso se asigna a comida?

5. Acceso a los alimentos.

    5.1. ¿Cómo se obtienen los alimentos de la familia y el menor?

    5.2. ¿Cuáles son los más fáciles de conseguir? ¿Y por qué?

    5.3. ¿Cuáles son los más difíciles? ¿Y por qué?

    5.4. ¿Qué alimentos desearía tener al alcance para darle al menor?

6. Políticas públicas/ programas de apoyo a la infancia y a la familia.

    6.1. ¿A qué programa o programas está inscrito el menor donde reciba ayuda o asistencia?

    6.2. ¿Qué tipo de apoyo o asistencia recibe?

    6.3. ¿Otros integrantes, participan en algún programa?, ¿Quiénes?, ¿Qué tipo de ayuda reciben?

    6.4. ¿Existen alrededor de la familia y el menor otros programas en los que el menor no participe?, ¿Por qué?

7. Prácticas y creencias respecto a la comida.

    7.1. ¿Cómo se le enseña al niño a comer?

    7.2. ¿Cómo se le enseña al niño a saber qué comer? (Alimentos buenos, sanos, poco sanos, malos).

    7.3. ¿Cómo debe comer un niño? (forma de comer)

    7.4. ¿Qué cosas debe comer un niño?

    7.5. ¿Hay alimentos malos?

    7.6. ¿Para qué sirve una buena alimentación?
    7.7. ¿Qué debe aprender un niño respecto a la comida?
8. Alimentos fuera del hogar.
    8.1. ¿Qué alimentos conoce que el niño consuma fuera de hogar?
    8.2. ¿Dónde le dan esos alimentos?
9. Comidas en días festivos.
    9.1. Existen días (navidad, día del niño, cumpleaños, etcétera) en los que se preparan alimentos distintos, ¿Qué alimentos son estos?
    9.2. En estos días, ¿Qué se le da de comer a los niños?
10. Alimentos los fines de semana.
11. Sábados y domingo, ¿El niño come cosas distintas? De ser así, ¿Qué alimentos son estos? (¿Se le compran golosinas, o preparan algo distinto de comer?).

Capítulo 5
Retos sociales para una alimentación correcta en una localidad maya del oriente de Yucatán

Paola Peniche Moreno
Dominique Searle Peniche

Introducción

A casi 60 años de que Guillermo Bonfil Batalla (1962) se cuestionara sobre las causas del déficit alimentario de una localidad maya de Yucatán, en muchas zonas rurales encontramos la persistencia de problemas relacionados con la alimentación.

Bonfil observó, en su época, que la desnutrición constituía un grave problema nacional. A partir del estudio del caso de Sudzal (Yucatán), subrayó que este fenómeno se caracterizaba por severas deficiencias calórico/protéicas en gran parte de los individuos —desde la edad preescolar hasta la vida adulta— y concluyó que los factores socioeconómicos involucrados se pueden resumir en relaciones de producción, tenencia de la tierra, organización social y el contacto de la localidad con el exterior (Bonfil, 2006: 195-198). Añadió que para incidir en la estructura de la alimentación y los patrones alimentarios que originaban la desnutrición, había que tomar en cuenta las siguientes variables: ingreso familiar, estructura comercial local, producción local de alimentos, preparación y conservación de alimentos y hábitos dietéticos (: 204-216). Así, este antropólogo, considerado hoy un clásico en la historia de la disciplina en México, identificó una suerte de "retos sociales" para una alimentación correcta.

Investigaciones recientes constatan la persistencia de problemas relacionados con la alimentación de la población maya, aunque registran un giro importante que se habría gestado a partir de la década de 1980 con la apertura de los mercados a nivel global: un empobrecimiento en la variabilidad de la dieta y un incremento en el consumo de alimentos industrializados con alta densidad energética, con mayores porcentajes de grasas saturadas, azúcares, sodio y bajos contenidos en fibra. Las repercusiones en la salud de este cambio ha sido una creciente prevalencia de obesidad y enfermedades crónico degenerativas como diabetes e hipertensión, principalmente entre mujeres adultas (Becerril, 2013; Marín, Sánchez y Maza, 2013). Según Becerril (2013: 123),

7 de cada 10 adultos en el área rural en Yucatán padece sobrepeso, mientras que 20 de cada 100 menores registra talla baja.

Frente a este panorama, nos preguntamos: ¿Cuáles son los principales rasgos de la alimentación en una localidad de alta marginalidad? Y ¿Cuáles son los factores sociales y económicos que influyen en la posibilidad de tener una alimentación correcta?

Suaverza y Haua (2010) definen las características de una alimentación correcta como: la dieta que, de acuerdo con los conocimientos reconocidos en la materia, cumple con las necesidades específicas de las diferentes etapas de vida, promueve en los niños y niñas el crecimiento y desarrollo adecuado, en los adultos permite alcanzar el peso esperado para la talla y previene el desarrollo de enfermedades. En este sentido, la alimentación correcta debería tener las siguientes características: completa, equilibrada, inocua, suficiente, variada y adecuada. Sin embargo, como veremos más adelante, encontramos que en una localidad considerada de alta marginación las familias encuentran múltiples obstáculos para lograr una alimentación correcta, puesto que, ésta se encuentra limitada por diversos factores. El objetivo de este capítulo es reconocer los rasgos de la alimentación en una localidad maya de alta marginalidad y explicar las variables sociales y económicas que intervienen en el fenómeno alimenticio.

Metodología

La investigación se realizó en el marco de un proyecto más amplio que aborda el proceso salud/enfermedad/atención desde la historia y la antropología; por lo tanto, la orientación metodológica es eminentemente cualitativa, basada en la etnografía, aunque también se recurrió a herramientas que se emplean en la nutrición. La información etnográfica se recogió entre 2014 y 2016 con la colaboración de dos antropólogos que acudieron a la localidad, se hospedaron ahí, convivieron con la gente, observaron directamente la información que fueron documentando de acuerdo con guías de observación previamente elaboradas. Asimismo, los instrumentos de nutrición los aplicamos en 2016.

Las herramientas etnográficas fueron: entrevistas cerradas para obtener información etnográfica general (organización social, medios de vida, producción, vivienda, religión), entrevistas cerradas para recoger información sobre salud y alimentación, así como guiones de observación sobre la dinámica sociocultural de la localidad.

Los datos sobre la alimentación se obtuvieron a partir de unidades domésticas previamente definidas, mediante "historias dietéticas" que permitieron identificar patrones de consumo. Esta estrategia se considera la más adecuada para abordar este fenómeno entre poblaciones étnicas en las que la alimentación y prácticas culinarias tienen un fuerte sentido de identidad étnica (INCAP, 2006: 36). El diseño de las "historias dietéticas" incluyó la aplicación de entrevistas para registrar: a) perfil de dieta habitual, b) consumos rituales y festivos, c) preparación de alimentos.

a) Perfil de dieta habitual. Es una primera indagatoria sobre alimentos y bebidas consumidas en una dieta cotidiana. No se registran cantidades, sino rasgos cualitativos de la alimentación (Suversa y Haua, 2010: 229).

b) Consumos rituales y festivos. La comida en las festividades y ceremonias en el área maya tiene gran importancia como medio de socialización, se hacen erogaciones extraordinarias que permiten el consumo eventual de ciertos grupos de alimentos, como cárnicos y bebidas alcohólicas.

c) Preparación de alimentos. Entrevistas para indagar formas de elaboración típica, distribución de las tareas en el interior de los hogares, preparación y combinación de diferentes grupos de alimentos (INCAP, 2006: 22-23).

Unos y otros instrumentos tomaron a la familia como unidad de análisis; esta decisión metodológica responde al hecho etnográfico que de la alimentación (desde el punto de vista social) es un fenómeno grupal que se encuentra influido por múltiples factores que rebasan lo individual, como la socialización, la producción, el sustento económico, el conocimiento, etcétera. Sin embargo, es importante referir que ello representó un sesgo en cuanto a la información cuantitativa se refiere, dado que toda la información fue proporcionada por las madres de familia y, por ello, fueron ellas las que estuvieron más disponibles para el registro de datos biométricos. Este hecho etnográfico, asimismo, nos limitó en la posibilidad de aplicar otro tipo de instrumentos, comunes en la nutrición y de gran valía para abordar el fenómeno alimenticio, como cantidades ingeridas según requerimientos, "Recordatorio de 24 horas" e "índices de variedad alimentaria" (Suversa y Haua, 2010: 230-31).

La identificación de las familias entrevistadas obedeció a un interés más general de correlacionar las variables de organización socio-económica, salud/enfermedad/atención y alimentación a partir de 10 estudios de caso. La selección de las 8 familias que se trabajaron como "estudios de caso" se hizo a partir de los siguientes criterios: que al menos alguno de sus miembros hablara la lengua maya, que al menos uno de sus miembros realizara trabajo agrícola y que al menos uno de sus miembros estuviera en edad escolar. No fue difícil hacer la selección, pues, al menos, los dos primeros criterios elegidos son compartidos por la mayoría de las familias en San Pedro Juárez.[141]

141 Esta metodología viene descrita también en Peniche y Angelotti, 2018: 95.

La delimitación de las familias elegidas representó un reto porque su definición conceptual previa al trabajo de campo no fue posible mediante un marco de referencia teórico específico. De acuerdo con los datos censales disponibles, en San Pedro habita un total de 63 familias, compuestas por una pareja, o un jefe/jefa de familia y sus hijos solteros (familia nuclear). Sin embargo, en la realidad una o varias de estas unidades funcionan como un solo grupo. La literatura antropológica especializada en el tema, identifica como criterios para la definición de familia: su naturaleza corporativa (principalmente por el uso, tenencia de la tierra y fuentes de agua), el parentesco como una forma de construir relaciones sociales, reconocimiento de una autoridad, residencia común, transmisión del patrimonio material y simbólico, socialización primaria, cuidado de enfermos y ancianos, producción y consumo de alimentos, como también otras tareas cotidianas necesarias para la reproducción física y social (Bender, 1967; Yanagisako, 1979; Segalen, 1981; Robichaux, 2007). No obstante, los grupos sociales se transforman y adaptan a contextos específicos, tanto de su entorno inmediato como otros más amplios. A partir de la información etnográfica caracterizamos a las familias de San Pedro Juárez como un grupo cuyos rasgos principales son:

- Que tienen como referente inmediato al parentesco por filiación y por alianza.
- Por filiación destacan los vínculos patrilineales.
- Que comparte un espacio de residencia común (el "solar" o terreno) en el que se asientan las viviendas de una o más familias nucleares, generalmente vinculadas virilocalmente.
- Éste es también un espacio de producción para cultivos de traspatio y cría de animales.
- Que comparte la tierra (solar, milpa o parcela) para la producción de alimentos, pero que diversifican sus ingresos gracias al trabajo individual de sus miembros.
- Que reconocen una autoridad femenina en el interior, que se expresa en las actividades domésticas.
- Que comparten la obligación en torno al cuidado de menores, ancianos y enfermos.
- Que consiguen, preparan y consumen los alimentos de manera colectiva, en torno a un "fogón común".[142]

142 Tomado de Peniche y Angelotti, 2018: 95.

Población de estudio

Dado el interés del proyecto amplio por incluir transversalmente la variable étnica, esta investigación se enfocó en el oriente de Yucatán, que concentra los municipios con mayor número de maya-hablantes, pero también altos índices de marginación y pobreza. Ello implica la necesidad de incorporar factores que para la cultura maya son cardinales, como el cultivo de la milpa, el solar, las unidades domésticas, el etno-conocimiento y la cosmovisión. Sin embargo, también estos municipios registran a nivel estatal mayores índices de marginación y pobreza de acuerdo con los datos de la CONAPO (2010) y con otras encuestas de la región (Bracamonte y Lizama, 2006).

La localidad elegida fue San Pedro Juárez, Tizimín, porque se consideró que reúne condiciones favorables en cuanto a dimensión, composición socio-étnica, niveles de marginalidad y alto grado de vulnerabilidad. Estas características la configuran como un laboratorio para identificar las problemáticas que se registran en el área rural en Yucatán, vinculando diversas variables que inciden en el proceso de salud/enfermedad/ atención y en la alimentación.

San Pedro Juárez es una ranchería de la jurisdicción del municipio de Tizimín. El censo del 2010 registró 268 individuos en esta localidad, distribuidos en 63 hogares censales e igual número de viviendas. Su composición étnica es predominantemente maya: 56% de su población habla maya y español, y el 95% habita en hogares censales indígenas. CONAPO, en 2010, catalogó a San Pedro como una localidad con un grado "alto" de marginación: cerca del 30% de la población mayor de 8 años es analfabeta, el grado promedio de escolaridad es de 5 años (primaria incompleta) y en algunos hogares persiste una falta de acceso a servicios básicos como agua entubada, luz eléctrica o drenaje.[143]

En el poblado hay una escuela preescolar y primaria, en la que funcionan dos salones multigrado, es decir, que los grupos congregan a estudiantes de dos o más niveles, así como edades y habilidades diferentes, pero operan dentro del marco de referencia del sistema de grados. Esta modalidad no obedece a una estrategia pedagógica sino a una escasez de infraestructura y personal docente en el mundo rural, situación que contribuye a la persistencia de las variables que reproducen la marginalidad y vulnerabilidad.

Cuando los niños concluyen la primaria, tienen que salir del poblado si desean continuar con sus estudios. Son pocas las familias que tienen los recursos económicos para poder sufragar estos gastos. Por lo general, hombres y mujeres se casan a temprana edad; a partir de entonces, los hombres se

143 Esta descripción se toma de Peniche y Angelotti, 2018: 96-97, cuya investigación se realizó en la misma población.

dedican a trabajar para mantener a su esposa e hijos, y las mujeres al cuidado del hogar y de los cultivos de traspatio; ocasionalmente, ellas se ocupan en empleos remunerados temporales como: urdir hamacas por encargo, trabajo doméstico en Tizimín o como colectoras de limones en sembradíos cercanos.

El ejido está conformado por 29 ejidatarios. Además del cultivo de la milpa, algunos de quienes conservan sus tierras se dedican también a la apicultura, aunque en pequeñas proporciones que apenas alcanzan para el consumo propio y eventualmente alguna venta en la misma localidad; otros se dedican también a la ganadería que funciona como una "inversión" a mediano plazo que les permite "ahorrar" dinero en tanto crían al animal y lo venden ante una necesidad.

Los hombres se ocupan regularmente como jornaleros en los ranchos ganaderos que se encuentran en los alrededores de la localidad, recibiendo remuneraciones que van de $600 a $1,400 semanales.[144] Algunos de estos varones tienen parcelas, en donde cultivan maíz, frijol de distintas especies, calabaza, jícama y pepino, productos que destinan al autoconsumo. No obstante, en la última década esta práctica se ha ido abandonando paulatinamente, debido a distintos problemas relacionados con la escasez de lluvias y las crecientes plagas de tejones (*nasuanarica*) que acaban con los cultivos, según los testimonios de los propios campesinos. En respuesta, se ha iniciado un proceso de compra/venta de tierras con personas ajenas a San Pedro: el espacio que antes se hubiera empleado para cultivar la milpa tradicional, práctica que dotaba de insumos a la alimentación familiar, ha sido ocupado ahora por ranchos ganaderos o ha quedado ocioso, al menos hasta 2016. La venta es una forma de conseguir dinero inmediato, pero pocas veces es proporcional al valor real de las tierras.

El solar es otro espacio productivo de gran trascendencia, pero el solar supera la condición de ser un terreno, ubicado en la parte posterior de las viviendas, del que se obtienen productos para la subsistencia. Vincula, en sí, un conjunto de relaciones sociales y productivas, que dan sustento y continuidad a la cultura maya. La vida cotidiana y las prácticas sociales de las familias se desarrollan en el solar, mientras que las habitaciones se emplean para dormir, descansar por la tarde y guardar cosas.

144 En diciembre de 2016, año en que hicimos la mayor parte del trabajo de campo, el tipo de cambio fue de $20.7 pesos mexicanos por un dólar americano. Esto es que el ingreso de los jornaleros en 2016 variaba entre 28.9 dlls. y 67.6 dlls.

Ilustración 1. Plano de un solar de la localidad de San Pedro

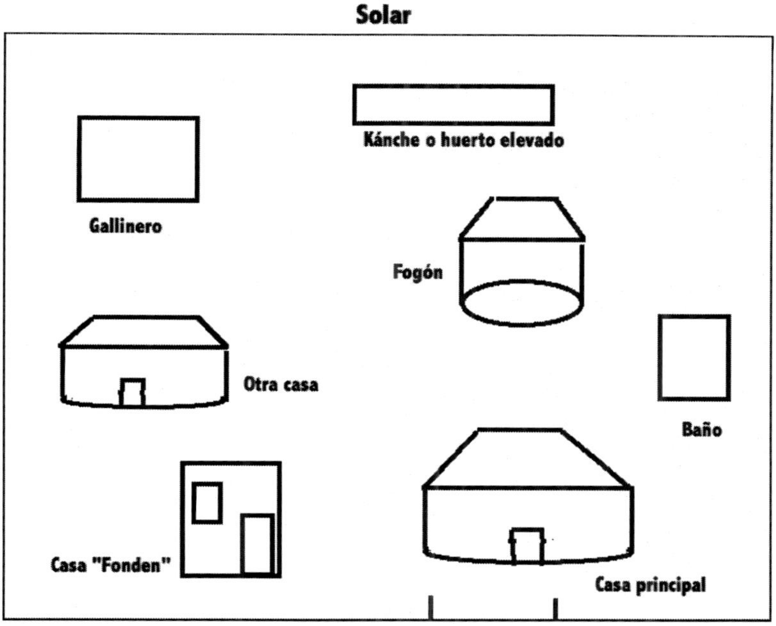

Realizado en 2016

Para el caso de San Pedro Juárez, por ejemplo, en el solar se materializan las relaciones de la familia extensa que en las viviendas parecen restringidas a la pareja y sus hijos solteros. Así, en torno al solar se ubican dos o más viviendas, habitadas cada una por una familia nuclear, pero vinculadas entre sí por parentesco por filiación, ya sea patrilineal (en la mayoría de los casos) o matrilineal. Generalmente, de estas viviendas al menos una es de tipo "tradicional" y la otra de mampostería tipo "Fonden";[145] en las primeras, habitan los núcleos conyugales de mayor edad, mientras que las segundas son ocupadas por parejas más jóvenes con hijos en edad escolar.

La "residencia conjunta" de las familias extendidas se da en el marco de un solar, aunque no estrictamente bajo un mismo techo. Conviene subrayar, sin embargo, que para observar estos espacios y prácticas compartidas es necesario hacerlo desde el interior, es decir, desde el solar mismo; la mirada desde la calle es distinta, la familia extendida se desdibuja al advertir que cada vivienda/habitación está dividida con una pequeña barda (albarrada) que marca el espacio en el que habita cada familia nuclear. Esta situación coincide con los censos oficiales, que registran como familia únicamente a aquella formada por una pareja y sus hijos solteros. La explicación de las diferencias que se

145 Para una descripción más detallada de las casas tradicionales y las casas FONDEN en el municipio de Tizimín, ver Angelotti, 2014.

observan desde fuera y desde dentro de las unidades domésticas, se da porque la unidad censal establecida por el estado es la familia nuclear y esos registros sirven como base para la distribución de los numerosos "apoyos" que distribuye el gobierno en las localidades rurales catalogadas con algún grado de marginación. De tal suerte que, para recibir esos "apoyos", las familias establecen marcadores externos (las albarradas) que les permiten comprobar a los funcionarios que, en efecto, constituyen un grupo sujeto de beneficios, aunque de la puerta para adentro esas diferencias no sean del todo claras.

En el solar se encuentra la cocina, el baño, los huertos, los corrales y las tomas de agua. La cocina es compartida por todo el grupo familiar, lo cual implica que la distribución del presupuesto para la adquisición de insumos alimenticios, su preparación y consumo, son actividades compartidas por toda la familia extensa Todas las cocinas están construidas de materiales perecederos: techos de palma, paredes de madera y/o bajareque, piso de tierra compactada, ocasionalmente de piedra o cemento. La localidad carece absolutamente de servicio de gas, por lo que todas las cocinas —sin excepción— funcionan con fogones alimentados por leña; algunos son de mampostería, pero la mayoría son de piedra. Este hecho, aunado a la inexistencia de chimeneas, explica que todos los techos de las cocinas y parte de sus paredes estén cubiertos por una densa capa negra de partículas derivadas de la combustión. De las 10 familias entrevistadas, la mitad (5) cuentan con refrigerador, lo cual implica diferencias importantes en cuanto al consumo de carne y embutidos, por la posibilidad de almacenarlos adecuadamente.

El mobiliario en estas cocinas consiste, con pocas variaciones de una familia a otra, en mesa, sillas de madera, trastes de plástico, ollas, banquillos hechos de troncos de madera, mesas bajas (de madera o plástico) que sirven para preparar tortillas. Regularmente, se observan ollas o sartenes con aceite reutilizado, obscuro, que se emplea cada vez que se fríe algún alimento.

Los baños también son construcciones independientes, de mampostería y techos de lámina. Se edificaron hace más de diez años con recursos de SEDESOL,[146] por lo tanto, cuentan con inodoro, lavabo y espacio para regadera. Sin embargo, no tienen agua corriente, por lo que se emplean cubetas.

En el solar se cultivan árboles frutales de distintas especies, hierbas comestibles y medicinales en cubetas, así como otras provisiones como rábanos y lechuga en huertos elevados, para evitar que sean destruidos por los animales. Como ya hemos referido, las mujeres atienden los cultivos del solar o traspatio. En este espacio, tienen varios productos de autosubsistencia y que ocasionalmente llegan a intercambiar con parientes y/o vecinos de la misma localidad.

146 Secretaría de Desarrollo Social.

Tabla 1. Cultivos de traspatio, según registros etnográficos de 10 unidades domésticas en San Pedro Juárez, Tizimín

Producto	Nombre botánico	Producto	Nombre botánico
Achiote	*Bixa Orellana*	Moringa	*Cordia angiocarpa*
Aguacate	*Persea americana*	Nance	*Byrsonima crassifolia*
Albahaca	*Ocimum basilicum*	Orégano	*Origanum vulgare*
Anona	*Annona squamosa*	Papaya	*Carica papaya*
Calabazo	*Cucurbita maxima*	Pitahaya	*Hylocereus undatus*
Camote	*Ipomoea batatas*	Plátano	*Musa x paradisiaca*
Cebollina	*Allium schoenoprasum*	Rábano	*Raphanus sativus*
Chaya	*Cnidoscolus aconitifolius*	Ramón	*Brosimunali castrum*
Cilantro	*Coriandrum sativum*	Sábila	*Aloe vera*
Ciricote	*Cordia angiocarpa*	Tamarindo	*Tamarindus indica*
Ciruela	*Spondias purpurea*	Toronja	*Citrus x paradisi*
Epazote	*Dysphania ambrosioides*	Yuca	*Manihotes culenta*
Gallinas	*Gallus gallus domésticus*	Zapote	*Manilkara Huberi*
Guanábana	*Annona muricata*	Zaramullo	*Annonas quamosa*
Hierbabuena	*Mentha spicata*	Coco	*Cocos nucifera*
Huaya	*Melicoccusbi jugatus*	Jícama	*Pachyrhizu serosus*
Jamaica	*Hibiscus sabdariffa*	Limón	*Citrus x limon*
Lechuga	*Lectuca sativa*	Mamey	*Pouteria sapota*
Maculan	*Piperauritum*	Naranja Agria	*Citrus Aurantium*
Mandarina	*Citrus reticulata*	Naranja Dulce	*Citrus sinensis*
Mango	*Magifera indica*	Chile	*Capsicum annuum*

En los solares también se ubican los corrales para la cría de animales, como gallinas, pavos y cerdos, entre otros. La cría de gallinas en la localidad es muy importante, porque son la fuente de la que se obtienen los huevos, cuyo consumo en San Pedro es muy elevado y son la principal fuente de proteína. Eventualmente, las gallinas, los pavos y los pollos son utilizados también como carne para la alimentación. Los cerdos y los borregos se crían más como una inversión a mediano plazo y como fuente de recursos monetarios.

Tabla 2. Cría de animales de traspatio, según registros etnográficos de 10 unidades domésticas en San Pedro Juárez, Tizimín

Animal	Número de cabezas registrado
Gallinas	187
Pavos	31
Cerdos	15
Pollos	10
Borregos	9
Gallos	3
Patos	2
Conejos	1

Además, en los solares se cultivan especies a las que se les reconocen propiedades curativas y son empleadas según diversas técnicas para la autoatención familiar.

Tabla 3. Especies con propiedades medicinales que se cultivan en los solares

	Padecimientos en los que se emplea
Albahaca	Mal de ojo; malestar estomacal; mal de viento
Achiote	Fiebre (hojas)
Aguacate	Tos (hojas)
Anona	Diarrea
Chaya	Falta de energías
Epazote	Malestar estomacal; dolor de muela; parásitos (raíz)
Hierbabuena	Malestar estomacal
Limón	Veneno de víbora; tos (jugo); malestar estomacal (hojas); pasmo
Menta	Malestar estomacal; vómito
Naranja agria (hojas)	Mal de ojo; malestar estomacal; parásitos; pasmo; cólicos menstruales
Neem	Colesterol alto; piedras renales
Orégano	Dolor de oído
Ramón	Asma y tos (resina)
Roble	Fiebre (hojas)
Ruda	Mal de ojo; pasmo
Sábila	Malestar estomacal; hinchazón en las heridas
Tabaco	Mal de ojo

En el pueblo hay cinco agrupaciones religiosas, cada una con un espacio para sus propios cultos: presbiterianos, testigos de Jehová, católicos y pentecostés. A pesar de esta diversidad religiosa y del abandono paulatino de la milpa, se registra un esfuerzo conjunto por mantener ceremonias de tradición maya, especialmente aquellas relacionadas con la agricultura, como el *ch'achaak*. La dificultad es mayor, tomando en cuenta que desde que falleció el *h'men* del pueblo, hace 15 años aproximadamente, se tiene que recurrir a un especialista de otro pueblo cercano. Sin embargo, particularmente entre los católicos, subsiste otro tipo de rituales de carácter más familiar, que también se realizan en las milpas y están enfocados a agradecer las buenas cosechas y pedir un buen futuro.

La organización comunitaria está basada en ciertas obligaciones que los programas gubernamentales hacen a sus beneficiarios. En el pueblo, quienes cuentan con el programa Prospera,[147] deben cumplir con ciertas actividades como hacer fajina, activación física y asistir a platicas y talleres. Algunas mujeres del pueblo tienen el cargo de registrar la asistencia de los beneficiarios. En el marco de este programa, se llevan a cabo pláticas de nutrición organizadas por personal de la SSA.[148]

Las familias como unidades de producción y consumo

La unidad mínima de producción y consumo en San Pedro Juárez es la familia extensa o familia extendida, esto es: una pareja conyugal, sus hijos solteros, uno/a o más hijos/as casados/as más sus hijos, algún pariente ascendiente (típicamente suegros o padres, según el ego entrevistado) y en ocasiones algún colateral.

A nivel local, se debe destacar la *uniformidad* de estas familias, que varían poco entre sí, en un contexto rural de economía campesina, cultural y lingüísticamente de filiación maya, y en el marco de una inequidad y exclusión construida históricamente.

Tomando como criterio la *residencia conjunta*, el tipo de filiación dominante en este tipo de acuerdos residenciales es *patrilocal*, es decir, una pareja conyugal, sus hijos solteros, uno o más hijos varones casados, sus esposas e hijos y, en ocasiones, los padres del esposo de la pareja central.

147 Programa federal cuyo objetivo explícito es atender a la población en pobreza extrema, brindando "apoyos" en educación, salud, nutrición e ingresos.

148 Secretaría de Salubridad y Asistencia.

Gráfica 1. Tipos de familia en San Pedro Juárez

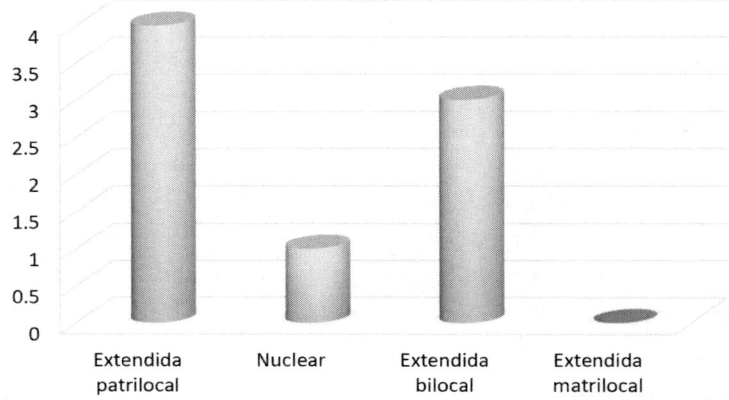

En este tipo de familia extendida patrilocal, encontramos dos modalidades distintas en torno a la autoridad femenina; la relación parental que las estructura es la de suegra/nuera: hay familias en las que la autoridad radica en una sola mujer, y otras en las que la autoridad se divide o independiza. ¿Cuáles son los rasgos pragmáticos de esta autoridad (y responsabilidad)? La distribución del presupuesto familiar, la decisión sobre los alimentos a preparar, la socialización de los menores, el cuidado de los adultos mayores y, notablemente, el cuidado de los enfermos y las decisiones sobre el tipo de atención que se buscará.

El corazón de esta autoridad femenina se encuentra simbólica y materialmente en la cocina o el fogón, de manera que, si hay solo uno, la autoridad recae en una mujer, pero si la nuera se quiere "independizar" de su suegra, deberá tener su propio fogón, aunque duerman en viviendas contiguas y compartan los cultivos y animales de traspatio, el baño, y otros espacios comunes. Tener "fogón propio" significa, para una joven esposa, manejar un presupuesto independiente, cocinar según su gusto y posibilidades, tomar decisiones sobre sus hijos menores e incluso cuidar de sus padres, aunque vivan en un solar aparte.

El siguiente ejemplo es de una familia extensa patrilocal de la localidad. En el mismo solar hay tres viviendas/habitaciones (dos de tipo tradicional y una de mampostería del programa Fonden) en las que se distribuyen para dormir y guardar sus cosas personales todos los miembros de la familia; tienen un solo baño. Comparten el traspatio en donde tienen cultivos y crían animales; su cuidado y sus productos se comparten entre todos los miembros adultos de la unidad familiar, pero hay dos fogones (representados en la gráfica como A y B). El ámbito de autoridad de cada mujer/madre de familia, se delimita por los que comen en su fogón.

Ilustración 2. Genealogía, según residencia y autoridad femenina (1)

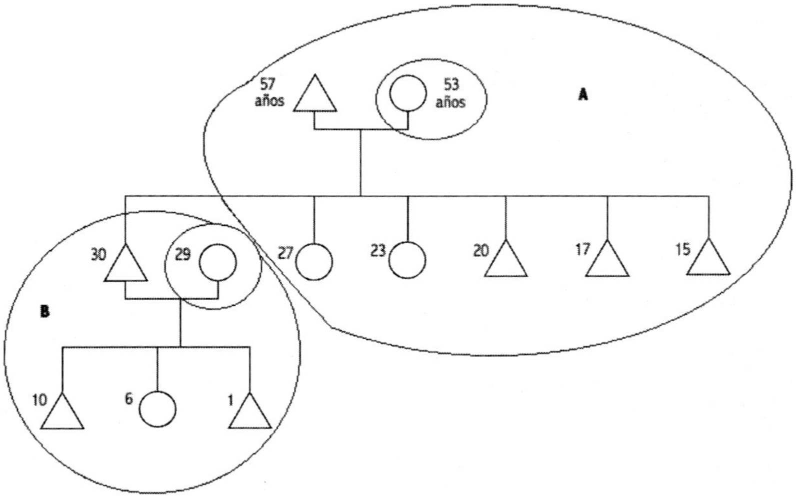

Este otro ejemplo también es de una familia extendida patrilocal. Al igual que la anterior, la relación filial que estructura la residencia es la existente entre el padre, su hijo varón y sus descendientes, pero aquí hay un solo fogón y la autoridad es ejercida completamente por la suegra, aunque el trabajo manual de la preparación de alimentos y limpieza sea realizado por la nuera.

Ilustración 3. Genealogía, según residencia y autoridad femenina (2)

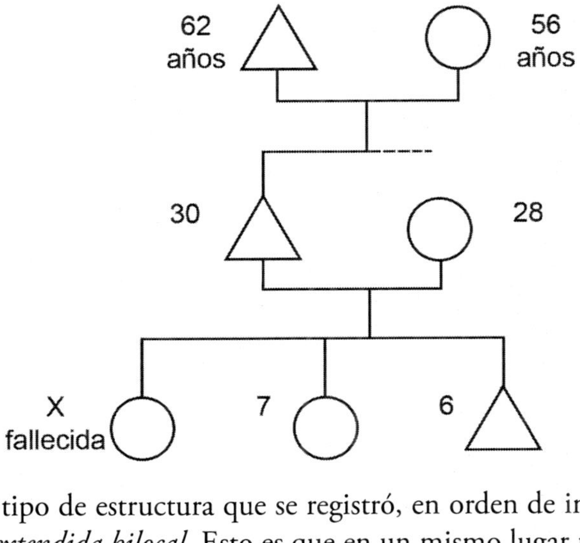

El otro tipo de estructura que se registró, en orden de importancia, es el de *familia extendida bilocal.* Esto es que en un mismo lugar reside una pareja conyugal, sus hijos y su descendencia, sin importar su sexo, como se puede observar en el siguiente ejemplo:

Ilustración 4. Genealogía, según residencia y autoridad femenina (3)

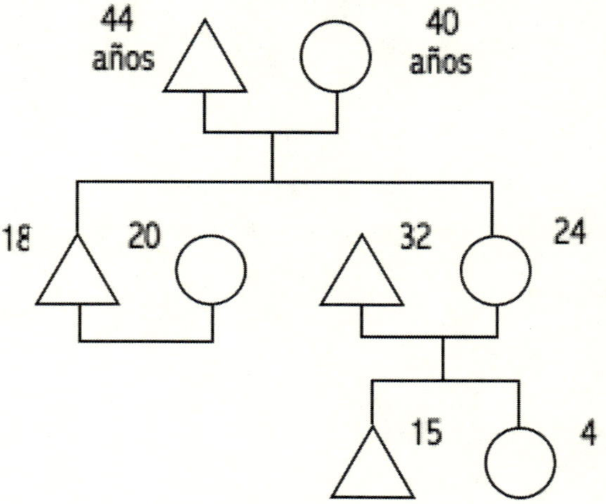

En estos casos, la autoridad femenina presenta menos tensiones, al estructurarse en torno a la relación madre/hija, a la cual se suman las nueras. En todos los ejemplos de este tipo de familias, se registró un solo fogón y la autoridad femenina centrada en la mujer de mayor edad, excepto si ésta es anciana, en cuyo caso ya solo recibe cuidados de sus descendientes.

En un principio se refirió que todas las familias seleccionadas, por principio, trabajan la milpa. En ningún caso, sin embargo, el trabajo en el campo es la única fuente de insumos e ingresos económicos de los grupos, ya que el cultivo de la milpa se combina con otra serie de actividades que proveen ya de alimentos, ya de dinero.

La milpa. el cultivo de la milpa se hace de manera colaborativa, aunque no necesariamente el grupo de trabajo coincide con la familia co-residencial. Se trabaja por grupos de varones emparentados por filiación agnaticia; es posible que el padre y sus hijos vivan en casas o solares distintos, pero se reúnen para trabajar la tierra y en muchos casos solo un hijo, y a veces ninguno, ayuda al padre con el trabajo de la milpa, dado que éstos realizan otros trabajos remunerados. Cuando es así, los hijos que se emplean fuera de sus localidades, pagan a alguien del mismo pueblo para que haga el trabajo que le corresponde en la milpa. También, las esposas colaboran, aunque la responsabilidad principal recae en los varones.

De la milpa se obtienen productos básicos que se destinan al autoconsumo familiar como: maíz, calabaza, leguminosas (ibes, *x´pelon*, frijoles) y tubérculos (jícama), así como otros que se seleccionan para la venta como: sandía, pepino blanco y pepitas de calabaza. El trabajo del cultivo en la milpa se compagina con otras actividades que también se llevan a cabo en el monte, como la caza, la recolección de leña y, eventualmente, la apicultura.

Tabla 4. Productos alimenticios obtenidos de la milpa, San Pedro Juárez

Producto	Obtención	Regularidad en el consumo
Calabaza	Milpa	Alta
Elote nuevo	Milpa	Alta
Ibes	Milpa	Alta
Frijol	Milpa / Tienda local, Diconsa	Alta
Maíz	Milpa / Tienda local, Diconsa	Alta
Pepino	Milpa / Traspatio	Alta
Pepita gruesa	Milpa	Media
Makal	Milpa / Traspatio	Media
Sandia	Milpa / Traspatio	Media

Alta: 5-7/7; Media 3-4/7; Baja: .5-2/7; Esporádica: 1 vez al mes o menos.

Sobre los productos de la milpa, en todos los casos se registró un consumo alto, pero es importante tener en cuenta que ello se refiere únicamente a temporadas de cosecha. Esto significa que, cuando hay, los productos obtenidos se consumen en su totalidad, pero ninguno, ni siquiera el maíz, se obtiene en suficiente cuantía como para almacenar todo el año. Eventualmente, en las milpas los hombres cazan animales para el consumo familiar.

Tabla 5. Animales obtenidos por medio de la caza, San Pedro Juárez

Producto	Obtención	Regularidad en el consumo
Chachalacas	Caza	Esporádica
Palomas	Caza	Esporádica
Tuzas	Caza	Esporádica
Venado	Caza	Esporádica

Traspatio. El traspatio constituye otra unidad productiva de la cual se obtienen insumos para el consumo familiar. La responsabilidad de su fomento y cuidado recae en la autoridad femenina en cada familia, aunque en las tareas se involucran casi todos los miembros del grupo, excepto los varones que trabajan en la milpa o los que tienen un trabajo remunerado de manera fija. Este espacio de cultivo es una fuente de insumos para la alimentación de las familias, de tanta importancia como la milpa, que permite que la dieta sea variada y es el principal (y prácticamente el único) suministro de frutas de estación para el consumo familiar.

Tabla 6. Productos alimenticios obtenidos en los solares, San Pedro Juárez

Producto	Obtención	Regularidad en el consumo
Cebollina	Traspatio	Alta
Cilantro	Traspatio	Alta
Ciruela	Traspatio	Alta
Epazote	Traspatio	Alta
Hierbabuena	Traspatio	Alta
Huaya	Traspatio	Alta
Mango	Traspatio	Alta
Nance	Traspatio	Alta
Orégano	Traspatio	Alta
Papaya	Traspatio	Alta
Plátano	Traspatio	Alta
Jícama	Traspatio / Intercambio	Alta
Limón	Traspatio / Intercambio	Alta
Naranja Agria	Traspatio / Intercambio	Alta
Naranja Dulce	Traspatio / Intercambio	Alta
Chile	Traspatio / Mercado de Tizimín	Alta
Huevo	Traspatio / Tienda local, Diconsa	Alta
Aguacate	Traspatio	Media
Anona	Traspatio	Media
Chaya	Traspatio	Media
Ciricote	Traspatio	Media
Gallinas	Traspatio	Media
Jamaica	Traspatio	Media
Lechuga	Traspatio	Media
Maculan	Traspatio	Media
Mandarina	Traspatio	Media
Pitahaya	Traspatio	Media
Rábano	Traspatio	Media
Tamarindo	Traspatio	Media
Toronja	Traspatio	Media
Yuca	Traspatio	Media
Zapote	Traspatio	Media
Zaramullo	Traspatio	Media
Mamey	Traspatio / Intercambio	Media

Achiote	Traspatio	Baja
Camote	Traspatio	Baja
Guanábana	Traspatio	Baja
Ramón	Traspatio	Baja
Coco	Traspatio / Intercambio	Baja
Pollo	Traspatio / Mercado de Tizimín	Baja
Moringa	Traspatio	Esporádica

Alta: 5-7/7; Media: 3-4/7; Baja: .5-2/7; Esporádica: 1 vez al mes o menos.

Como resultado de las entrevistas, logramos apreciar un fenómeno que referimos aquí, pero estimamos que requiere mayor profundidad: el consumo de muchas de estas frutas es menor a su disponibilidad. Fue común el comentario, por parte de las madres de familia, que esas frutas no son de las "buenas". Esta idea tiene su origen en pláticas que eventualmente imparte personal de la Secretaría de Salud que identifica el consumo de frutas como algo muy saludable, poniendo como ejemplo manzanas, peras y uvas. Estas frutas son muy caras y únicamente se pueden conseguir en el mercado de la cabecera municipal. Esa es la razón que se expresó para explicar el bajo consumo de frutas del traspatio; incluso, cuando algún miembro de la familia enferma, se hace un esfuerzo extraordinario para conseguir una manzana o un racimo de uvas.

Ilustración 5. Información gráfica distribuida por la Secretaría de Salud en Yucatán, 2017

El traspatio es también la principal fuente de proteínas, por el huevo de las gallinas que ahí se crían.

Trabajo remunerado. Ninguna de las familias entrevistadas se dedica exclusivamente al cultivo, en la milpa y el traspatio, sino que todas complementan esta actividad con ingresos económicos provenientes del trabajo remunerado y/o el comercio. Buena parte de los ingresos obtenidos mediante el trabajo remunerado, se destinan a la adquisición de alimentos, ya sea en tiendas locales o foráneas.

En la localidad hay tres tiendas, una de las cuales es Diconsa, sociedad civil financiada por el gobierno federal que tiene por objetivo el abasto de las zonas rurales. Estas tiendas son la fuente de abastecimiento de productos básicos en la dieta local, como: arroz, azúcar, café, pan, leche, aceite y sal, pero también de alimentos procesados y aquellos conocidos como "chatarra", cuyo consumo va en incremento. Un rasgo etnográfico trascendental de estas tiendas, es que venden a crédito, es decir, las personas consumen y acumulan una cuenta, sin intereses, que se salda una vez que se tenga efectivo disponible.

Tabla 7. Productos alimenticios distribuidos en tiendas locales, San Pedro Juárez

Producto	Obtención	Regularidad en el consumo
Aceite	Tienda local, DICONSA	Alta
Azúcar	Tienda local, DICONSA	Alta
Café	Tienda local, DICONSA	Alta
Galletas	Tienda local, DICONSA	Alta
Leche	Tienda local, DICONSA	Alta
Maseca	Tienda local, DICONSA	Alta
Pan	Tienda local, DICONSA	Alta
Refrescos embotellados	Tienda local, DICONSA	Alta
Papas (alimentos chatarra)	Tienda local, DICONSA	Alta
Golosinas	Tienda local, DICONSA	Alta
Sal	Tienda local, DICONSA	Alta
Lentejas	Tienda local, DICONSA	Baja
Arroz	Tienda local, DICONSA	Media
Horchata	Tienda local, DICONSA	Media
Pasta para sopa	Tienda local, DICONSA	Media

Alta: 5-7/7; Media: 3-4/7; Baja: .5-2/7; Esporádica: 1 vez al mes o menos

Ocasionalmente, los habitantes de San Pedro Juárez viajan a la ciudad de Tizimín a comprar insumos para la alimentación que no es posible encontrar localmente. La distancia entre la ranchería y la cabecera municipal es de 30 kilómetros. El transporte público es irregular y puede tardar entre 40 minutos y una hora, dependiendo del tiempo que le tome llenarse de pasajeros. Ahí se compra, principalmente, carne y algunas verduras; muy ocasionalmente se adquieren frutas.

Tabla 8. Productos alimenticios obtenidos en el mercado de la cabecera municipal, Tizimín

Producto	Obtención	Regularidad en el consumo
Manteca	Mercado de Tizimín	Alta
Cebolla	Mercado de Tizimín	Media
Chayote	Mercado de Tizimín	Media
Jamón	Mercado de Tizimín	Media
Repollo	Mercado de Tizimín	Media
Tomate	Mercado de Tizimín	Media
Carne de puerco	Mercado de Tizimín	Baja
Carne de res	Mercado de Tizimín	Baja
Carne de pollo	Mercado de Tizimín	Baja
Papas	Mercado de Tizimín	Baja
Zanahoria	Mercado de Tizimín	Baja

Alta: 5-7/7; Media: 3-4/7; Baja: .5-2/7; Esporádica: 1 vez al mes o menos

Rasgos de la alimentación

La alimentación en 24 horas se hace en tres tiempos: desayuno, comida y cena. Adicionalmente, todas las familias reportaron ingerir alimentos entre comidas, a media mañana y a media tarde, consistentes primordialmente en galletas, frituras, refrescos embotellados, frutas y tortillas.

A partir de encuestas realizadas y observación, la dieta habitual de las familias se resume a lo siguiente: en el desayuno comúnmente suelen comer pan, ya sea con café o chocolate en polvo (con alto contenido de azúcar), huevo, frijol refrito y tortilla; entre comidas se ingiere pan dulce, galletas, fruta o un vaso de refresco; para el almuerzo, frijol y tortilla, sopa de pasta y eventualmente huevo o alguna carne, con refresco de cola para beber; para el caso de la cena, suele repetirse el pan, ya sea como bolillo o pan dulce, acompañado con café, y algo de lo que hubiera sobrado en la tarde. La alimentación habitual se compone principalmente de hidratos de carbono y grasas, existiendo un desequilibrio en la proporción recomendada de macronutrimentos. Esta calidad (y cantidad) inadecuada de alimentos se ve reflejada en las enfermedades prevalentes de los pobladores: obesidad y diabetes mellitus tipo 2.

Dentro de los alimentos que se consumen diariamente por las familias del estudio se encuentran: lácteos, café, azúcares y cereales (principalmente tortilla y pan o barra de francés). Con un promedio de cuatro días a la semana, le siguen las leguminosas (principalmente el frijol y sus variedades), el huevo y el refresco; a continuación, las verduras y frutas con un consumo promedio de 3 días a la semana, y, por último, los embutidos y las carnes, ya sea pollo o cerdo con un consumo semanal de un día.

La base de la alimentación es el maíz, el cual es obtenido de la milpa. Datos de las entrevistas realizadas a las familias de la localidad revelaron un consumo de hasta 4 kilogramos de masa de maíz por unidad familiar (4 a 6 personas), solo para un tiempo de comida. Esto se considera en más de 6000 kilocalorías provenientes únicamente del maíz, sin considerar el contenido energético proveniente del resto de la comida.

Tabla 9. Encuestas dietéticas. Tipos de alimentos, veces por semana (x/7), San Pedro Juárez

	Fam. 1	Fam. 2	Fam. 3	Fam. 4	Fam. 5	Fam. 6	Fam. 7	Fam. 8
Fruta	4	2	1	2	3	6	2	3
Verdura	4	3	2	3	7	6	2	3
Cereales	7	3	3	7	2	7	7	7
Tortillas	7	7	7	7	7	7	7	7
Pozol	0	1	1	0	0	0	3	0
Leguminosas	7	2	2	7	2	2	7	2
Embutidos	.5	2	1	.5	2	3	2	1
Azúcares	7	5	7	7	7	7	1	7
Frituras	0	2	2	1	2	2	1	0
Café	7	7	7	7	7	7	7	7
Lácteos	7	7	7	0	7	7	5	7
Huevo	7	3	3	3	7	3	7	3
Pollo	1	2	2	1	1	3	2	2
Cerdo	.5	1	1	0	1	2	.5	1
Res	0	0	0	0	1	0	0	0
Golosinas	0	0	2	1	0	1	0	2
Refrescos embotellados	3	7	2	1	1	2	7	1
Agua de frutas	5	2	4	3	7	3	3	7
Bebidas alcohólicas	1	1	0	0	0	0	0	0

Lácteos

En promedio, se consumen 6 días a la semana el grupo de lácteos, reportando principalmente el consumo de Leche Liconsa (distribuida como parte de un programa gubernamental) o Leche Nido, para el caso de los niños. Los lácteos resultan una buena fuente de calcio, proteínas, energía y vitaminas del complejo B, importantes principalmente en etapas tempranas de crecimiento. (Bonvecchio, *et al.*, 2015).

Sin embargo, de acuerdo con el Poder del Consumidor (2013), la leche en polvo contiene 2½ cucharadas cafeteras de azúcar añadida en poco menos de un vaso. La Organización Mundial de la Salud (2015) recomienda que los niños, y en especial los menores de 2 años, no consuman azúcar añadida. Las cantidades recomendadas de azúcar en esa edad se sugieren con el supuesto de que el niño reciba solo una porción de leche al día; sin embargo, en el momento que se introduce la leche entera a los niños, las porciones promedio de leche suelen ser al menos de 3 lo cual representa aproximadamente 7 ½ cucharadas cafeteras de azúcar. Esta cantidad resulta alarmante, puesto que, se encuentra claramente evidenciado los efectos de salud por consumir elevadas cantidades de azúcar, aumentando el riesgo de padecer enfermedades crónicas no transmisibles en la etapa adulta.

Las recomendaciones mexicanas sugieren un consumo diario de lácteos, siempre y cuando sean descremados, así como bajos en azúcares con la finalidad de prevenir un alto consumo de energía proveniente de este grupo.

Café

El café es una bebida que se consume todos los días, en varias ocasiones a lo largo del día, incluso por los infantes. Se encuentra bien documentado en la literatura los beneficios que otorga el café al ser fuente importante de sustancias bioquímicamente activas, contribuyendo en variedad y cantidad a la ingesta de antioxidantes provenientes de este grano. Sin embargo, la forma de preparación del café por las familias de la localidad convierte a esta bebida en un factor de riesgo proveniente de la dieta: en una taza, la cantidad de café es mínima en comparación con la cantidad de azúcar añadida. Las nuevas guías de la OMS (2015) recomiendan el consumo de azúcares adicionados de preferencia a un máximo de un 5% del total de energía (kilocalorías) consumida a lo largo del día, lo que es equivalente a 25 gramos para la mujer y 35 gramos para el hombre, cantidad que resulta ingerida en una sola taza de café.

Refresco embotellado

A pesar de que en las entrevistas se manifestó un consumo de 3 días a la semana, el trabajo etnográfico nos permitió observar que su consumo en realidad es diario, especialmente Coca Cola. El INSP (Instituto Nacional de Salud Pública, 2017) evalúa toda la evidencia científica internacional disponible y demuestra que el consumo regular de refrescos embotellados significa un aumento en el consumo de energía, una menor calidad de la dieta y sobre todo como uno de los principales contribuyentes a la obesidad y sus complicaciones como la diabetes mellitus tipo 2. Sin embargo, en la propia localidad se advierte la difusión de anuncios publicitarios de compañías refresqueras que alientan el consumo de este producto cuya disponibilidad es permanente. Además, es conocido el efecto glucemiante y placentero del refresco, que aunado a la ganancia de estatus y respeto en la comunidad al ser ofrecido en todos los eventos sociales, contribuye al desarrollo de dos epidemias cuyas complicaciones representan las principales causas de muerte en México (Page-Pliego, 2013).

Frutas y verduras

En cuanto a frutas y verduras, en promedio las familias las consumen 3 veces a la semana. Las frutas reportadas de mayor consumo fueron la manzana, el plátano y la naranja. Sin embargo, los resultados de las entrevistas nos enfrentaron a una paradoja etnográfica, que no nos fue posible resolver para los efectos de este trabajo por haberla identificado tardíamente: al ser interrogadas sobre el consumo de frutas, las madres de familia manifestaron la ingesta de frutas según las expectativas externas que han aprendido de la SSA (de ahí que dijeran manzanas, por ejemplo) y no el consumo real de aquellas frutas que tienen disponibles en el patio; incluso nos cuestionamos, también tardíamente, si a las frutas del solar se les reconoce como tales, y si acaso hubiéramos obtenido resultados muy distintos al preguntar especie por especie según la disponibilidad observada en el solar.

Con todo, la frecuencia semanal se considera insuficiente en comparación con lo recomendado por las guías alimentarias mexicanas, las cuales sugieren un consumo diario de 3 o más porciones de verduras y frutas. (Bonvecchio, *et al.*, 2015).

Las verduras de mayor consumo son la papa, zanahoria, calabaza y chayote. Se obtuvo un promedio de 3.5 días de consumo a la semana, un ligero aumento en comparación con las frutas. Su consumo sigue siendo menor a lo recomendado para la población mexicana. El bajo consumo de verduras y frutas se ubica entre los factores de riesgo más importantes para desarrollar enfermedades cardiovasculares y algunos tipos de cáncer. Estos alimentos tienen un alto contenido de vitaminas, minerales, fibra y un bajo contenido de energía. A pesar de la disponibilidad de este grupo de alimentos en la mayor parte del año, la población mexicana, y en este caso yucateca, por lo general suelen tener un consumo deficiente. Como resultado, muchas personas no logran cubrir sus necesidades de algunas vitaminas y minerales (como vitaminas C, D, calcio, hierro, entre otros) (Bonvecchio, *et al.*, 2015).

Leguminosas

En cuanto a las leguminosas, en promedio se consumen 4 veces por semana, principalmente el frijol negro. Las leguminosas son semillas que se consideran básicas en su alimentación, así como en la del mexicano promedio. Tienen un alto contenido de proteína, hidratos de carbono, fibra, vitaminas y minerales como hierro, cobre, calcio, carotenoides y vitaminas del complejo B. Ésta se vuelve una fuente importante de proteína, por no decir que la principal, la cual se considera de alto valor biológico si se combina con el grupo de los cereales. Dado que las leguminosas suelen ser escasas en metionina (un aminoácido indispensable), los cereales la complementan, ya que son ricos en lisina (otro aminoácido indispensable), mejorando así el valor de la proteína (Bonvecchio, *et al.*, 2015). En resumen, el alto consumo de frijol y maíz representan una excelente fuente de aminoácidos, vitaminas, minerales y fibra en la dieta de las familias de la localidad.

Pese a esto, la forma de preparación del frijol, no se considera del todo saludable, y, en lugar de representar un alimento beneficioso, puede considerarse dañino para la salud. En Yucatán, actualmente se sigue utilizando la manteca de cerdo para preparar el "frijol refrito", en el cual predominan los ácidos grasos saturados. Por lo tanto, es indispensable promover técnicas de preparación de alimentos más saludables en la localidad como el horneado, asado, a la plancha y al vapor que eviten adicionar kilocalorías en forma de aceite para freír los alimentos.

Carnes

Las carnes de mayor consumo son el pollo y el cerdo, con un promedio de dos y un día a la semana, respectivamente. Los alimentos de origen animal son importantes, especialmente en el caso de los niños, ya que representan un aporte de proteína de alta calidad, hierro, zinc y cianocobalamina, micronutrimentos necesarios para la prevención de anemia (Bonvecchio, *et al.*, 2015).

Huevo

De las gallinas del solar se obtienen huevos, que registran una alta frecuencia en su consumo, resultando ser una fuente de proteína importante en la dieta cotidiana, tanto para adultos como para niños. Su preparación también presenta algunos problemas, dado que se hace frito en un aceite que ha sido usado muchas veces, incrementando los niveles de grasas saturadas.

Perfil de salud

A partir de las entrevistas a las madres de familia, sobre ellas mismas y sobre los integrantes de su núcleo familiar, encontramos una prevalencia de enfermedades relacionadas con la alimentación.

Tabla 10. Enfermedades padecidas por algún miembro de la familia, San Pedro Juárez

	Fam. 1	Fam. 2	Fam. 3	Fam. 4	Fam. 5	Fam. 6	Fam. 7	Fam. 8
Enfermedades relacionadas con la alimentación								
Diabetes	X	X		X		X	X	
Hipertriglicidemia							X	
Hipercolesteremia							X	
Obesidad							X	X
Anemia	X		X		X			X
Hipertensión	X				X		X	X
Colitis/Gastritis				X	X			
Enfermedades de transmisión vectorial								
Chikungunya		X	X	X	X	X	X	X
Zika	X				X		X	
Otros								
Ojos (Cataratas, carnosidad, quiste)		X			X		X	
Dolor cuerpo / huesos					X		X	
Enfermedades respiratorias			X	X	X	X	X	
Depresión					X			X
Síndromes culturalmente definidos								
Mal de ojo	X		X	X	X		X	
Empacho	X		X				X	
Caida de mollera	X			X				
Susto	X				X			
Pasmo	X	X	X	X	X	X		X
Mal aire/viento	X		X	X	X		X	

Gráfica 2. Adultos con y sin riesgo de acuerdo con presión arterial, San Pedro Juárez

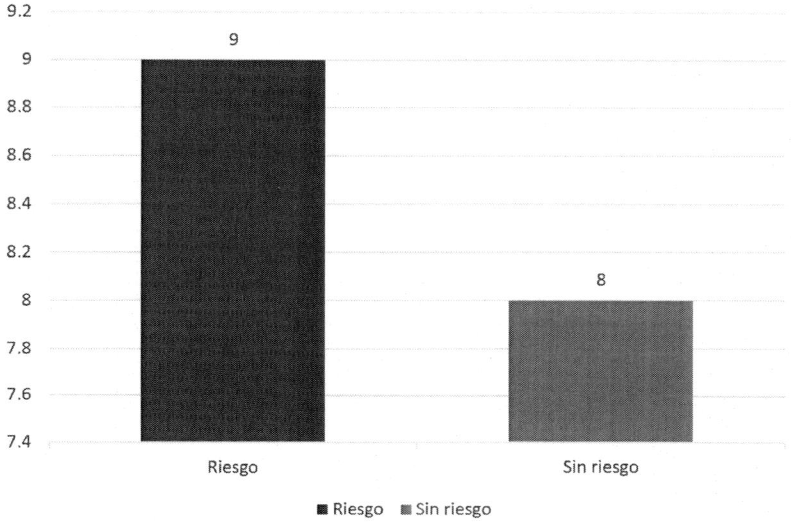

La Gráfica 2 reporta las personas que obtuvieron valores de presión arterial elevada, clasificando a los adultos, ya sea en riesgo o sin riesgo. Se consideraron en riesgo las personas que obtuvieron valores de prehipertensión (>130/85) e hipertensión (>140/90). De un total de 17 adultos, se obtuvo el 53% en riesgo, mientras que el 47% restante no presenta riesgo (NOM-030, 2009).

Gráfica 3. Valores de hiperglucemia en adultos, San Pedro Juárez

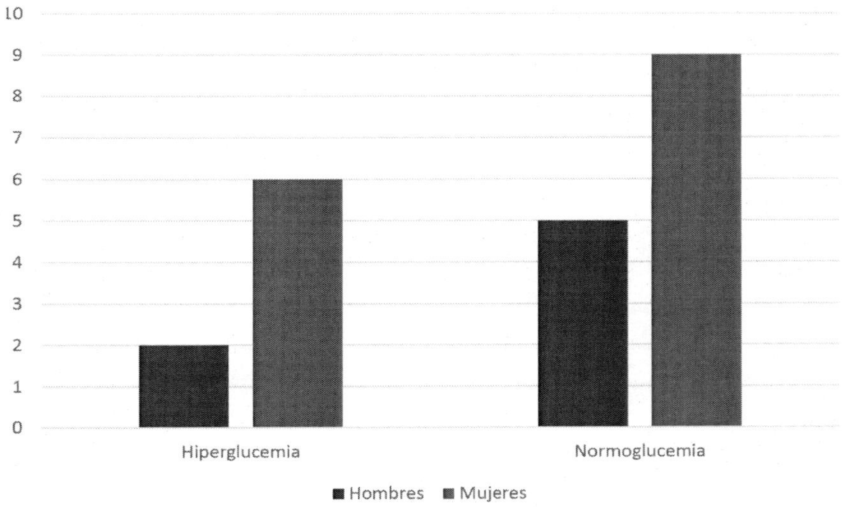

La Gráfica 3 reporta los adultos que obtuvieron valores de hiperglucemia a partir de la glucosa capilar. Se consideró hiperglucemia valores de glucosa >140 mg/dl. De un total de 22 adultos, el 36% presentó valores de hiperglucemia, 6 mujeres y 2 hombres. El 67% restante representa los adultos que obtuvieron valores de glucosa normales, es decir, 9 mujeres y 5 hombres. Como podemos observar, las mujeres presentan la mayor prevalencia de hiperglucemia.

Gráfica 4. Valores de hiperglucemia en mayores de 35 años, San Pedro Juárez

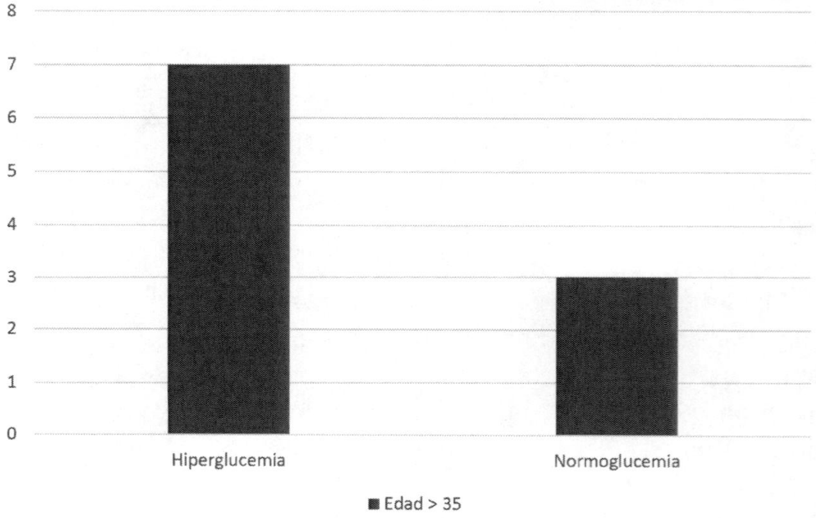

La edad destaca como factor de riesgo para el desarrollo de diabetes mellitus tipo 2. La grafica anterior muestra el total de adultos de los que se obtuvo glucosa capilar, de los cuales el 70% mayor a 35 años presentó valores de hiperglucemia. La Federación Mexicana de Diabetes (2015) menciona que una persona tiene mayor probabilidad de adquirir diabetes tipo 2 si: tiene familiares con diabetes, tiene sobrepeso u obesidad, es americano nativo, hispano o afroamericano, tiene intolerancia a la glucosa, presión alta o por lo menos una edad de 45 años. La edad, la raza, el sexo y los antecedentes heredofamiliares no se pueden cambiar, son factores no modificables, por eso se recomienda tomar medidas como actividad física y una alimentación correcta para reducir el riesgo. Sin embargo, en el caso de localidades con un grado alto de marginación como es el caso de San Pedro Juárez, los habitantes se ven limitados por factores socioeconómicos, físicos y culturales que condicionan la calidad de su alimentación y dificultan la toma de decisiones encaminadas a hábitos saludables que ayuden a la prevención de enfermedades crónicas degenerativas.

Gráfica 5. Riesgo cardiovascular en mujeres a partir de circunferencia abdominal, San Pedro Juárez

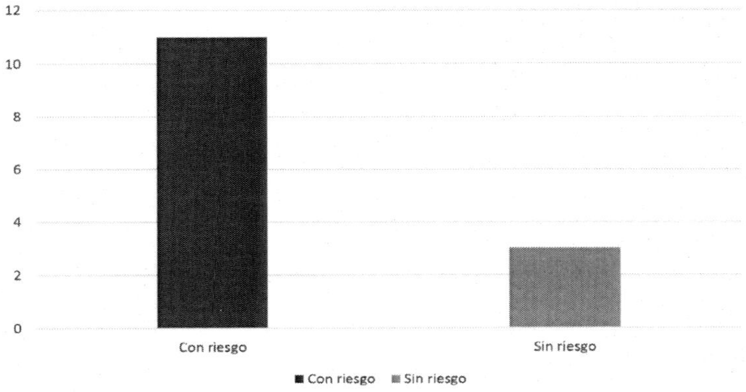

La Gráfica anterior muestra a las mujeres que se consideran en riesgo cardiovascular a partir de datos obtenidos de circunferencia abdominal, 11 de las 14 mujeres a las que se les realizó la medición presentaron obesidad abdominal, lo cual representa el 79%, cifra que se considera alarmante. Los datos se clasificaron según lo establecido en la Norma Oficial Mexicana 043 (2012), la cual establece que una circunferencia abdominal saludable deberá ser menor a 80 centímetros en las mujeres. La grasa visceral (abdominal), al contrario que la periférica, se considera de mayor riesgo, puesto que, la grasa se acumula únicamente en la zona central del cuerpo afectando a órganos principales como el hígado y páncreas, lo cual favorece la aparición de procesos inflamatorios, resistencia a la insulina e hipertensión (Federación Mexicana de Diabetes, 2015).

Gráfica 6. Prevalencia de sobrepeso/obesidad en adultos, San Pedro Juárez

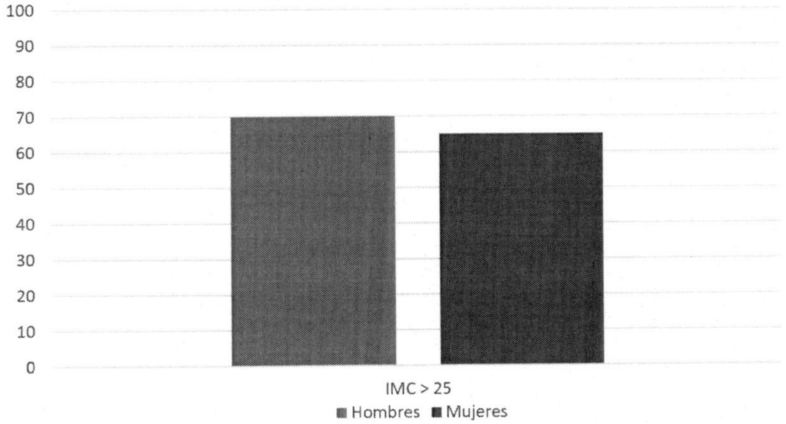

Para clasificar el estado ponderal de los individuos se utilizó el IMC (índice de Masa Corporal), lo cual es un indicador práctico determinado a partir del peso y la talla. Valores por encima de 25 kg/m^2 se consideran sobrepeso, mientras que obesidad se considera con un IMC ≥30 kg/m^2 (OMS, 2018). En el caso de las mujeres, se observa una prevalencia combinada de sobrepeso y obesidad de un 65%, mientras que en el caso de los hombres es de un 70%.

Gráfica 7. Prevalencia de baja talla en grupo infantil, San Pedro Juárez

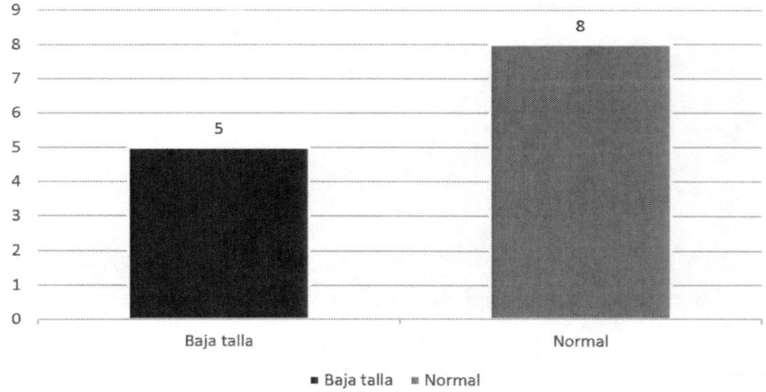

Cuando un niño no alcanza la talla esperada según su edad, significa que no tuvo el sustrato necesario en un periodo determinado de su vida, lo cual provoca retraso en el crecimiento. A pesar de los esfuerzos enfocados a erradicar la desnutrición infantil durante décadas, en México continúa siendo un grave problema de salud pública. Para el indicador de estatura para la edad se tomaron en cuenta 7 escolares, 4 adolescentes y 2 preescolares, de los cuales se obtuvo que 5 niños, es decir, el 38% presentó talla baja; el 62% restante conformado por 8 niños, presentó una talla normal acorde con su edad.

Discusión

La prevalencia de enfermedades relacionadas con la alimentación que se encontró a partir de los datos de campo, así como el registro de tallas bajas en menores de edad y obesidad en adultos, son los principales indicadores que nos permiten constatar que la alimentación de los habitantes de San Pedro Juárez no puede tomarse como una *alimentación correcta*. La dieta habitual no es completa, ni equilibrada, ni inocua, ni variada, ni suficiente.

Hay un alto consumo de hidratos de carbono, grasas y sodio, principalmente en forma de frituras, refrescos embotellados y galletas. En otras palabras, existe una preferencia a alimentos procesados con un bajo valor nutrimental y una alta densidad energética en contraste con alimentos frescos y de temporada.

Las variables que interfieren negativamente en la posibilidad de alcanzar una alimentación correcta, son: acceso a los alimentos, conservación de alimentos, educación alimentaria y hábitos. La más determinante es el acceso a los alimentos, variable dependiente de otras que se relacionan, a su vez, con procesos socioeconómicos más complejos:

- Acceso a la tierra para la milpa de autoconsumo. En los últimos años se ha registrado una enajenación de tierras y un abandono paulatino del cultivo de la milpa, que otrora fuera fuente de variabilidad de la dieta. Con todo, sigue proveyendo a las familias de la localidad de los principales alimentos que se consumen habitualmente, como maíz y frijol.
- Variedad de las provisiones del traspatio, que depende del trabajo de las mujeres y de la organización social. Este espacio productivo es proveedor de huevo, frutas y algunas hortalizas.
- Dificultad para comprar y almacenar carne. El consumo de carne se ve limitado por la dificultad de comprarla; para ello, es necesario viajar fuera de la localidad, así como contar con un refrigerador en casa (o en casa de algún familiar o vecino). Influye también la dificultad de sufragar monetariamente sus costos y el pasaje a la cabecera municipal.
- Oferta de alimentos procesados, con altos contenidos de azúcar y/o harinas refinadas. Éstos se consiguen fácilmente en las tiendas locales y ni siquiera es necesario tener dinero al momento de comprarlos, dado el sistema de préstamo con el que estas tiendas venden.
- Información inadecuada a las condiciones y productos locales. Las pláticas de nutrición y salud han logrado difundir la idea respecto a ciertas frutas benéficas, olvidando y restando importancia a los recursos locales.
- Hábito de consumir galletas, frituras y refrescos embotellados. Entre otros hábitos, éste es uno de los más recurrentes y dañinos para la salud, debido a que su alto contenido de grasas y azucares simples se relaciona con la aparición de enfermedades crónicas no transmisibles como la diabetes tipo 2, hipertensión arterial y cardiopatías.
- La lejanía de la localidad respecto al municipio y la falta de transporte condicionan la compra de alimentos a una vez cada quince días, tiempo durante el cual los pobladores se ven condicionados a consumir únicamente alimentos obtenidos del traspatio o la milpa. Debido a esta limitada variedad de alimentos, existe un mayor consumo de alimentos con una densidad energética elevada y de bajo costo, reflejado en una alta prevalencia de diabetes y obesidad, especialmente en la población adulta mayor a 35 años.

Bibliografía

Angelotti Pasteur, Gabriel. «Acciones gubernamentales frente a los desastres provocados por fenómenos hidrometeorológicos en México». *Gestión y Ambiente* 17, núm. 2 (2014): 69-83.

Becerril, Javier. «Agrodiversidad y nutrición en Yucatán: una mirada al mundo maya rural». *Región y sociedad* 25, núm. 58 (diciembre de 2013): 123-63.

Bender, Donald R. «A Refinement of the Concept of Household: Families, Co-Residence, and Domestic Functions». *American Anthropologist* 69, núm. 5 (1967): 493-504.

Bonfil Batalla, Guillermo. *Diagnóstico sobre el hambre en Sudzal, Yucatán: un ensayo de antropología aplicada*. México: Instituto Nacional de Antropología e Historia, 1962.

Bonfil Batalla, Guillermo. *Diagnóstico sobre el hambre en Sudzal, Yucatán: un ensayo de antropología aplicada*. México: CIESAS, 2006.

Bonvecchio Arenas, A., A. Fernández-Gaxiola, M. Plazas Belausteguigoitia, M. Kaufer-Horwitz, A. Pérez Lizaur & J. Rivera Dommarco. *Guías alimentarias y de actividad física en contexto de sobrepeso y obesidad en la población mexicana* [Ebook] (1st ed., p. 46). Ciudad de México: Intersistemas S.A. de C.V. 2015. Disponible en: <https://www.anmm.org.mx/publicaciones/CAnivANM 150/L29_ANM_Guias_alimentarias.pdf>.

Bracamonte y Sosa, Pedro y Jesús Lizama Quijano. *Tocando fondo: resultados básicos de la encuesta sobre marginalidad, pobreza e identidad del pueblo maya de Yucatán : EMPIMAYA (2004)*. Mérida: Centro de Investigaciones y Estudios Superiores en Antropología Social, 2006.

Diario Oficial de la Federación. *Norma Oficial Mexicana NOM-030-SSA2-2009, Para la prevención, detección, diagnóstico, tratamiento y control de la hipertensión arterial sistémica*. Ciudad de México: Secretaría de Salud, 2009.

Diario Oficial de la Federación. *Norma Oficial Mexicana NOM-043-SSA2-2012, Servicios básicos de salud. Promoción y educación para la salud en materia alimentaria*. Ciudad de México: Secretaría de Salud, 2012.

Federación mexicana de diabetes. «Factores de riesgo diabetes mellitus tipo 2». 2015. Disponible en: <http://fmdiabetes.org/factores-riesgo-dm2/>.

Fundación Eroski. «El pescado en relación con la salud». 2018. Disponible en: <http://pescadosymariscos.consumer.es/salud-y-pescados/las-ventajas-para-la-salud-del-consumo-de-pescado>.

INCAP. *Manual de instrumentos para la evaluación dietética*. Guatemala: Instituto de Nutrición de Centroamérica y Panamá, 2006.

Instituto Nacional de Salud Pública. *Investigaciones demuestran los efectos nocivos de las bebidas azucaradas*. 2017. Disponible en: <https://www.insp.mx/epppo/blog/3756-efectos-nocivos-bebidas-azucaradas.html>.

Marín Cárdenas, Alina Dioné, Georgina Sánchez Ramírez y L. Liliane Maza Rodríguez. «Prevalencia de obesidad y hábitos alimentarios desde el enfoque de género: el caso de Dzutoh, Yucatán, México». *Estudios sociales (Hermosillo, Son.)* 22, núm. 44 (diciembre de 2014): 64-90.

Organización Mundial de la Salud. *Nota informativa sobre la ingesta de azúcares recomendada en la directriz de la OMS para adultos y niños*. 2015. Disponible en: <http://www.who.int/nutrition/publications/guidelines/sugar_intake_information_note_es.pdf?ua=1>.

Page-Pliego, Jaime Tomás. «Refresco y diabetes entre los mayas de Tenejapa, San Cristóbal de Las Casas y Chamula, Chiapas». *Limina R* 11(1) (2013): 118-133. Disponible en: <http://www.scielo.org.mx/scielo.php?script=sci_arttext&pid=S166580272013000100009&lng=es&tlng=es>.

Peniche Moreno, Paola, y Gabriel Angelotti. «Familia y enfermedades emergentes. Modelos de atención y representaciones culturales de la fiebre chikungunya entre la población maya». *Antropología Experimental*, núm.18 (17 de febrero de 2018): 91-110.

Robichaux, David. «Sistemas familiares en culturas subalternas de América Latina: una propuesta conceptual y un bosquejo preliminar». *Familia y Diversidad en América Latina. Estudios de casos*. David Robichaux (Coord.), Buenos Aires: CLACSO, Consejo Latinoamericano de Ciencias Sociales, 2007.

Segalen, Martine. *Antropología histórica de la familia*. Madrid: Taurus, 1992.

Yanagisako, Sylvia Junko. «Family and Household: The Analysis of Domestic Groups». *Annual Review of Anthropology* 8 (1979): 161-205.

«El poder del consumidor. Radiografía de Nido Kinder para niños de 1 a 3 años». 2013. Disponible en: <https://elpoderdelconsumidor.org/2013/04/radiografia-de-nido-kinder-para-ninos-de-1-3-anos/>.

Suaverza, A. & K. Haua. *El ABCD de la evaluación del estado de nutrición* (1st ed.): 225-228). Ciudad de México: Mc Graw Hill, 2010.

Capítulo 6
El papel de las madres de familia en los procesos de autoatención. Carreras curativas recopiladas en el oriente del estado de Yucatán

Yesenia E. Castillo Puc

Este trabajo está sustentado en información etnográfica obtenida de primera mano en la localidad maya de San Pedro Juárez, comisaría del municipio de Tizimín, ubicado al oriente del estado de Yucatán. Las prácticas e ideas de sus habitantes en relación con las enfermedades permiten observar la importancia de la función que desempeñan las mujeres. La pregunta que guió esta investigación fue: ¿Cuál es el papel de las madres en relación con las diversas enfermedades que experimentan los miembros de su familia? Para responder esta interrogante fue importante, en primer lugar, delimitar la unidad de organización social aquí denominada "familia".

Para este análisis me valí, en términos generales, del trabajo de campo y la observación directa de la vida cotidiana y la organización social de la localidad. Para los datos sobre salud empleé la herramienta metodológica conocida en el campo de la antropología médica como "carrera curativa".

El artículo está organizado en cinco apartados, el primero es la introducción en la que enfatizo la relevancia del tema, el segundo corresponde a la metodología empleada y a cómo me relacioné con las personas de la comunidad. La tercera sección corresponde a los resultados obtenidos a través de las diversas técnicas de investigación en campo. La cuarta parte del trabajo se refiere al análisis de los resultados conseguidos. Por último, se encuentran las reflexiones finales a las que he llegado hasta el momento.

La etnografía ha documentado en Yucatán la existencia y el funcionamiento de los tres modelos médicos que Menéndez (2009) reconoce como formas generales de atención a la salud: biomédico, tradicional (subordinado) y autoatención.[149]. Sin embargo, poco se ha analizado, la manera en que éstos interactúan y se relacionan.

149 "Poder, estratificación y salud. Análisis de las condiciones sociales y económicas de la enfermedad en Yucatán" (Menéndez, 1981), "Salud reproductiva e interculturalidad en el Yucatán de hoy" (Quattrocchi y Güémez, 2007), "Terapéutica tradicional y medicina moderna entre los mayas de Yucatán" (Villa Rojas, 1981), "Dinámica social, salud y poder: un análisis antropológico de las concepciones ideológicas de la salud y enfermedad en una comunidad maya de Yucatán" (Guzmán Medina, 1997), "Entre la duda y la esperanza: La Situación de la Organización de Médicos Indígenas Mayas de la Península de Yucatán" (Güémez, 2005), "Géneros y Generaciones: Conducta Reproductiva de los Mayas de Yucatán, México" (Ortega Canto, 2006), "Concebir, alumbrar, educar: algunos aspectos de la vida reproductiva de las mujeres del Yucatán rural" (Richardson, 1995), "Parteras en Mérida. Una alternativa a la cesárea innecesaria" (Good, 1997), "De comadronas a promotoras de salud y planificación familiar: el proceso de incorporación de las parteras empíricas yucatecas al sistema institucional de salud" (Güémez, 1997).

En el ámbito rural, el modelo biomédico se hace presente mediante los servicios de salud que presta el estado, pues la medicina privada tiene poca o ninguna presencia. Estos servicios llegan a las localidades rurales a través de la Secretaría de Salud con participación del gobierno federal y estatal, particularmente a través del (IMSS-Prospera) Instituto Mexicano del Seguro Social-Programa de Inclusión Social. Sin embargo, el acceso a los servicios de salud no resulta suficiente para toda la población de los 106 municipios, algunos de los cuales cuentan con varias localidades, mejor conocidas como comisarías. Tal es el caso de Tizimín, el cual cuenta con aproximadamente 90 comisarías. Una de ellas es San Pedro Juárez, lugar donde realicé el trabajo de campo. De acuerdo con Güémez (2008: 135): "la dispersión de los asentamientos ha dificultado el acceso de sus habitantes a los servicios básicos de educación, salud y bienestar, que se concentran en las ciudades y en las localidades de mayor número de habitantes". Tal es el caso de San Pedro Juárez, en donde los únicos servicios de salud son los que proporciona una mujer de la localidad que funge como auxiliar y la Caravana de la Salud que acude cada quince días. Es importante resaltar que, para el caso de esta comisaría, los pobladores no cuentan con médicos tradicionales, como por ejemplo yerbateros o hueseros. El trabajo realizado por la única auxiliar de salud en el pueblo es de vital importancia porque en la mayoría de los casos es la primera persona a la que los pobladores acuden en busca de asistencia médica.

Las decisiones, acciones, prácticas e ideas de las madres de familia en torno a las necesidades de atención de sus familiares están influidas por diferentes factores; entre ellos está precisamente la ausencia de servicios de salud en sus comunidades; así, ante una necesidad tan concreta como el alivio a una enfermedad, se ven obligadas a implementar diversas estrategias de atención. Por ejemplo, cuando alguien de la comunidad sufre un accidente y debe ser trasladado con urgencia a la cabecera municipal para recibir atención, el primer problema que deben sortear es ver cómo lograrán dicho traslado. En estos casos, muchas veces, se tiene que recurrir a aquellos vecinos que cuenten con vehículo particular y que quieran hacer el traslado o, en su caso, contactar a un taxi particular.

También, influyen los saberes adquiridos de sus antepasados en relación a cómo actuar ante ciertas enfermedades, las cuales no son tratables desde un punto de vista biomédico. Diferentes factores determinan o condicionan el proceso de búsqueda de atención ante una necesidad de salud: "las características sociodemográficas de la persona, el sexo, el apoyo comunitario, la cultura, el nivel socioeconómico, la percepción de la enfermedad, la disponibilidad de servicios y percepción de su calidad" (ENSANUT, 2012: 95).

En este sentido, resalto el papel de la mujer y su capacidad de agencia dentro de la unidad familiar para entender cómo se originan las primeras decisiones acerca de la atención de las enfermedades. Analizar las "carreras curativas" permite develar la manera en que las mujeres, que son madres y esposas, deciden sobre las acciones que se deben de llevar a cabo en la búsqueda de alivio ante algún padecimiento. "Se trata de recuperar la manera en que la población concibe y actúa frente a sus propios padecimientos, destacando el papel de la estructura familiar y de las redes sociales de apoyo, como instancia de atención a los procesos de salud/enfermedad" (Osorio, 2001: 21-22).

Muchas de las decisiones que toman las madres de familia se relacionan con retomar los aprendizajes de experiencias pasadas, propias y ajenas, en situaciones de enfermedad similares. Una constante es pensar a dónde y con quién acudir, dependiendo de la calidad de los servicios de atención médica.

Rosa María Osorio Carranza es una antropóloga que ha expresado su interés en estudiar las formas en cómo las madres conocen y actúan frente a los padecimientos de sus hijos. En su libro *"Entender y atender la enfermedad. Los saberes maternos frente a los padecimientos infantiles"* (2001), analiza los conocimientos que poseen y llevan a la práctica las madres cuando sus pequeños se enferman. En su trabajo se identifican padecimientos respiratorios, gastrointestinales y síndromes culturalmente delimitados. Analizar la construcción sociocultural de dichos padecimientos es de vital importancia para entender la interpretación que las madres hacen de ellos y la manera en que ésta genera diversas estrategias de respuesta social como: curación, prevención y cuidado. Coincido con la autora en reconocer la importancia del papel que desempeñan las madres en relación con la salud de sus familias, ya que "los saberes maternos no sólo (*sic*) son muchos, sino que también resultan eficaces y estratégicos, aunque no siempre sean reconocidos en su justa dimensión" (Osorio, 2001: 9).

En un interés muy similar al de la autora mencionada, así como de las problemáticas derivadas, en parte, por el limitado acceso a los servicios de salud en las comunidades, en el presente artículo describo las estrategias llevadas a cabo por las madres de familia que viven en una comunidad al oriente de Yucatán. Se muestra cómo sus decisiones ante casos de enfermedad se ven influidas por sus experiencias previas, sobre todo en el caso de las mujeres que son de la tercera edad. Las ideas, específicamente las causas de las enfermedades, que las madres tienen median en su decisión de a qué tipo de curador especialista asistir. También hago énfasis en cómo el conocimiento materno no solo representa la reproducción del saber de sus antepasados, sino el cambio y adquisición en torno a cómo actuar frente a enfermedades emergentes.

Las madres, mejor que nadie, en el plano de las vivencias cotidianas, pueden dar cuenta de las problemáticas de salud. Ejemplos de enfermedades como chikungunya y zika, que antes no había en el estado y, por lo tanto, de las que no tenían experiencias previas, hacen ver su capacidad e interés por adquirir nuevos conocimientos para mantener la salud de sus familias.

En las conversaciones que mantuve con la gente y, dado el interés del proyecto del que formo parte, surgió la necesidad de hacer énfasis en la problemática aquí abordada. El tema de la salud, al ser de carácter universal, nos abre un abanico de posibilidades de estudio que necesitan ser atendidas. Por todo lo antes dicho, el objetivo del presente artículo es describir y analizar el papel que desempeñan cinco madres de familia de la comunidad de San Pedro Juárez, Tizimín, Yucatán, en las enfermedades experimentadas por sus esposos e hijos.

Metodología

El trabajo de campo en la Antropología Social y en otras ciencias sociales es primordial para que el investigador esté frente a frente con la realidad que desea estudiar. El trabajo de campo en Antropología "no es un acto aventurero; necesita de planeación y diseño; inicia con la búsqueda y la determinación de un tema de investigación, del lugar, del reconocimiento del área, de la selección y del manejo de ciertas técnicas de investigación; además de la elaboración de un proyecto que guíe no sólo (*sic*) el trabajo de campo, sino el proceso de toda la investigación" (García, 2006: 62). Es necesario que el antropólogo tenga una aproximación directa con sus sujetos de estudio, sobre todo cuando se dispone a entender formas de organización distintas a las propias. El presente artículo está sustentado con la información obtenida de mayo a noviembre de 2016 en la comunidad de San Pedro Juárez, Tizimín, Yucatán. Como becaria del proyecto: "Análisis de los sistemas locales de salud en comunidades mayas del Oriente de Yucatán, México: alimentación, enfermedad, prácticas e ideas", realicé varias visitas con diferentes temporalidades a la comunidad, en las que tuve la oportunidad de sostener largas charlas con varios pobladores y observar directamente su vida cotidiana.

Como ya dije con anterioridad, la principal herramienta metodológica empleada para recabar datos sobre salud, fue la "carrera curativa", llamada también como "trayectoria de atención" que refiere a:

> La secuencia de decisiones y estrategias que son instrumentadas por los sujetos para hacer frente a un episodio concreto de padecer. Dichas estrategias incluyen tanto a una serie de representaciones y prácticas sociales orientadas a la curación de la enfermedad, también incorporan todas aquellas instituciones, estructuras de atención y servicios de salud, así como a los sujetos que participan del mismo, los enfermos/pacientes, terapeutas y otros mediadores, tales como los sistemas de referencia profanos, personas encargadas del cuidado o mantenimiento de los enfermos, de administrar o suspender el tratamiento, ofrecer consejos y generar soluciones (Freidson, Suchman, Twaddle, Campos (Arredondo en Osorio) 2001: 40).

Estas carreras curativas se integraron como "estudios de caso", porque se complementaron con otra información sobre la organización familiar. En total, para este artículo, se trabajaron cinco estudios de caso compilados en la comunidad: "el estudio de caso consiste en la recopilación e interpretación detallada de toda la información posible sobre un individuo, una institución, una empresa o un movimiento social" (Vieytes, 2009: 59). En este caso, la unidad de observación fue la familia. La amabilidad y disposición de las mujeres, así como de todos los pobladores en general para hablar acerca de las enfermedades que han padecido y su relación con otros problemas que viven día a día, me permitió recabar la valiosa información aquí incluida. Todas las pláticas que mantuve me hicieron reflexionar sobre la necesidad de difundir la opinión que los pobladores tienen, en especial las madres de familia, acerca de las problemáticas de salud que acontecen en su comunidad. Estoy segura de que muchas de las observaciones que hacen no se limitan a San Pedro Juárez y son aplicables a otras comunidades en contextos similares.

No habría podido aproximarme a las madres de familia, ni mucho menos hubiera podido tener un poco de su confianza, sin antes inmiscuirme en la dinámica de sus días cotidianos. Para ello, me valí de la observación participante. Dicha estrategia "se ha definido como la técnica por la cual se llega a conocer la vida de un grupo o comunidad desde el interior, permitiendo captar no sólo los fenómenos objetivos y manifiestos sino también el sentido subjetivo de muchos comportamientos sociales, imposibles de conocer con la observación no participante" (Ander-Egg, 2000: 42). Para no olvidar el objetivo por el que las madres daban su valioso tiempo para hablar conmigo, trabajé en la elaboración de un guión de entrevista semi-estructurada. Este tipo de entrevista se caracteriza por no utilizar un cuestionario construido en su totalidad al que se tenga que ajustar el entrevistado, sino ideas clave que se pretenden abordar en la conversación, "lo fundamental es el guión (*sic*) de temas y objetivos que se consideran relevantes a propósito de la investigación, lo que otorga un amplio margen de libertad y flexibilidad para el desarrollo de la entrevista" (Ander-Egg, 2000: 91). Yo privilegié tres variables: el diagnóstico de la enfermedad, tipos de curadores a los que acudieron y las estrategias implementadas en la autoatención materna.

Como ya había señalado, la información se interpretó a partir de estudios de caso. En los análisis de caso, "el investigador apunta a adquirir la percepción más completa posible del objeto, considerándolo holísticamente. Explora una entidad singular o fenómeno, pero su objetivo no es la mera descripción empírica, sino la exploración de una trama que comprende los datos y el tipo de relaciones teóricas que se establecen entre esos datos" (Vieytes, 2009: 59). La información presentada en este trabajo debe entenderse únicamente aplicable a las situaciones específicas para los cinco casos aquí presentados.

A pesar de haber platicado con otras personas de la comunidad, decidí presentar cinco casos que, desde mis consideraciones, ejemplifican diversas situaciones por las que atraviesan las mujeres durante las enfermedades padecidas por sus familiares. En la recopilación de las "carreras curativas" pude notar cómo son ellas las que tienen que tomar decisiones, aplicar sus conocimientos previos sobre las enfermedades e ingeniar estrategias que consigan aliviar los padecimientos.

En el siguiente apartado se describen brevemente los casos de las carreras curativas que recopilé: el primero se trata del esposo de la señora "A",[150] que se enfermó de tuberculosis en febrero de 2011; la señora "A" y su esposo son personas de la tercera edad, únicamente se tienen el uno al otro, puesto que, todos sus hijos viven fuera de San Pedro Juárez. La segunda carrera curativa es protagonizada por la hija de la señora "B", una pequeña que sufrió parálisis en todo su cuerpo. El tercer caso se trata del hijo de la señora "C", quien cuando tenía 3 años fue mordido por una serpiente, conocida comúnmente como cuatro narices. La cuarta carrera curativa es la del esposo de la señora "D", quien hasta mi última visita a la comunidad (diciembre 2016), continuaba con problemas de salud derivados por la dislocación de su hombro. Este matrimonio es similar al primero, puesto que se trata de personas de la tercera edad cuyos hijos adultos viven fuera de la localidad.

Por último, incluyo el caso de la familia de la señora "E", quienes se enfermaron de chikungunya. Sin embargo, antes de presentar los datos propiamente dichos de las carreras curativas, es importante describir el contexto y la estructura familiar dominante en la localidad de San Pedro Juárez.

150 Para respetar el anonimato de las informantes, se les refiere con una letra y no con sus nombres.

Perfil general de las familias en San Pedro Juárez

De acuerdo con el Instituto Nacional de Estadística y Geografía (INEGI, 2010) la localidad de San Pedro Juárez está formada por 63 familias. Sin embargo, esta unidad censal es administrativa y se relaciona con la manera en que se distribuyen recursos y apoyos gubernamentales. De acuerdo con estos censos, una "familia" se compondría por un matrimonio y sus hijos solteros, y en algunos casos ascendientes de la tercera edad de alguno de los padres. En la práctica, sin embargo, la organización es más compleja, y en la delimitación de las familias intervienen otros elementos, como la división o no del traspatio, compartir la cocina entre suegras y nueras, así como quién cuida y consume los cultivos de traspatio.

En cuanto a la educación, el pueblo cuenta con escuela preescolar y primaria. La primaria se organiza en dos salones multigrado a cargo de dos maestros. Aproximadamente, cada aula cuenta con 20 alumnos. Cuando los niños concluyen la primaria tienen que salir del poblado si desean continuar con sus estudios. En el caso de la secundaria la mayoría opta por ir a Tixcancal, el pueblo próximo. Si deciden estudiar la preparatoria y licenciatura, la mayoría prefiere ir a Tizimín, algunos cuantos a Mérida o Valladolid. En el pueblo los días viernes es común ver llegar a los estudiantes para pasar el fin de semana con sus familias. Desde que los jóvenes deciden estudiar entran en la dinámica de salir y entrar de la comunidad, esto prevalece una vez que concluyen sus estudios, puesto que, deben salir para encontrar un trabajo. Muchas veces se van a Tizimin, Cancún o Playa del Carmen; es común que un joven después de encontrar un trabajo, se case y forme un hogar en el lugar donde labora. Pocas son las familias que tienen los recursos económicos para brindar estudios de nivel superior a sus hijos. Por lo general, los muchachos se casan a temprana edad, por lo que los hombres se dedican a trabajar para mantener a su esposa e hijos.

En San Pedro Juárez la ocupación más sonada, entre los hombres, es la de jornalero. La mayoría se dedica a trabajar en los ranchos de los alrededores, a cambio de salarios que van de $600.00 a $1400.00 semanales. A pesar de que algunos cuentan con parcelas, la trabajan únicamente para percibir ingresos extras y no para conseguir la base de su economía familiar. La mayoría de las mujeres se dedican a las labores domésticas, pocas son las que trabajan a cambio de un salario. El trabajo en los ranchos es poco remunerado, pero muchos hombres prefieren hacerlo porque representa un ingreso económico fijo. Uno de los trabajos que hacen las mujeres para generar ingresos económicos es ir a cosechar limones. Una camioneta pasa por la mañana a recogerlas para trasladarlas al plantío, si el clima no interrumpe su trabajo, regresan hasta pasadas las 6:00p.m. A este grupo de mujeres las llaman "limoneras" y es un ejemplo de los trabajos temporales que hay en el pueblo.

Dado que la mayoría de los hombres son jornaleros, quienes cuentan con tierras cuidan de éstas en las tardes, cuando han terminado su jornada de trabajo diaria. Lo que suelen cultivar es maíz, fríjol y calabaza. Algunos de los ejidatarios practican la apicultura. Todo lo que logran cosechar es en pequeñas producciones. Muchos de los que aún trabajan sus tierras notan que éstas se han ido desgastando con el paso de los años y la producción ya no es certera. Por lo que varios ejidatarios han optado por vender parcial o totalmente sus tierras. La venta es una forma de conseguir dinero inmediato, pero pocas veces es proporcional a lo que en realidad valen sus tierras. Las mujeres se dedican al cultivo de traspatio. En este espacio tienen varios productos de autosubsistencia como chile, naranja, chaya, nance, limón, ciruela, plátano y, en algunos casos, maíz. Las gallinas y pavos son aves que se suelen criar para autoconsumo familiar.

En el pueblo, algunos de los apoyos institucionales que tienen el objetivo de mejorar la calidad de vida de las personas son: baños, comedor comunitario "Las margaritas", estufas ecológicas, ampliación de vivienda, Prospera, piso firme y acreditación educativa para adultos a través del Instituto de Educación para adultos del Estado de Yucatán (IEAEY). Después del paso del huracán Isidoro en el 2002, el programa Fonden (Fondo de Desastres Naturales) benefició con el apoyo de material para la construcción de casas a todos los pobladores. Además, algunas personas cuentan con apoyos económicos por parte de programas como "65 y más", Prospera y Procampo (Programa de Apoyos Directos al Campo). Es necesario resaltar que, lamentablemente, no todos los programas tienen los resultados esperados, es común que en su aplicación se den malos entendidos, conflictos e insatisfacción por parte de los pobladores.

Los vínculos preponderantes en la toma de decisiones en torno al problema que se plantea en este artículo, son los de filiación (hijos) y los conyugales (entre esposos). Los casos seleccionados para este análisis tienen como relación dominante la conyugal, para las familias A y D en las que las mujeres solo viven con sus esposos. Las relaciones de filiación son protagónicas en las familias B y C. En el caso E, se aborda tanto la relación con el esposo como con los hijos, puesto que, se trata de una enfermedad por la que todos atravesaron.

Las madres de San Pedro Juárez. Estrategias y acciones ante los padecimientos

Las madres de familia fueron las primeras en tomar decisiones sobre qué hacer frente a las enfermedades, tanto de sus esposos como de sus hijos. Las mujeres constituyeron el primer nivel de autoatención dentro del núcleo familiar. Aquellas que incluso ya son abuelas poseen mayor experiencia aprendida. En todos los casos se encontró que a pesar de que los esposos e hijos no encontraron alivio con la primera estrategia empleada por la madre, decidieron continuar juntos hasta presentar mejoría en su salud.

Por autoatención nos referimos a las representaciones y prácticas que la población utiliza a nivel de sujeto y grupo social para diagnosticar, explicar, atender, controlar, aliviar, aguantar, curar, solucionar o prevenir los procesos que afectan su salud en términos reales o imaginarios, sin la intervención central, directa e intencional de curadores profesionales, aun cuando éstos (*sic*) pueden ser la referencia de la actividad de autoatención; de tal manera que la autoatención implica decidir la autoprescripción y el uso de un tratamiento en forma autónoma o relativamente autónoma (Menéndez, 2009: 52). Cuando entrevisté a las mujeres fueron muchas las problemáticas que denunciaron en relación con el tema de la salud. Uno de los principales fue el insuficiente acceso de los servicios de salud en la comunidad. Únicamente acude la Caravana de la Salud cada quince días, las visitas son miércoles y viernes, el horario es de 8:00 a.m. a 3:00 p.m. (miércoles) y de 8:00 a.m. a 12:00 p.m. (viernes). La manera en la que organizan la atención es la siguiente: primero son atendidos los que tienen cita, por ejemplo las embarazadas, los hipertensos y personas con diabetes; posteriormente los que requieran alguna consulta y son atendidos después de las 10:00 a.m. El número de personas que acuden al servicio médico de la Caravana de Salud oscila entre las 20 y 21 personas. En San Pedro Juárez, según los conteos del INEGI (2010), la localidad tiene una población total de 268 individuos, distribuidos en 63 hogares censales e igual número de viviendas. Es de notarse que menos de la cuarta parte de la población acude a los servicios que ofrece la caravana. Uno de los grandes motivos, que las madres señalaron, es que la caravana no siempre cumple con los días que le corresponde hacer las visitas. Otro motivo es que no siempre cuentan con los medicamentos necesarios. La señora que funge desde hace tiempo como auxiliar de salud, me dijo:

> *"Está bien que ellos vengan, antes a fuerza tenía que ir la gente a Tizimín para que se atiendan, ahorita el problema que se está dando es que no siem-*

pre tienen medicinas. El doctor a veces me dice que le dé los medicamentos de mi botiquín y que luego me los devuelve, pero luego pasa que todo un mes no vienen, y me quedo sin el medicamento, yo también lo necesito, no tanto para mí sino para la gente que viene a verme y lo necesita".

En algunos casos, las personas ya no confían en el trabajo que realiza el personal de la caravana, ya que no da un diagnóstico correcto de las enfermedades.

Caso A

La señora A, de 68 años de edad, me compartió su testimonio acerca de la tuberculosis que padeció su esposo, de 73 años, en febrero del 2011. Un día estaba su marido en la parcela, cuando una fuerte lluvia cayó, pero como había pasado toda la mañana trabajando bajo el sol, la consecuencia fue una tos seca. Pronto, en menos de un mes, presentó síntomas más graves como dolor de cuerpo, calentura, estómago inflamado, así como pérdida de fuerza en piernas y brazos. También presentó falta de apetito, no tomaba agua y solo sentía un poco de alivio al tomar Pepsicola, tenía los ojos rojos y lagrimosos. En palabras del señor: *"lo que sentía era algo en mi boca que quiere salir y no sale".*

Su esposa decidió que era mejor acudir al servicio médico privado en Tizimín (cabecera municipal). El tratamiento con este médico tuvo un costo de $1100.00 ($800.00 de medicamentos y $300.00 de consultas). Ésta fue la primera vez que acudieron con este médico, el cual no detectó la enfermedad que en realidad tenía el señor. El tratamiento indicado en esta ocasión no ayudó a aliviar todos los síntomas, por lo que la hermana de la señora le recomendó que preparara un jarabe naturista, para que el catarro "desarrollara". Dicho jarabe fue preparado con miel y limón. Se hirvió el agua, se agregaron 6 cucharadas de miel, limón y una hoja de aguacate. También, la esposa se encargaba de frotarle el pecho a su marido con ungüento *Vaporup*. Así, trascurrieron tres meses, en mayo acudieron por segunda vez con el médico privado. Por segunda ocasión el doctor recetó el mismo tratamiento con base en jarabes, ámpulas y pastillas (antibióticos y antiinflamatorios). Su diagnóstico fue: tos intensa. Acudieron con el mismo médico una tercera vez, en el mes de junio. Durante este tiempo gastaron entre medicamentos y consultas un aproximado de $3300.00, sin tomar en cuenta el transporte de San Pedro Juárez a Tizimín.

El tratamiento no alivió los malestares del señor, por lo que, al no observar mejoría en la enfermedad de su esposo, la señora comenzó a sospechar que se trataba de algo más grave. Así, en un folleto que le otorgaron en unas pláticas que se dieron tiempo atrás en el pueblo, vio información acerca de la tuberculosis. La señora me dijo:

> *"Me acuerdo más, fue en un folleto, ya muy viejito, que nos dieron en unas pláticas que se dieron hace muchos años aquí en el pueblo, allá venía la información de esa enfermedad, pensé más si no es lo que tiene este señor, me quedé pensando así, digo ¡Ay Dios! ¿Qué hago? Veo que no queda bien, no come, estoy preocupada".*

Llegó el mes de julio y decidieron acudir al hospital San Carlos, del segundo nivel de atención a la salud, en Tizimín. Sin embargo, el señor no recibió atención, puesto que, desde el punto de vista de los médicos, no se trataba de una urgencia. En ese mismo mes, decidieron consultar con la doctora de la Caravana de Salud, que llega cada quince días al pueblo. La doctora aseguró que se trataba de una tos, por lo que recetó antibióticos para calmar la fiebre. A pesar de no ver mejoría, regresaron con la misma doctora en el mes de agosto. En esta consulta la doctora les dijo: *"los pulmones del señor están más sanos que los míos".*

Fue a finales del mes de septiembre cuando el señor se enfermó de fiebre por tres días consecutivos. Ante esta situación, su yerno les recomendó que acudieran con un doctor que era el director del Centro de Salud, ubicado en Tizimín. Fue este médico el que detectó la tuberculosis, de inmediato intervino con un tratamiento inyectable de antibióticos específicos para esta enfermedad. La enfermedad fue provocada por el contacto que el señor tuvo con 80 carneros de su parcela, pues los animales estaban enfermos de catarro y él introducía su mano en sus hocicos para darles el medicamento. Fue este contacto directo con el moco de los carneros lo que ocasionó la enfermedad. Los carneros murieron por la enfermedad. Fueron cuatro días, del 2 al 6 de octubre, los que el señor estuvo yendo al Centro de Salud para recibir tratamiento. Durante estos días, él y su esposa se quedaron en su casa de Tizimín para no gastar en transporte.

Después, el señor recibiría un tratamiento a base de pastillas. Ellos no recordaron el nombre del medicamento, pero lo describieron como tabletas rojas de gran tamaño. El doctor señaló que debían seguir al pie de la letra el tratamiento y la ingesta del medicamento, por lo que les dio un calendario para el control. Dijo que todos los días debían ir por las pastillas al Centro de

Salud, ya que se trataba de un medicamento de uso sumamente controlado y por lo tanto no podía salir del hospital. La esposa del señor explicó al doctor que no les era posible abandonar por tanto tiempo sus obligaciones en la parcela y que tampoco contaban con el recurso económico para viajar todos los días de San Pedro Juárez a Tizimín. El médico comprendió la situación y dio una orden para que pudieran sacar el medicamento. El tratamiento consistió en la ingesta de 4 pastillas al día, las cuales tenían efectos muy fuertes: el señor dijo que hasta sentía tener alucinaciones después de tomarlas. Cada caja contenía 300 pastillas, el tratamiento consistió en ingerir 2 cajas (600 pastillas), las cuales tomó durante aproximadamente 5 meses. El efecto del tratamiento surgió 15 días después de su inicio.

Por tratarse de una enfermedad altamente contagiosa, el doctor mandó a llamar a la doctora de la Caravana de la Salud, para hacerle un llamado de atención por no haber detectado la enfermedad con prontitud. Acordaron que ella llevaría un control, desde el pueblo, del caso y que también haría un acompañamiento en la recuperación del señor. El señor y su esposa recordaron que esa misma doctora se encargó de abastecerlos de vitaminas, como complejo B, para que las defensas del cuerpo del señor incrementaran.

Una vez que se tuvo el diagnóstico de la enfermedad, el médico dijo que todos los que últimamente habían convivido con el enfermo debían hacerse los mismos estudios para conocer si estaban o no contagiados. El estudio se hizo a través de una muestra de saliva. La esposa me dijo: *"quién sabe cómo pasó, yo hasta comía con él, pero a mí no me dio, los niños (sus nietos) también se acercaban a besarlo, a abrazarlo, pero a nadie más le dio, solo a él"*. Otra medida que se tomó, por parte de los servicios de salud, fue la fumigación del solar. El señor dijo que prefería quemar los periódicos donde escupía sus flemas para evitar que la bacteria se propagara.

Para el mes de diciembre del 2011, el señor había recuperado el apetito. Fue en el mes de febrero de 2012, cuando los médicos dijeron que él estaba totalmente curado de la enfermedad. Para el mes de mayo, después de un año, el señor regresó a su trabajo en la parcela. Sin embargo, sentía momentos de asfixia durante su trabajo. Posteriormente, volvió a tener un episodio de tos, por lo que de inmediato se le hicieron tres pruebas, las cuales resultaron negativas de tuberculosis. En el mes de mayo del año 2012, la doctora de la Caravana de Salud fue con el señor a Tizimín para una última revisión de monitoreo.

En cuanto a las afectaciones de la enfermedad a nivel familiar, el señor recordó que después de que le detectaron la tuberculosis, sus hijas evitaban visitarlo, él tampoco quería que lo saludaran por temor a contagiarlas. Evitaba comer con su esposa, su única compañera. También, tenía que usar vasos y platos desechables. Su esposa se entristeció mucho porque ya no podían convivir como antes y le dio mucha angustia ver a su esposo acostado tanto tiempo por la enfermedad. Ella señaló que no contó a sus vecinas lo que ocurría porque de seguro éstas se asustarían.

Los estragos de la enfermedad no fueron únicamente en la salud, sino también en lo económico. El dinero que gastaron al inicio de la enfermedad con el médico privado lo obtuvieron de la venta de 8 ganados ($22,000.00). Con este dinero vivieron un año, el tiempo que el señor dejó de trabajar la tierra. La señora separaba una parte para pagar a alguien que cuidara de la parcela. Esto es de gran importancia porque ellos viven de la producción de la parcela. Además, ella compró suplementos alimenticios para ayudar a su esposo, ante su negativa de comer. Cada suplemento le costaba $40.00 y en total a la semana compraba aproximadamente 4.

Actualmente, el señor se ha recuperado, pero siempre procura tomar vitaminas para evitar enfermedades. Ahora su esposa siempre lo cuida para que no se moje con la lluvia, siempre le da un nailon para cubrir su espalda. Otra precaución que ahora toman es que él no use camisas delgadas y sin mangas. El señor dijo recordar el color negro que tenían sus pulmones durante la enfermedad. Aseguró que no recomendaría a aquel médico privado de Tizimín ni a la doctora, que en ese momento se encontraba a cargo de la Caravana de Salud. El primero, porque solo estafa a las personas y la segunda, porque al parecer no tiene los conocimientos médicos necesarios. Para el caso de la doctora, la esposa del señor la justifica por su falta de experiencia.

Como esta situación, se dan otras en las que a pesar de contar con el servicio médico de la caravana, se buscan otras alternativas, dado que consideran que la Caravana, o no los atiende apropiadamente o simplemente no aparece por el pueblo. Algunas mujeres expresaron:

> *"Si no sé cuándo yo o mi familia nos vamos a enfermar, si se pudiera saber, bien, pero pasa que siempre que se enferma uno es cuando ellos no están, entonces tenemos qué ver qué hacer, o te vas a Tizimín, o vas con la auxiliar de salud local, ¡Tienes que ver qué hacer!".*

Caso B

La señora B, de 28 años de edad, me aseguró que su hija se enfermó de mal de viento en casa de su madre, en Tixcancal, el pueblo vecino. El mal de viento es una enfermedad descrita por la gente de San Pedro Juárez como una energía que se encuentra en lugares como el monte, los grandes traspatios y cenotes. Cuando una persona se enferma de mal de viento suele presentar fiebre, cansancio y diarrea. Las mujeres dijeron que son los yerbateros los que conocen cómo curar el mal de viento. Algo importante de resaltar es que en San Pedro Juárez no hay personas dedicadas a la medicina tradicional, por lo que cuando las madres optan por este tipo de atención tienen que salir del pueblo. Así, la falta de cceso inmediato a médicos tradicionales se equipara con el de los servicios alópatas.

Para este caso es necesario hacer la acotación de que la señora B tiene problemas auditivos, por lo que se le dificulta comunicarse. Señaló que cuando su hija se enfermó se le hizo raro que presentara "tipo embolia", es decir, parálisis en el cuerpo; eso le resultó extraño porque considera que no es un síntoma común del mal de viento. Decidió acudir con la auxiliar de salud de la localidad para que la ayudara. La misma auxiliar recordó que era de noche cuando acompañó a la señora B hasta la carretera, con el objetivo de llevar a la niña al centro de salud de Tizimín. Justo en ese momento pasó un taxi, sin embargo el conductor no quiso llevarlas porque no quería "meterse en problemas". La auxiliar de salud consideró que la madre de la niña no insistió lo suficiente al conductor para que la llevaran al hospital. Ante la negativa del taxista, la madre decidió quedarse en San Pedro, por lo que nunca hubo un diagnóstico certero de la enfermedad. La señora expresó que un día la niña despertó diciendo a su padre: *"tengo hambre, levántate a desayunar papi, vamos a desayunar"*. A partir de ese día comenzó a caminar, pero seis meses después decayó, estuvo quince días sin caminar, hasta que murió. Desde el punto de vista de la auxiliar, la madre no quiso ir a un hospital por temor a que le preguntaran cómo se había enfermado la niña. Las motivaciones de la madre cobran sentido cuando su esposo admite ser, en gran medida, el culpable de la muerte de su hija. Él mismo expresó que un día hizo su "desmadre" en su casa, ya que fueron su hermana y cuñado, con quien tuvo una riña, la cual observó la niña hasta provocarle un desmayo. Posterior a esto, la niña sufrió una parálisis que se interpreta como derivada del "susto" de haber presenciado esa situación.

Además del problema de la falta de acceso inmediato a los servicios de salud, vemos las diversas situaciones que se viven dentro de las unidades domésticas. En el caso de la señora B, vemos que se le atribuye a ésta y a sus decisiones el desenlace fatal que tuvo la niña. Es decir, fue ella quien decidió quedarse en casa y no acudir con ningún curador, y a ello se atribuye la muerte de la menor.

Caso C

El poder de decisión que ejerce la madre sobre las acciones tomadas en relación con la salud de sus hijos también se hizo evidente en el caso de la señora C, quien tiene 38 años de edad. Cuando su hijo tenía 3 años de edad fue mordido por una serpiente, conocida comúnmente como "cuatro narices". Ante este hecho, la señora se vio en la desesperación de no saber qué hacer, pero su suegra le recomendó que fuera de inmediato con la auxiliar de salud para que ésta la ayudara. Al llegar con ella, ésta tomó al niño para recostarlo y succionarle el veneno. Sin embargo, le advirtió a la madre que el niño no debía quedarse así, que había que sacarle todo el veneno antes de que corriera por todo su cuerpo. También, le recomendó que no sacara al niño de su casa para no exponerlo al aire. En este tiempo la Caravana de Salud no acudía al pueblo y la señora no contaba con dinero para trasladarse a Tizimín. Además, los comentarios de sus vecinos hicieron que pensara mucho en su decisión de ir o no al hospital, ellos le decían que no fuera porque de seguro los médicos le amputarían el pie mordido al niño. Se vio en una situación de suma desesperación hasta que accedió a que un vecino fuera a buscar a un yerbatero proveniente del poblado cercano, San Luis. La señora recuerda que aceptó la ayuda de aquel yerbatero, porque no le quedó de otra. Ella pensó que si no aceptaba su ayuda, el niño moriría, ya que para ese momento su cuerpo había quedado de color morado.

El yerbatero atendió al niño, su trabajo fue realizado con base en varias plantas. Cuando terminó dijo que el niño estaba grave, explicó que debía ser atendido y cuidado exclusivamente por varones, para que pudiera pasar la noche. Dijo que la madre debería de mantenerse distante, durante toda la noche y parte del día siguiente, para que las plantas surgieran efecto. Pidió que les dijeran a los niños varones de la comunidad que fueran a visitar al pequeño, que lo abrazaran y le desearan una pronta recuperación. Ante el hecho de que la madre debería de mantenerse distante, ésta se negó rotundamente, encaró al yerbatero y le dijo que si ella no lo cuidaba nadie más podía hacerlo, ya que su esposo debía ir al trabajo, además ella como madre no podía estar lejos de su hijo enfermo. El yerbatero advirtió que las indicaciones habían sido dadas y que la responsabilidad de seguirlas o no, recaía en ellos como padres. También advirtió que si ella iba a cuidar al niño evitara darle agua, dijo que por nada debía tomar agua. Ella no pudo avisar a los niños de la comunidad porque era muy tarde y solo estaba preocupada porque su hijo pasara con vida la noche. El niño no dejaba de llorar, tenía calentura y pedía agua, ella sin hacer caso a las indicaciones del yerbatero, le dio agua a su hijo. Expresó: "*¡Cómo no darle agua! Si el pobre lo está pidiendo, veía sus labios resecos de la sed*".

Al día siguiente, ella se encontraba más tranquila, ya que el niño había soportado la enfermedad y había logrado pasar la noche, la calentura había cedido y el color de su piel se notaba menos morada. Ese día también regresó el yerbatero, cuando quitó la venda de la pierna del niño, notó que no había sanado por completo. Él cuestionó a la madre y ésta tuvo que aceptar que le había dado de beber agua al niño. El yerbatero le dijo que eso estuvo muy mal y que de nuevo tendría que hacer el trabajo, pero que estaba más tranquilo al ver que el niño había superado lo peor: pasar la noche anterior. Varios días después, el niño seguía padeciendo malestares que se reflejaban en su poco apetito y en llanto continuo, sin embargo poco a poco se fue recuperando. Un niño de la comunidad lo visitaba tal como lo había recomendado el curador.

El yerbatero fue a atender al niño durante 15 días, en este tiempo hizo alrededor de 4 a 5 visitas. Cada visita tuvo un costo de entre $150.00 y $200.00. El último día realizó una ceremonia llamada *K'eex*, la cual tuvo un costo de $400.00. Todos los gastos estuvieron a cargo del padre del niño, de préstamos que la madre hizo a su hermano, así como de la venta de pavos. El yerbatero garantizó que después de la ceremonia el niño recuperaría el apetito y las fuerzas para caminar. Con esta ceremonia él daría por concluido su trabajo en la curación del niño. La señora recordó que efectivamente el día de la ceremonia el niño comió los alimentos que se prepararon y pudo dar algunos pasos sin caerse. Antes el niño solamente tomaba agua y no tenía fuerzas para caminar.

La ceremonia del *K'eex* consistió en hacer un altar en la esquina del terreno de la casa, en ese altar se pusieron pimes[151] de pepita. Fueron dos personas las que se encargaron de la preparación de los pimes, el encargado de la iglesia y su esposa. Con el agua del nixtamal se remojó chile seco, esta agua sirvió para que bañaran al niño. Fue el único momento en el que la madre pudo estar, ya que entre ella y el yerbatero bañaron al pequeño. Durante la ceremonia también se hicieron rezos, uno frente al altar y otro dentro de la casa. La señora dijo que el rezo fue católico, pero como se iba prolongando llegaba el punto en el que no comprendían el idioma que hablaba el curador porque no era ni maya ni español. Ella reconoce la eficacia del ritual porque un día después su hijo comenzó a comer y tener mejor ánimo.

Tiempo después de la lenta recuperación, la mordedura de la serpiente trajo como consecuencia que el niño no caminara correctamente, fue un proceso lento para que caminara como antes.

En el 2003, cuando el niño tenía 7 años, tuvo su primera recaída, fue la primera vez que se desmayó. Su madre lo llevó de manera inmediata al IMSS

151 Piezas horneadas de masa en forma de círculo, por lo general en su interior contienen semillas de calabaza molida.

de Tizimín porque en ese entonces contaban con derechohabiencia en esa institución. El doctor encargado de la sala de urgencias lo atendió pronto porque vio la piel pálida del niño y sus labios morados. La madre le informó de lo sucedido 4 años atrás, por lo que el doctor le comentó que era muy probable que el veneno haya dejado afectaciones en el corazón. El doctor le dijo que el veneno de una serpiente "cuatro narices" es muy tóxico, por lo que no se explicaba cómo un niño de 3 años había podido soportar tal mordedura, sin que le aplicaran ningún antídoto. El médico recetó medicinas para tranquilizar las alteraciones del sistema nervioso, así como vitaminas. Sin embargo, regañó a la señora por haber permitido que un yerbatero atendiera a su hijo. Ante este diagnóstico, ella le prestó más atenciones a su hijo. Señaló que no acudió de nuevo con el yerbatero porque no lo creyó pertinente, ya que tenía la oportunidad de consultar con un médico alópata.

La segunda recaída fue cuando el niño tenía 9 años, en el 2005. De nuevo acudieron al IMSS de Tizimín. Las recomendaciones del doctor fueron que el niño evitara pasar tiempo prolongado en el sol y que no hiciera esfuerzos físicos, ya que esto podría ocasionarle un paro cardiaco.

La tercera recaída fue bastante tiempo después, en el 2015 cuando, el ahora joven, estaba por cumplir 19 años. Acudieron al mismo servicio médico; sin embargo, el diagnóstico fue insolación. El doctor aseguró que la mordedura de la serpiente no tenía relación con el desmayo, puesto que, ya habían pasado muchos años desde que ocurrió.

En la actualidad es un joven de 20 años de edad y tiene la cicatriz de la mordedura en el tobillo. Durante periodos de su vida ha experimentado dichos desmayos, que duran aproximadamente media hora y le traen debilidad física. Su hermana menor tiene 18 años de edad y reclama haber tenido falta de atención por los problemas de salud que ha presentado su hermano. La madre admite haber dado mayores cuidados a su hijo mayor y se justifica diciendo que así tiene que ser porque él la necesita más por estar enfermo.

En este caso la carrera curativa no ha concluido, se quedó como un padecimiento crónico entendido como debilidad. Este evento trajo como consecuencia una fractura entre la relación madre e hija, pues la señora prestó más atención a su hijo mayor, argumentando que su hija no la necesitaba por gozar de buena salud física. En ocasiones, ella teme que alguien llegue desde Tizimín, donde estudia actualmente su hijo, para avisar que le ha ocurrido una nueva recaída. Desde aquella mordedura de serpiente, la infancia del hijo de la señora fue diferente en contraste con la de los demás niños; ella siempre le encargaba a sus compañeros que lo cuidaran y que no jugaran mucho tiempo en el sol porque eso lo ponía más débil. Para que le dieran permiso de salir a jugar, los otros niños tenían que ir por él a su casa y acompañarlo de regreso.

En la actualidad es un joven, que desde el punto de vista de su madre, parece sano, pero que en cualquier momento puede recaer.

Desde la lógica del yerbatero, la "debilidad" consecuente de la mordedura de la serpiente "cuatro narices" se debe a que no fueron cumplidas sus indicaciones. Fue la madre la que cuidó de su hijo, cuando el yerbatero había advertido que: *las mujeres traen debilidad, más cuando están en su período menstrual o cuando están embarazadas*. Cuando la madre cuidó a su hijo estaba en su periodo menstrual, aunado a esto se le había indicado que no le diera agua al niño, pero ella hizo lo contrario. Desde esta lógica, ella como mujer le pasó la debilidad a su hijo. El cuidado estuvo basado en lo que ella creyó conveniente y no en lo que el yerbatero dijo, porque no tenía confianza ni creencia total en el médico tradicional. La señora reiteró que tuvo que aceptar la ayuda de este curador porque no había nadie más que atendiera a su hijo. Muestra de ello es que la señora prefirió acudir con un médico alópata cuando su hijo comenzó a presentar los desmayos.

Caso D

La señora D, de 67 años de edad, y su esposo son personas que han vivido en el pueblo por más de 45 años. Ella me platicó que el brazo izquierdo de su marido se le salió del lugar y sufrió la caída de su hombro. Le sucedió cuando tomaba su celular, que se encontraba debajo de su hamaca, al bajar su mano sintió muchísimo dolor como si se le desprendiera el brazo. Sin embargo, a pesar del dolor se fue a la parcela a trabajar. Cuando llegó de la milpa, estaba más cansado de lo normal, al llegar a su casa no había nadie, por lo que decidió sentarse en una silla de la cocina. Ahí se quedó, con los brazos cruzados sobre la mesa, un momento sin moverse. Cuando su esposa llegó le preguntó qué le ocurría, por lo que él le enseñó cómo su hombro se había caído, es decir, su brazo no estaba sujeto firmemente en su hombro. Él dijo no conocer el motivo por el que le pudo haber ocurrido dicha desgracia. Ante esta situación él y su esposa acudieron con su vecino para que éste le sobara el brazo. Ellos señalaron que este vecino no es huesero, pero que sabe acomodar huesos. Después de la intervención del vecino, al no ver mucha mejoría, decidieron llamar a su hijo que vive en Tizimín, el cual de inmediato fue a verlo. Su hijo averiguó entre sus amigos de algún huesero. Fue así como encontró a un señor de uno de los barrios de Tizimín. Este curador lo examinó y dijo que regresaran, después de tres días, para poder reubicar el brazo.

De regreso en San Pedro Juárez, el señor al no soportar el dolor, se talló por sí mismo a manera de sobada. Su hija e hijo fueron a verlo y, de igual manera, lo sobaron para calmar el dolor, lo cual dio resultado, pero por poco tiempo. Horas después, el dolor aumentó, así que su esposa le aplicó una inyección y le dio pastillas. Los medicamentos surtieron efecto, por lo que él pensó en ya no tener que recurrir al doctor. Sin embargo, su esposa insistió en que fuese. Con terquedad el señor pidió no ir, así que su esposa llamó a sus hijos y les dijo que su papá no quería asistir al doctor. Los hijos visitaron a su padre para convencerlo de acudir con un doctor de Tizimín. Terminó por hacer caso a su esposa e hijos. Cuando el médico lo revisó y regresó el brazo a su lugar, el dolor fue tremendo. La señora expresó que él lloró de dolor. En la clínica, desde su punto de vista, lo atendieron bien y le dieron indicaciones terapéuticas para el cuidado de su brazo. Por unos días no pudo moverlo, ya que le pusieron lo necesario para que se mantuviera inmóvil. Pasaron los días y regresó para que le quitaran lo que le tenía inmovilizado el brazo, le indicaron que a pesar de su mejoría debía cuidar no sostener objetos pesados ni realizar trabajos forzosos. Le dijeron que realizara ejercicios de movilización progresiva para que su brazo recobrara fuerza.

La señora me contó que ella se encargaba de ayudarlo a leñar. También estuvo al pendiente de su recuperación y de que no hiciera muchos esfuerzos físicos. Apenas se sintió mejor y con motivo de las lluvias, el señor se puso a sembrar algunos mecates. Con tal de no lastimar su brazo recién lesionado, tomó el sembrador con la mano derecha y con la misma mano tiró las semillas, le fue difícil, pues está acostumbrado a hacer ese trabajo usando ambas manos. A pesar de intentar no mover su brazo izquierdo, al llegar la tarde le dio un fuerte dolor, por lo que su esposa le dio medicamentos para calmarlo.

En una visita posterior, meses después, el señor me contó que su brazo de nuevo estaba causándole malestares, por lo que ese día no había ido a trabajar a la parcela. Dijo que como en el último mes no había sentido dolor, pensó que su brazo ya estaba sano. Pero un día, de pronto le comenzó de nuevo el malestar, en esta ocasión no acudió a la clínica de salud, ni tomó medicamentos. Como su esposa se encontraba en Tizimín, se las ingenió para, con la ayuda del peldaño de la escalera, reacomodar su brazo. Entre risas indicó "*ahí está el doctor, en la cocina*", refiriéndose a la escalera de madera. Reiteraba su opinión acerca de que había pensado que su brazo ya había sanado, pero que con esos dolores se daba cuenta de que no. Dijo que la caída de su brazo aconteció hacía 3 meses, fue hasta después de un mes de lo sucedido que decidió ir a la clínica, ahí él dijo que solo tenía pocos días con malestar. Confesó no haber dicho la verdad por miedo a ser regañado por los doctores. Los dolores en su brazo ocasionan que no pueda ir a trabajar a su parcela, muchas veces su esposa tiene que acompañarlo. Tienen unos ganados, por lo que deben de cuidarlos, darles alimento y agua todos los días. Por lo general, él solamente descansa un día cuando su brazo le ocasiona dolor.

En otra de mis visitas, una de sus hijas me explicó que un día antes su padre se había caído en la parcela, por lo que su brazo se volvió a lesionar. Él estaba siendo atendido en el IMSS de Tizimín. El día del accidente, fue su yerno el que lo auxilió para levantarse. Ocurrió por la tarde, por lo que ya no había transporte para trasladarse a Tizimín, así que tuvo que aguantar el dolor toda la noche. Al otro día, a las 6:30 a.m. viajó en compañía de su esposa para ser atendido en el hospital. Su hija señaló que la primera vez que su padre se lesionó el brazo, las indicaciones del médico fueron que no hiciera trabajos de fuerza física y que acudiera a una terapia los días lunes. Él acudió a dicha terapia por un mes y dejó de asistir. Ella considera que lo hizo porque se sentía mejor y pensaron que había sanado. También, señaló que su padre se fastidiaba al tener que viajar cada semana para ir al doctor. Mencionó que los médicos de seguro regañarían a su padre por no haber seguido con la terapia y por hacer caso omiso a la recomendación de no hacer esfuerzos físicos. Ella expresó que su padre es un hombre del campo, por lo que está acostumbrado a trabajar. Él no puede dejar de preocuparse por su parcela y por los cuidados de ésta, por lo que cada vez que se siente mejor decide regresar a sus actividades diarias.

Caso E

La señora E, de 25 años de edad, me platicó que en su casa a todos les dio chikungunya en el año 2015. Resaltó que de toda su familia, fue a ella a quien le dio más fuerte. Relató que cuando la gente del pueblo empezó a platicar de la enfermedad y sus secuelas, ella pensó: "*ojala me dé para que sepa cómo es*". Cierto día, se encontraba lavando la ropa cuando empezó a sentirse mal; con mucho trabajo logró tender su ropa, pues le dolía el cuerpo. Ella conocía los síntomas de la enfermedad porque su esposo ya la había padecido. La señora decidió automedicarse tomando paracetamol. A pesar del medicamento, los dolores fueron tan intensos que no podía levantarse de su hamaca y tuvo que pedirle a su esposo que hiciera algunas tareas del hogar como preparar la cena para sus hijos. Ella expresó:

> "*Cuando deseé que me dara la enfermedad ¡No sabía lo que decía! Es un dolor que jamás me imaginé, es que yo vi cuando a mi esposo le dio no lo*

botó tan feo, a mis hijos, gracias a Dios, tampoco, ellos rápido se recuperaron, ¡Pero a mí! Hubo días que sentí que no me podía mover por el dolor ¡Una cosa muy fea esa enfermedad! Veía a las señoras mayores de aquí del pueblo cómo meses después todavía seguían mal, unos comenzaron a usar bastón, con trabajo caminan, hasta la fecha, yo sí me recuperé pero porque estoy joven, sin embargo, sí me atacó feo ¡No lo vuelvo a desear!".

Su esposo fue el primero de la familia en enfermar, pero no le dio con gravedad. En el caso de sus hijos también se recuperaron pronto y no tuvieron tanto dolor durante la enfermedad. La señora E consideró que a su esposo no le dio tan fuerte porque es joven y es hombre. Señaló que sus hijos no tuvieron mucho dolor porque son niños y rápido se recuperaron. Dijo que, en su caso, la gravedad de la enfermedad se debió, tal vez, a que sea mujer. Mencionó que otras señoras del pueblo comparten la opinión de que al ser mujeres, el cuerpo es más débil, lo mismo pasó con las personas de la tercera edad y por eso la enfermedad fue más complicada.

El señor me platicó del día que se enfermó de chikungunya. Comentó que fue cuando visitó a sus padres en Dzonot Carretero. Sin embargo, lo primero que pensó era que estaba intoxicado, por los granos que le salieron en la espalda; atribuyó tal intoxicación a la ingesta de una latería durante su visita. Fue hasta el día siguiente, cuando el dolor de cuerpo y la fiebre no le permitían levantarse, que acudió al médico en Tizimín. Ahí la doctora que lo atendió le diagnosticó chikungunya. Aseguró ser la primera persona a la que le dio la enfermedad en San Pedro Juárez. Señaló que, hasta antes de eso, en el pueblo no se conocía ni difundía información acerca de la enfermedad. En su caso, le recetaron ketorolaco, ya que sus dolores musculares eran muy intensos. Fueron tres días los que le dieron de incapacidad. Una de las indicaciones que le fueron dadas fue que no ingiriera bebidas alcohólicas por un año, sin embargo él hizo caso omiso. Después, los casos de chikungunya en el pueblo se fueron multiplicando. Fue hasta ese momento cuando la información comenzó a llegar al pueblo y las personas supieron que la enfermedad era transmitida por un mosco.

La señora y su esposo me dijeron que pocas eran las personas que acudieron con el médico; mayormente esto pasó con los primeros casos, asistían porque no sabían que se trataba de chikungunya. Después, la mayoría ya sabía que con paracetamol podían aliviar la enfermedad, por lo que tomaban la decisión de automedicarse. La señora E me dijo:

"De todas formas, si iba al doctor, lo mismo me iba a dar, paracetamol, y solo iba a gastar en pasajes (transporte) *a Tizimín, además con el dolor*

yo sentía que no podía ni caminar. Digo mejor me quedo en mi casa, no vaya a ser que por salir me pase algo, ¡Mejor no! Mejor me quedo en mi casa a descansar, aquí aunque esté en mi hamaca tirada, pero estoy viendo a mis hijos, no están solos".

El poder de decisión-acción encontrado en los casos anteriores, hacen notar cómo las habilidades de la madre van cambiando a lo largo de la carrera curativa. Vemos que dichas estrategias de atención dependieron de lo que ellas consideraron correcto, a pesar de las instrucciones precisas dadas por curadores profesionales. Como indica Menéndez (2009) la mujer es:

> La encargada de diagnosticar el padecimiento, de manejar por lo tanto indicadores diagnósticos, de establecer una evaluación de la gravedad o levedad del caso. Desarrolla nociones sobre la evolución de los padeceres, así como frecuentemente sobre la variedad estacionaria de determinadas enfermedades. Será ella la que implemente los primeros tratamientos, así como decidirá por su cuenta o de acuerdo con otros miembros del grupo familiar la demanda de atención, que puede iniciar por la consulta con personas de su inmediato espacio social, y continuar con el tipo de curador considerado más adecuado, y cuya consulta dependerá de los recursos económicos y culturales del grupo, y de la infraestructura de servicios existente (Menéndez, 2009: 56-57).

Las curadoras de una comunidad

Al inicio de este artículo me hice la pregunta: ¿Cuál es el papel de las madres de familia en las diversas enfermedades que han experimentado sus esposos e hijos? En resumidas cuentas la respuesta es: las madres de familia son agentes protagónicos en el proceso de autoatención. Para comprender este proceso de autoatención en los casos aquí presentados, dividiré la discusión en tres ejes. El primero se refiere al acceso precario de los servicios de salud profesionales en el pueblo de San Pedro Juárez. Con dichos servicios de salud no únicamente me refiero a los servicios alópatas, sino de igual forma a los diversos médicos tradicionales. Cuando las madres hablaron acerca de las enfermedades de sus familiares, la constante fue la ausencia de un médico profesional que estuviera de manera inmediata en el pueblo y que las pudiera ayudar al momento que se presentó la enfermedad. En todos los casos tuvieron que viajar a Tizimín o a otros poblados en busca de un curador profesional. No olvidemos que, como parte del proceso de autoatención, las madres primero hicieron su propio diagnóstico para saber de qué enfermedad se trataba. Podemos ver que la ausencia de servicios médicos en el pueblo genera un mayor uso de estrategias, implementadas por las madres de familia, en el proceso de autoatención. Aunque la mayoría de sus conocimientos fueron aprendidos de curadores profesionales, no contar con servicio médico inmediato, permite ver su capacidad de agencia en la toma de decisiones por la búsqueda del alivio de las enfermedades de su familia.

A través de campañas, talleres y pláticas llevadas a cabo por el equipo de la Caravana de Salud en San Pedro Juárez, el sistema de salud se encarga de enseñar a la población diversas estrategias para reconocer y aliviar sus enfermedades. Esto, sin embargo, trae consigo una contradicción, porque los médicos "regañan" a las personas por autoatenderse. "El proceso de autoatención evidencia no solo que la gente se apropia y aprende, sino además que el Sistema de Salud, el personal de salud, el médico enseñan a autoatenderse más allá de la intencionalidad de hacerlo. Los sujetos y grupos aprenden constantemente el uso de indicadores diagnósticos y de fármacos a través de la relación médico/paciente, aun dentro del reducido tiempo que caracteriza la consulta médica actual" (Menéndez, 2009: 70). Vemos que en el caso de la tuberculosis padecida por el esposo de la señora A, ésta siguió el consejo de la doctora, compró vitaminas y complejo B para acelerar la recuperación de su esposo. A pesar de que en la actualidad él ya superó la enfermedad, la señora prefiere continuar dándole vitaminas.

Es importante recalcar que el proceso de aprendizaje puede venir de cualquier médico profesional, ya sea alópata o tradicional. Se puede ver afectado por una mala experiencia vivida por parte de las madres. Esto resulta de gran relevancia porque nos permite comprender por qué en las carreras curativas se observa que las decisiones de con quién acudir para tratar la enfermedad muchas veces están definidas por experiencias previas. Las experiencias también se ven influidas por recomendaciones y opiniones de otros miembros del grupo familiar. "El inicio de esta carrera curativa se marca con la detección/diagnóstico de algún malestar; su desarrollo incluye toda serie de decisiones, prácticas y recursos y su terminación, conlleva una evaluación de los resultados y un proceso de aprendizaje que retroalimenta las futuras experiencias en los procesos de s/e/a" (Osorio, 2001: 39).

Un segundo eje de discusión, es el desarrollo de la respuesta a la pregunta de la que partí. El papel protagónico que desempeñan las madres de familia en la dinámica de autoatención. Es necesario recalcar que se trata de un proceso que deja ver la capacidad de agencia de los sujetos, para no caer en la ansiedad de entenderla únicamente como un resultado positivo o negativo en la salud.

Pero la autoatención no implica solo la posibilidad de consecuencias negativas o positivas para la salud, sino que es el medio a través del cual los sujetos y sus grupos pueden evidenciar —y evidenciarse— su capacidad de acción, de creatividad, de encontrar soluciones, y en consecuencia es un mecanismo potencial —y subrayo lo de potencial— de afianzamiento de ciertos micropoderes, así como de la validez de sus propios saberes (Menéndez, 2009: 65).

Un tercer eje de discusión relacionado con el arriba mencionado, es en cuanto a la capacidad de agencia de las madres de familia. Las carreras curativas aquí expuestas me permiten decir que el conocimiento de las madres no es estático y se transmite de generación en generación. Dos de los casos presentados, se trataron de mujeres de la tercera edad, mismas que han relatado sus experiencias a las mujeres más jóvenes. Para el caso de la señora D, quien además es auxiliar de salud, ha compartido sus conocimientos con la mayoría del pueblo, ya que siente que es su responsabilidad. La señora A ha compartido su experiencia con mujeres cercanas, como hijas y amigas. Esto resulta de relevancia porque podemos notar que se trata de conocimientos que no necesariamente vienen, al menos no de manera directa, de un médico profesional. Se trata de conocimientos que se comparten de mujer a mujer, más aún de mujeres en contextos y con códigos culturales similares.

Todos los ejes aquí discutidos se pueden entender como partes de un mismo proceso. El poco acceso de médicos profesionales en el pueblo es uno de los motivos para que las madres sean las principales curadoras de su familia. Cada experiencia de enfermedad ha dejado una huella en su memoria que les permite reaccionar de diversos modos ante los padecimientos de sus familiares. Sus experiencias y conocimientos no son resguardados ni olvidados, sino que son compartidos con otras mujeres de su círculo social. Por eso, en este artículo me atrevo a llamarlas curadoras porque, desde mi experiencia, ellas son las que realmente se las han ingeniado para hacer frente a los padecimientos. Considero que los muchos conocimientos que tienen y lo hábiles que han sido para aprenderlos dejan ver que el papel de los médicos profesionales (alópatas y tradicionales), en San Pedro Juárez, es secundario. El papel de la madre de familia ante un contexto de poca accesibilidad a servicios de infraestructura, salud, educación, entre otros, se vuelve primordial cuando su único fin es velar por el bienestar de su familia.

Conclusiones

Como vimos, el papel de las madres de familia en los procesos de autoatención es primordial. Considero que, muchas veces, sus saberes han sido ignorados cuando se analizan los procesos de salud, enfermedad y atención de los grupos sociales. El conocimiento materno no solo representa la reproducción del saber de sus antepasados, sino la adquisición de nuevos. Las madres, mejor que nadie, pueden dar cuenta de las problemáticas de salud que acontecen en sus grupos sociales. Tal es el caso de las enfermedades emergentes como chikungunya y zika, en Yucatán. Enfermedades que en muchas partes del estado, como San Pedro Juárez, no fueron atendidas en cuanto a prevención e información.

Por lo antes dicho, reconocer el papel de las madres como curadoras permitiría, en el plano de la acción, la creación de talleres en los que sus conocimientos fueran el principal eje de información. Como vimos en el caso de San Pedro Juárez, la Caravana de Salud se encarga de dar información a través de pláticas, pero más interesante sería un dialogo de intercambio de conocimientos. Un dialogo en el que las mujeres no sean consideradas como sujetos pasivos y subordinados. Considero que los médicos profesionales alópatas son los que evidencian más su negación ante el reconocimiento de prácticas de salud locales. Por lo que, un primer paso sería reconocer el saber materno y su capacidad de acción. No sirve de mucho que únicamente les den pláticas, folletos, medicinas e incluso las regañen, sin tomar en cuenta sus percepciones en torno a la enfermedad.

Por último, me gustaría cerrar con una frase que evidencia la inaccesibilidad de servicios médicos. En San Pedro Juárez, y no tengo duda de que en muchos poblados más de Yucatán, es común escuchar: "aquí no hay doctor todos los días, así como ellos, ojalá las enfermedades también tuvieran horario".

Bibliografía

Ander-Egg, Ezequiel. *Métodos y técnicas de investigación social IV.* México: Lumen/Humanitas, 2000.

Encuesta Nacional de Salud y Nutrición (ENSANUT). *Resultados por entidad federativa,* Yucatán, Mérida: Instituto Nacional de Salud Pública, 2012. Disponible en: <http://ensanut.insp.mx/informes/Yucatan-OCT.pdf>.

García Miranda, Julio Teddy. «El trabajo de campo y la investigación antropológica». *Trabajo de campo. La antropología en acción.* Antonio Higuera Bonfil (coord.). 57-70. Quintana Roo: Universidad Autónoma de Quintana Roo, 2006.

Güémez Pineda, Miguel. «La lengua maya en el contexto sociolingüístico peninsular». *Yucatán ante la Ley General de Derechos Lingüísticos de los Pueblos Indígenas.* Esteban Krotz (coord.). 115-148. México: Instituto Nacional de Lenguas Indígenas, Universidad de Oriente, 2008.

Instituto Nacional de Estadística y Geografía (INEGI). *Encuesta Intercensal.* México: 2015. Disponible en: <http://www3.inegi.org.mx/sistemas/tabuladosbasicos/default.aspx?c=33725&s=e>.

Menéndez, Eduardo L. «Modelos, saberes y formas de atención de los padecimientos: de exclusiones ideológicas y de articulaciones prácticas». *De sujetos, saberes y estructuras. Introducción al enfoque relacional en el estudio de la salud colectiva.* Ménendez, Eduardo (coord.) 25-69. Buenos Aires: Lugar Editorial, 2009.

Osorio Carranza, Rosa María. *Entender y atender la enfermedad. Los saberes maternos frente a los padecimientos infantiles.* México: Instituto Nacional Indigenista, Centro de Investigaciones y Estudios Superiores en Antropología Social, Consejo Nacional para la Cultura y las Artes de México-Instituto Nacional de Antropología e Historia, 2001.

Vieytes, Rut. «Campos de aplicación y decisiones de diseño en la investigación cualitativa». *Investigación cualitativa en ciencias sociales. Temas, problemas y aplicaciones.* Aldo Merlino (coord.) 43-84. Buenos Aires: Cengage Learning, 2009.

Capítulo 7
Chikungunya y zika en Yucatán: los mayas ante dos patologías emergentes

Inés Cortés Campos

Introducción

Este capítulo se enfoca en las epidemias de chikungunya y zika de los años 2015 y 2016. Se centra en sus impactos en el oriente de Yucatán, mostrando en específico la situación vivida por los mayas de la región y analizando el marco social, cultural e institucional en el que dichas epidemias se manifestaron. La investigación realizada buscó conocer lo que los mayas vivieron, sintieron y reflexionaron durante y después de las epidemias.[152]

El zika y el chikungunya son enfermedades infecciosas transmitidas por la picadura del mosquito *Aedes aegypti*. Originarias de Asia, las dos patologías son consideradas emergentes en el continente americano, ya que antes del año 2013 no se habían presentado en esta región del mundo. Si bien, algunos autores sostienen que el chikungunya es en realidad una enfermedad reemergente que se manifestó por primera vez en las islas del Caribe en 1827 (Halstead, 2015; Kuno, 2015). En México, estas enfermedades alcanzaron la escala de epidemia en 2015 y 2016. Yucatán fue uno de los estados más afectados: la Secretaría de Salud reportó un total de 1,627 casos confirmados de chikungunya en 2015, lo que representó el 14% del total nacional; así como 820 casos confirmados de zika en 2016, es decir, el 10.8% del total nacional.[153]

Las dificultades de los grupos indígenas de México para acceder a la información y a los servicios públicos de salud son problemáticas que determinan la necesidad de conocer si la condición social de ser indígena ha influido en las afectaciones del chikungunya y el zika. En Yucatán, los mayas constituyen el grupo indígena mayoritario: se estima que la mitad de la población total del estado son mayas (CDI/INEGI, 2010). Los mayas yucatecos han tenido una larga experiencia histórica con varias enfermedades transmitidas por

152 Este escrito es producto del trabajo que realicé como investigadora del proyecto de Cátedras CONACYT para Jóvenes Investigadores no. 764 "El binomio Identidad/Pobreza y su expresión en la salud y el bienestar alimentario", adscrita al CIESAS Peninsular. Agradezco al CONACYT, al CIESAS y a todas las personas entrevistadas por las facilidades prestadas para realizar esta investigación.

153 *Boletín Epidemiológico*, Semana 52, 2015, pág. 40; *Boletín Epidemiológico*, Semana 52, 2016: pág. 31.

mosquitos como: el paludismo, la fiebre amarilla, el dengue y la leishmaniasis o "úlcera de los chicleros", pero ante la novedad del chikungunya y el zika es necesario preguntarse: ¿Cómo se han enfrentado los mayas a estas patologías?, ¿Cuál ha sido la respuesta del modelo de atención médica?,[154] ¿Qué saben y qué han aprendido sobre estas enfermedades previamente desconocidas por ellos?

Con el propósito de responder a las preguntas planteadas, la investigación realizada se enfocó en conocer tres elementos: 1) la respuesta del modelo de atención médica del oriente de Yucatán a los casos de chikungunya y zika en 2015 y 2016, incluyendo el papel de las instituciones de salud pública y de otros agentes ligados a la atención a los procesos de salud/enfermedad; 2) los conocimientos que los mayas yucatecos han adquirido y generado respecto al zika y el chikungunya, sus formas de contagio, riesgos asociados, secuelas y estrategias de prevención; y 3) los factores de riesgo presentes en su entorno que, desde su experiencia, los hicieron vulnerables durante las epidemias. Estudiar estos elementos permite, por una parte, identificar condiciones muy específicas del entorno en el que los mayas se desenvuelven cotidianamente, que podrían ser favorables a la reproducción de los mosquitos transmisores de las infecciones y a sus picaduras y que, de no ser valoradas por los programas de salud pública, podrían quedar excluidas de las estrategias de combate a las dos enfermedades en la región. Por otra parte, posibilita reconocer ideas y prácticas que, ante el desconocimiento de las patologías, podrían ser inadecuadas para atenderlas. Por último, ayuda a evaluar los alcances y las limitaciones de los servicios gubernamentales de salud en un contexto específico, al igual que los costos sociales, económicos y emocionales que este tipo de patologías genera para individuos y familias en regiones indígenas.

Después de la exposición de la metodología utilizada en la investigación, prosigo a la caracterización de la región de estudio, de su modelo de atención médica y de la manera como éste respondió a las epidemias de 2015 y 2016; posteriormente, presento los conocimientos que los mayas han adquirido, hasta este momento, sobre las dos enfermedades; por último, muestro aquellos factores de riesgo y exposición que los mayas reconocen como elementos que favorecen la proliferación de los mosquitos y los contagios de chikungunya y zika.

154 Menéndez (1992: 101) entiende a los modelos de atención médica como: "aquellas construcciones que a partir de determinados rasgos estructurales suponen en la construcción de los mismos no sólo (*sic*) la producción teórica, técnica, ideológica y socioeconómica de los "curadores" (incluidos los médicos), sino también la participación en todas esas dimensiones de los conjuntos sociales implicados en su funcionamiento". Identifica tres grandes modelos de atención: el biomédico, considerado hegemónico en el mundo contemporáneo y dominado por el biologicismo y la tecnología; el saber médico popular o tradicional, que opera en condiciones de subalternidad frente al modelo biomédico y que suele basarse en los sistemas de creencias indígenas; y la autoatención, el modelo de atención más común y que articula los dos modelos anteriores.

Metodología

La investigación se realizó en cuatro poblaciones del oriente de Yucatán, pertenecientes al municipio de Tizimín: Tixcancal, San Luis Tzuctuk, Dzonot Mezo y San Lorenzo Chiquilá. Al centrar la investigación en esta región, el interés era captar la realidad de un espacio rural de Yucatán alejado de la ciudad de Mérida, capital del estado, ya que ésta concentra los servicios y estrategias de salud pública más grandes e importantes de la entidad. Además, el oriente de Yucatán es habitado por una extensa población maya, que en el municipio de Tizimín se contabilizaba en 53,650 personas en el año 2010, cantidad que representaba el 73.3% del total de la población de dicho municipio (CDI/INEGI, 2010). En Tizimín, la fuerte presencia indígena, aunada a la precariedad de los servicios públicos de salud especialmente en las localidades más alejadas de la cabecera municipal, determina que los métodos tradicionales de curar tengan una gran fuerza en la atención a la enfermedad; esta condición hace sumamente relevante valorar el papel de los conocimientos locales ante la novedad de las dos patologías de interés. En las poblaciones de estudio documenté la situación de 27 hogares, utilizando instrumentos variados, principalmente: cuestionarios, entrevistas en profundidad y pláticas informales. Apliqué un total de 18 cuestionarios, conformados por una sección de preguntas cerradas y otra sección de preguntas abiertas, aparte llevé a cabo 9 entrevistas abiertas. La selección de los hogares estudiados y su número no estuvo sujeta a un muestreo, sino que fue subjetiva y dependió de la conveniencia: al momento de realizar el trabajo de campo me interesó acudir directamente a hogares de cuyos miembros se sospechaba o se tenía la certeza de que habían padecido chikungunya o zika. Además, el número de hogares estudiados fue determinado por el tiempo con el que conté para realizar el trabajo de campo (aproximadamente, cinco meses en los que realicé visitas intermitentes a las localidades). Cabe señalar que la investigación fue realizada mediante consentimiento informado: presenté el proyecto en dos juntas de Prospera (una en Tixcancal y otra en San Luis Tzuctuk) y en una junta en la clínica de Tixcancal con derechohabientes de la misma.

En todos los hogares los principales informantes fueron mujeres, aunque en algunas entrevistas hubo varones presentes que relataron sus propias experiencias con las enfermedades de interés. La preferencia por la perspectiva de las mujeres es un sesgo importante en los resultados de la investigación, pues por la estrategia utilizada para informar sobre los objetivos de la investigación, la gran mayoría de las entrevistadas eran beneficiarias del programa gubernamental Prospera. Es un sesgo porque, como expondré en el siguiente apartado, dicho programa constantemente socializa a las beneficiarias en varios temas de salud, entre los cuales figuran las enfermedades vectoriales. Por otra parte, realicé entrevistas en profundidad con varias personas ligadas a la salud en las poblaciones de estudio, tanto varones como mujeres: auxiliares de salud, parteras, médicos tradicionales, sobadores y otras voluntarias de salud del programa mencionado. Además, mediante la convivencia cotidiana con las familias entrevistadas y los recorridos en sus pueblos y lugares de trabajo, procuré identificar si en las prácticas de las personas y en su entorno habría elementos que favorecían la exposición a los mosquitos.

El trabajo de campo lo realicé entre enero y junio de 2017, en la sucesión entre la etapa de secas y al comienzo de la temporada de lluvias en Yucatán, lo que permitió captar las percepciones de las personas justo en el momento en que iniciaba la época más intensa de brote de los mosquitos.

Modelo de atención médica en el oriente de Yucatán

El oriente yucateco es una zona rural cuyas principales actividades productivas son la ganadería de vacunos —dedicada a la producción de pies de crías para su venta y engorda en el sureste y centro de México— y el cultivo agroindustrial de hortalizas y de frutos tropicales variados, en particular, la papaya maradol y el chile habanero, dirigidos a mercados nacionales y de exportación. Aunque algunos varones mayas cuentan con tierras ejidales que utilizan tanto para la aparcería de vacunos como para el cultivo comercial de los productos mencionados, en realidad, su mayor participación en las dos actividades es el empleo como jornaleros en ranchos y plantaciones, donde obtienen salarios que en 2017 no rebasaban los 600 pesos semanales y en los que los que los patrones no suelen inscribir a los trabajadores en esquemas de seguridad social. Son pocos los que desarrollan cultivos de autosubsistencia: algunos siembran maíz en reducidas cantidades, valiéndose del temporal, pero con pocas expectativas sobre el futuro de la cosecha debido a las serias variaciones que han comenzado a observar en la caída de las lluvias. Las mujeres, por su parte, se dedican al cuidado de la familia y del hogar; algunas de ellas desarrollan en sus solares cultivos de autoconsumo, aunque ésta es una práctica que día con día disminuye.[155] La subsistencia de muchas familias depende del empleo de

155 Los mayas denominan solar al espacio destinado a la vivienda, donde además de una casa tradicional maya y una o varias piezas modernas, hechas con bloques de concreto, se realizan actividades importantes para la subsistencia cotidiana, como la cría de animales (cerdos, gallinas y pavos, principalmente) y el cultivo de hortalizas.

uno o varios de sus integrantes como asalariados en los sitios turísticos de la costa de Quintana Roo, y en menor medida, en Mérida y en la cabecera municipal de Tizimín; en estos lugares, los salarios son considerablemente más elevados que en la región de estudio. Algunos municipios de la región han sido ubicados en los índices de marginación más altos de Yucatán: de hecho, las cuatro localidades de estudio son consideradas como de alta marginación (CONAPO, 2010).

El municipio de Tizimín es el más grande del oriente yucateco, cuenta con 73,138 habitantes, distribuidos entre la cabecera municipal homónima, donde vive el grueso de la población (47,158 personas) y cerca de cien localidades de muy baja densidad de población, que en conjunto son habitadas por 25,980 personas (CDI/INEGI, 2010). La vecina ciudad de Valladolid y la cabecera municipal de Tizimín concentran los principales servicios de salud del oriente de Yucatán. En ambas es posible acceder al primer nivel y al segundo nivel de atención. (Véase la tabla 1. Establecimientos para el primer nivel de atención en el municipio de Tizimín). Respecto al primer nivel de atención, enfocándonos en el municipio de Tizimín, en la cabecera municipal existen clínicas y centros de salud gubernamentales y varios consultorios particulares, algunos de ellos a bajo costo, siendo éstos los más populares entre la población maya, particularmente los adyacentes a Farmacias Similares. Por su parte, en las localidades el primer nivel de atención lo brindan: a) centros de salud gubernamentales, atendidos por médicos todos los días; b) unidades móviles de salud y Caravanas de la salud con médicos y enfermeros que acuden una o varias veces a la semana o al mes a las poblaciones que carecen de centros de salud (Tabla1); y c) auxiliares de salud, en su mayoría mujeres mayahablantes que tienen gran reconocimiento en sus pueblos. Éstas han sido capacitadas por diversos programas gubernamentales para brindar primeros auxilios, valorar y canalizar ciertos padecimientos, además cuentan con un dispensario con medicamentos de circulación libre y que son de acceso gratuito para todos los habitantes; algunos auxiliares de salud son parteras, sobadores, yerbateros y hueseros, por lo que constituyen un puente que posibilita la articulación entre la medicina tradicional y la medicina alópata.

Tabla 1. Establecimientos para el primer nivel de atención en el municipio de Tizimín

CLUES[1]	Nombre de la unidad	Institución de salud a la que pertenece	Localidad	Tipo de servicio ofrecido	Tipo de establecimiento	Nivel de atención
YNIMO001006	Tizimín	IMSS-Prospera	Tizimín	De consulta externa	Unidad Médica Urbana	Primer Nivel
YNIMS000264	UMF5 Tizimín	IMSS	Tizimín	De hospitalización	Hospital General de Subzona con Medicina Familiar	Segundo Nivel
YNIMS000276	UMF 6 Col. Yucatán	IMSS	Tizimín	De consulta externa	Unidad de Medicina Familiar con Hospitalización	Primer Nivel
YNIST000165	Tizimín	ISSSTE	Tizimín	De consulta externa	Unidad de Medicina Familiar de dos consultorios	Primer Nivel
YNSMP001410	Farmacias Similares	Privada	Tizimín	De consulta externa	Consultorio Adyacente a Farmacia	Primer Nivel
YNSMP001425	Farmacias Similares	Privada	Tizimín	De consulta externa	Consultorio Adyacente A Farmacia	Primer Nivel
YNSMP001434	Farmacias Similares	Privada	Tizimín	De consulta externa	Consultorio Adyacente A Farmacia	Primer Nivel
YNSSA001236	Centro de Salud Tizimín	SSA	Tizimín	De consulta externa	Urbano De 10 Núcleos Básicos	Primer Nivel
YNSSA013812	Centro de Atención Primaria para las Adicciones	SSA	Tizimín	De consulta externa	Unidad De Especialidades Médicas (UNEMES)	Primer Nivel
YNIMO000731	De consulta externa	IMSS-Prospera	Dzonot Carretero	De consulta externa	Unidad Médica Rural	Primer Nivel
YNIMO000743	De consulta externa	IMSS-Prospera	El Edén (Yaxic)	De consulta externa	Unidad Médica Rural	Primer Nivel
YNIMO000755	De consulta externa	IMSS-Prospera	Samaria	De consulta externa	Unidad Médica Rural	Primer Nivel
YNIMO000760	De consulta externa	IMSS-Prospera	Tixcancal	De consulta externa	Unidad Médica Rural	Primer Nivel

YNSSA001241	De consulta externa	SSA	Colonia Yucatán	De consulta externa	Rural de 01 Núcleo Básico	Primer Nivel
YNSSA001253	De consulta externa	SSA	El Cuyo	De consulta externa	Rural de 01 Núcleo Básico	Primer Nivel
YNSSA001265	De consulta externa	SSA	Chan San Antonio	De consulta externa	Rural de 01 Núcleo Básico	Primer Nivel
YNSSA001270	De consulta externa	SSA	Dzonot Aké	De consulta externa	Unidad Móvil	Primer Nivel
YNSSA001282	De consulta externa	SSA	Manuel Cepeda Peraza	De consulta externa	Unidad Móvil	Primer Nivel
YNSSA001294	De consulta externa	SSA	Popol Nah	De consulta externa	Rural de 01 Núcleo Básico	Primer Nivel
YNSSA001306	De consulta externa	SSA	La Sierra	De consulta externa	Unidad Móvil	Primer Nivel
YNSSA001311	De consulta externa	SSA	Sucopó	De consulta externa	Rural de 01 Núcleo Básico	Primer Nivel
YNSSA001323	De consulta externa	SSA	Yaxchekú	De consulta externa	Rural de 01 Núcleo Básico	Primer Nivel
YNSSA001335	De consulta externa	SSA	Yohactún de Hidalgo	De consulta externa	Rural de 01 Núcleo Básico	Primer Nivel
YNSSA001340	De consulta externa	SSA	Chan Cenote	De consulta externa	Rural de 01 Núcleo Básico	Primer Nivel

1. Clave Única de Establecimientos de Salud.

Fuente: [Consultado el 19 de enero de 2017]. Disponible en: http://www.dgis.salud.gob.mx/contenidos/intercambio/clues.html.

Tabla 2. Establecimientos para el segundo nivel de atención en el municipio de Tizimín

CLUES	Nombre de la unidad	Institución de salud a la que pertenece	Localidad	Tipo de servicio ofrecido	Tipo de estable-cimiento	Nivel de atención
YNSSA001224	Hospital General San Carlos	SSA	Tizimín	De hospitalización	Hospital General	Segundo Nivel

YNSMP000196	Clínica de Maternidad Guadalupe	Privada	Tizimín	De hospitalización	No especificado	Segundo Nivel
YNSMP000201	Clínica Sta. María	Privada	Tizimín	De hospitalización	No especificado	Segundo Nivel
YNSMP000213	Central Médico Quirúrgico de Jesús S.A. de C.V.	Privada	Tizimín	De hospitalización	No especificado	Segundo Nivel
YNSMP000225	Central de Especialidades Médicas	Privada	Tizimín	De hospitalización	No especificado	Segundo Nivel

Clave Única de Establecimientos de Salud (CLUES)
Fuente: [Consultado el 19 de enero de 2017]. Disponible en: http://www.dgis.salud.gob.mx/contenidos/intercambio/clues.html.

Gran parte de los servicios médicos gubernamentales proporcionados en estas instituciones son gratuitos, al igual que los medicamentos y ciertos exámenes de diagnóstico. Los adultos que no cuentan con otro esquema de seguridad social pueden acceder a estos servicios mediante la afiliación voluntaria al Seguro Popular, programa gubernamental que brinda servicios médicos gratuitos o a bajo costo a todos los mexicanos que se inscriban en él; los niños y las personas de la tercera edad pueden acceder a él inscribiéndose en Prospera. Sin embargo, como señalaron los entrevistados, año con año ha ido reduciéndose el abanico de padecimientos y exámenes que el Seguro Popular proporciona sin costo. Además, los métodos curativos tradicionales, ejercidos por curanderos, yerbateros, hueseros, sobadores, médicos tradicionales y parteras, están presentes en casi todas las localidades y constituyen un ámbito al que muchos mayas del oriente de Yucatán acuden con gran frecuencia, no solo porque, en algunos casos, resultan más baratos y accesibles, sino también porque están más apegados a su sistema de creencias y a sus concepciones sobre ciertos padecimientos, además de que hay personas que manifiestan cierta desconfianza hacia los médicos, sobre todo cuando se trata de pacientes mujeres atendidas por médicos varones.

Con respecto a las localidades de estudio, Tixcancal es la más grande y cuenta con más de 2 mil habitantes, mientras que en cada una de las otras cuatro viven menos de 500 habitantes. En las cuatro poblaciones de estudio, los mayas integran casi la totalidad de los habitantes (Tabla 3). Tixcancal cuenta con una clínica del tipo Unidad Médica Rural, adscrita al IMSS-Prospera, la cual brinda servicios a esta población y a otras cuatro de los alrededores, entre las que se ubican las tres que abarcó el estudio: Dzonot Mezo, San Lorenzo Chiquilá, San Luis Tzuctuk y San Isidro. Esta clínica es atendida por dos médicos pasantes que dan consultas de lunes a sábado entre 8 de la mañana y 4 de la tarde; además, un médico titulado atiende sábados y domingos de 8 de la mañana a 2 de la tarde. Ninguno de los médicos habla maya, sin embargo, los auxilia una enfermera y dos voluntarias de salud mayahablantes; además, 50 mujeres son promotoras de salud, todas ellas beneficiarias del programa Prospera. El consultorio consta de instrumental básico de diagnóstico, un par de camillas y un sencillo dispensario de medicamentos; afuera del mismo hay un techo de concreto que funciona a modo de sala de espera, construido con los donativos y la mano de obra de los derechohabientes. Una vez al mes, los médicos pasantes realizan una junta con los derechohabientes en la que imparten temas de salud, alimentación y, en general, platican sobre asuntos concernientes a la clínica, como la limpieza de la misma (que recae en el trabajo voluntario de los derechohabientes) y los roles de las voluntarias de salud.

Tabla 3. Población total y población indígena en las localidades de estudio

Localidad	Total de habitantes	Población indígena	Porcentaje de población mayor de 15 años analfabeta	Grado de marginación
Dzonot Mezo	294	285	22.2	Alto
San Lorenzo Chiquilá	400	400	14.9	Alto
San Luis Tzuctuk	237	231	29.1	Alto
Tixcancal	2,165	2,156	26.1	Alto
Total	3,096	3,072	24.5	

Fuente: CONAPO (2010) y CDI/INEGI (2010).

Uno de los principales problemas que presenta esta clínica es que, para consultar en ella, cada una de las cinco poblaciones tiene un día asignado por semana al que los derechohabientes se ven obligados a apegarse, pero como comentaba una madre de familia: "a nosotros nos toca consultar martes, pero si nos enfermamos viernes, no nos quieren atender". Otro problema de gran importancia es que ni Tixcancal ni las demás localidades cuentan con ambulancia, por lo que, en casos de urgencia, las familias deben conseguir por su cuenta medios para trasladar a los enfermos, generalmente contratando taxis particulares que pueden cobrarles entre 80 y 120 pesos.

Además de la clínica de Tixcancal, hay otros actores y prácticas de suma importancia en el ámbito de la salud en las cuatro localidades estudiadas, principalmente: auxiliares de salud, parteras, yerbateros y sobadores. Son personajes de gran reconocimiento y legitimidad en las poblaciones, a quienes se acude a consultar con regularidad, ya sea por la falta de medios para ir a la clínica de Tixcancal o porque se considera que algunos padecimientos no pueden ser resueltos por la medicina alópata o porque algunas personas desconfían de los médicos.

En las cuatro localidades de estudio, debido a las limitaciones en la infraestructura de los servicios médicos en la región y los pocos medios para acceder a la medicina privada, muchas personas se ven en la necesidad de autodiagnosticarse y automedicarse, generalmente comprando medicamentos de venta libre en las tiendas de sus pueblos y en las farmacias de la cabecera municipal, o si no, utilizando la herbolaria de la región. Solamente ante situaciones y padecimientos de extrema gravedad, las familias procuran medios para acudir a clínicas y médicos particulares.

Por otra parte, el programa Prospera es un agente de suma relevancia en el ámbito de la salud pública en las localidades de estudio. Es un programa gubernamental orientado a la asistencia social que, con base en un estudio socioeconómico y la ubicación de las localidades según los índices de pobreza que se han identificado en las diferentes regiones del país, otorga a familias catalogadas como de bajos recursos una ayuda monetaria una vez al mes, dependiendo del número de hijos en edad escolar con los que cuenten y sus edades, o bien, de personas de la tercera edad sin ingresos económicos. Además, como parte del programa, tienen acceso a los servicios médicos de las clínicas adscritas a él. En el oriente de Yucatán, las madres de familia son las titulares del programa y son ellas quienes reciben, mes con mes, los pagos. Para conservar el estímulo, los hijos beneficiados deben mantener una calificación promedio en la escuela y las madres deben participar en todas las actividades que el programa les exija, todas ellas estrechamente ligadas con la salud, entre ellas las siguientes: la limpieza de espacios públicos en el pueblo, el auxilio en actividades promovidas por las escuelas del pueblo, la asistencia a juntas y pláticas y, en general, la promoción a todo tipo de tareas concernientes a la salud y bienestar. Asimismo, las titulares deben acudir, junto con los hijos beneficiarios, a una valoración médica una vez al mes, realizada por los médicos de la clínica de Tixcancal. En esta valoración se mide el estado nutricio de los niños y jóvenes, y se espera que se pueda detectar tempranamente algún problema de salud, además de que se cubre el programa de vacunación de la Secretaría de Salud. También, estas visitas médicas son de asistencia obligatoria. Por ello, si las titulares faltan a las mismas o no cumplen con las actividades programadas, acumulan inasistencias que pueden repercutir en la ayuda económica. En cada población, algunas mujeres beneficiarias del programa son seleccionadas para fungir como promotoras de salud, ayudando a los médicos de la clínica de Tixcancal en la ejecución de determinadas tareas, principalmente de limpieza.

Otro elemento importante es el hecho de que, aunque las cuatro localidades de estudio no se encuentran significativamente alejadas de los principales nodos poblacionales de la región, tienen graves carencias de comunicación: cuentan con caminos pavimentados que las comunican entre sí y con otros poblados, pero el transporte público es poco frecuente y costoso para el nivel de ingresos. Esto se observa en que solamente hay dos o tres corridas de camiones al día y los taxis particulares, que son más frecuentes, pueden cobrar entre 30 y 60 pesos por traslado a la cabecera municipal, según su punto de partida. Además, únicamente Tixcancal cuenta con líneas telefónicas cableadas, servicio de internet y una sola antena para telefonía celular, que en determinados puntos posibilita una débil conexión a internet por medio de la red 3G. Las otras tres poblaciones de estudio carecen de antenas de telefonía celular y tampoco tienen servicio cableado de telefonía. Ante problemas de salud, la dificultad para trasladar de urgencia a los enfermos o accidentados, así como la imposibilidad de comunicarse con los familiares que han sido hospitalizados en Tizimín o en Mérida son problemas que generan mucha preocupación para las familias. A pesar de esto, existen medios que difunden continuamente información en las cuatro localidades, lo que resultó de importancia en el contexto de la emergencia de las enfermedades de interés. Por ejemplo, cuentan con servicios informales de televisión de paga, mediante los que pueden sintonizar canales locales, nacionales e internacionales. Además, un medio de comunicación muy importante es la radio. A las cuatro poblaciones llegan estaciones radiofónicas de Mérida y de Valladolid que transmiten noticias internacionales, nacionales y, principalmente la última, difunde notas concernientes al entorno regional del oriente de Yucatán.

Por último, cabe señalar que en las localidades estudiadas las viviendas cuentan con una o varias piezas de concreto y otras características de la vivienda maya tradicional, construidas con techo de paja y paredes de costaneras o bajareque, un material de construcción hecho a base de barro, zacate y agua. En la parte trasera o en medio del solar se encuentra un baño sin agua o una letrina. Muy pocos hogares cuentan con mosquiteros. Un problema por el que atraviesan todas las poblaciones de la región es la carencia de agua potable. Todos los hogares cuentan con un servicio de agua entubada (no potabilizada) domiciliar sumamente precario, el cual abastece del líquido solo durante un par de horas al día, generalmente en las mañanas. Esto obliga a que las familias deban acopiar el agua todos los días para satisfacer sus necesidades cotidianas.[156]

De lo dicho hasta aquí se desprende que, en las cuatro localidades de estudio y en la región en general, existe un fuerte involucramiento estatal que, sin embargo, deja vacíos importantes que familias e individuos deben resarcir con sus propios medios, ya sea mediante la autoatención o apoyándose en los servicios de parteras, médicos tradicionales, auxiliares de salud y otros sujetos ligados a los procesos de salud/enfermedad en sus poblaciones. Por lo tanto, el modelo de atención a la salud se caracteriza por el predominio del modelo biomédico que, sin embargo, mediante prácticas de autoatención, se encuentra fuertemente articulado al modelo médico tradicional, que permanece como instancia curativa subalterna y, en algunos casos, clandestina.

Éste fue el contexto en el que tuvieron lugar las epidemias de chikungunya y zika de 2015 y 2016. A continuación, presento una breve crónica de lo acontecido durante las mismas y la respuesta del modelo de atención descrito. Para ello, recupero tanto la información vertida en los principales medios de circulación, como también los testimonios de los informantes en las poblaciones estudiadas.

La respuesta a las epidemias

En julio de 2015 todavía no se reconocía de manera contundente la presencia del chikungunya en Tizimín. En ese mes se dieron dos declaraciones contradictorias entre las autoridades sanitarias: mientras que el titular de la Secretaría de Salud estatal daba a conocer seis casos autóctonos confirmados de chikungunya en Tizimín, Valladolid y Pisté, el Centro de Salud del mu-

156 El agua entubada proviene de sistemas de bombeo instalados en un pozo perforado ad hoc en cada población, que funciona con energía eléctrica y que almacena el agua en tanques elevados de gran capacidad, desde el cual se redistribuye hacia los hogares. Constantemente, se colocan pastillas de cloro en los tanques elevados, responsabilidad que recae en la persona encargada de administrar el servicio del agua en cada localidad.

nicipio lo negaba (Diario de Yucatán, 2015). Los primeros casos autóctonos de chikungunya en el oriente de Yucatán comenzaron a darse a conocer de manera oficial hasta agosto. En eso coinciden los testimonios orales recogidos en 2017, los periódicos y la propia experiencia de la investigadora en la región en ese periodo en el año 2015.

En las localidades de estudio, cuando las personas comenzaban a presentar fiebres, ronchas y dolores musculares, acudían a la clínica de Tixcancal a consultar. Ante la carencia de pruebas sanguíneas, mediante un diagnóstico sintomatológico los médicos informaban a los pacientes que se habían contagiado de chikungunya, a la que describían como una enfermedad nueva, pero semejante al dengue, en el sentido de que se transmitía por la picadura del mosquito; para algunas personas ésta era la primera vez que escuchaban del chikungunya. Cabe señalar que, desde hace varios años, los auxiliares de salud han sido capacitados para la toma del tipo de muestra sanguínea conocida como "gota gruesa", como estrategia para detectar y combatir el paludismo y el dengue. La instrucción que los auxiliares han recibido es que, cuando acuda con ellos alguna persona con fiebre, deben tomar su muestra sanguínea y conservarla, de manera que el departamento de Vectores de la Secretaría de Salud la acopie, para su análisis, en sus visitas periódicas a las localidades, pero es probable que, por el desconocimiento del chikungunya, no se hubieran realizado estas pruebas.

El tratamiento que los adultos recibían en la clínica de Tixcancal consistía en tabletas de paracetamol, loratadina, neomelubrina, diclofenaco o naproxén, y en algunos casos, inyecciones; además, se les indicaba reposo. Varios testimonios señalaron que la clínica les suministraba el medicamento y otros indicaron que solamente les daban las recetas y que los pacientes debían surtirlas por su cuenta, generalmente en la cabecera municipal. Cuando se trataba de menores (bebés, niños y jóvenes) que luego de haber consultado seguían con malestares, algunas familias los llevaban a clínicas de la cabecera municipal, ya sea de la Secretaría de Salud, o bien, en consultorios particulares, siendo los más populares los adyacentes a Farmacias Similares. Las consultas, los medicamentos y análisis requeridos, eran cubiertos con recursos propios de las familias.

Esto también ocurrió cuando, al pasar los días, la capacidad de la clínica de Tixcancal se vio sobrepasada para atender a los casos que se acumulaban no solo de esta población, sino también de las demás que dependen de ella (Tabla 4). Algunas personas señalaron que prefirieron no ir a consultar, ya sea porque sus malestares eran tan graves que no podían moverse, o bien, porque pensaban que no se les atendería en las clínicas por la gran cantidad de pacientes que había. Hubo casos de enfermos que acudieron a yerbateros y curanderos, y por supuesto, a los auxiliares de salud; cabe señalar que, en ese momento, los auxiliares de salud no habían sido instruidos por las instituciones de salud sobre cómo atender los casos de chikungunya en sus pueblos. A la vez, la automedicación y el uso de remedios caseros fueron acciones recurrentes: para reducir las fiebres y los dolores musculares, algunas personas utilizaron remedios tópicos, como pomadas comerciales naturistas y lociones a base de alcohol y hierbas, elaborados por los yerbateros de la región. Otras personas incrementaron su consumo de jugos de los cítricos a su alcance: naranja dulce, limón, lima y naranja agria.

Tabla 4. Características sociodemográficas de las personas que declararon haberse enfermado con chikungunya o zika en las poblaciones de estudio

	Sexo	Edad	Ocupación	Patología	Año
1	M	37	Labores domésticas	Chikungunya	2015
2	M	55	Labores domésticas	Chikungunya	2015
3	H	55	Trabajo en parcela propia	Chikungunya	2015
4	M	31	Empleada en su localidad	Chikungunya	2015
5	H	15	Estudiante	Chikungunya	2015
6	M	8	Estudiante	Chikungunya	2015
7	H	47	Trabaja en parcela propia	Chikungunya	2015
8	H	40	Trabaja en parcela propia	Chikungunya	2015
9	H	8	Estudiante	Chikungunya	2015
10	H	3	Otro	Chikungunya	2015
11	M	50	Labores domésticas	Chikungunya	2015
12	H	43	Jornalero en rancho	Chikungunya	2015
13	H	17	Estudiante	Chikungunya	2015
14	H	15	Estudiante	Chikungunya	2015
15	H	13	Estudiante	Chikungunya	2015
16	M	29	Labores domésticas	Chikungunya	2015
17	M	49	Labores domésticas	Chikungunya	2015
18	H	29	Trabaja en parcela propia	Chikungunya	2015
19	H	7	Estudiante	Chikungunya	2015
20	H	16	Estudiante	Chikungunya	2015

21	M	23	Labores domésticas	Chikungunya	2016
22	H	29	Jornalero en rancho	Chikungunya	2016
23	H	49	Jornalero en rancho	Chikungunya	2016
24	M	25	Labores domésticas	Chikungunya	2016
25	M	9	Estudiante	Chikungunya	2016
26	M	50	Labores domésticas	Chikungunya	2016
27	M	19	Labores domésticas	Chikungunya	2016
28	M	16	Estudiante	Chikungunya	2016
29	M	34	Labores domésticas	Chikungunya	2016
30	H	54	Trabaja en parcela propia	Chikungunya	2016
31	H	17	Empleado	Chikungunya	2016
32	M	46	Labores domésticas	Zika	2016
33	M	15	Estudiante	Zika	2016
34	H	76	Retirado en su casa	Zika	2016
35	H	6	Estudiante	Zika	2016
36	M	27	Maestra	Chikungunya	2016
37	H	6	Estudiante	Chikungunya	2016
38	M	46	Labores domésticas	Chikungunya	2016
39	M	7	Estudiante	Chikungunya	2016
40	M	48	Labores domésticas	Chikungunya	2016
41	M	14	Estudiante	Chikungunya	2016
42	M	12	Estudiante	Chikungunya	2016
43	M	17	Estudiante	Chikungunya	2016
44	H	48	Jornalero en rancho	Chikungunya	2016
45	M	8	Estudiante	Chikungunya	2016
46	H	Sin dato	Sin dato	Chikungunya	2016
47	H	73	Trabaja en parcela propia	Chikungunya	2016
48	H	Sin dato	Sin dato	Chikungunya	2016
49	H	11	Estudiante	Chikungunya y dengue	2015 y 2016
50	M	46	Labores domésticas	Chikungunya y zika	2015 y 2016
51	H	32	Jornalero en rancho	Chikungunya	2015
52	M	33	Labores domésticas	Chikungunya	2015
53	M	80	Labores domésticas	Chikungunya	2015
54	M	53	Labores domésticas	Chikungunya	Sin dato
55	M	51	Labores domésticas	Chikungunya	Sin dato

56	H	33	Jornalero en rancho	Chikungunya	Sin dato
57	M	66	Labores domésticas	Chikungunya	Sin dato

Fuente: trabajo de campo.

Es de notarse que, en 2015, en las localidades de estudio, hubo pocas medidas gubernamentales para contener la epidemia y para atender al número creciente de enfermos en la región: los testimonios indican que no se incrementó la capacidad de la clínica de Tixcancal ni se llevaron a cabo acciones para erradicar a los mosquitos. Tampoco se tomaron medidas importantes para aislar a los enfermos; la única acción fue que, durante la epidemia, el médico de la clínica de Tixcancal acudió a los hogares de algunos enfermos, a los que les entregó pabellones otorgados por la Secretaría de Salud, indicándoles que los utilizaran para que no contagiaran a otras personas. Los testimonios tampoco dieron cuenta de estrategias colectivas puestas en marcha a nivel comunitario para combatir a los mosquitos. Así, es posible afirmar que, ante la debilidad de los servicios gubernamentales de salud para encarar la epidemia de chikungunya de 2015, los principales componentes de la atención brindada a los enfermos fueron las estrategias familiares para la autoatención, principalmente: el autodiagnóstico, automedicación —basada lo mismo en la medicina alópata que en la tradicional— y compra con recursos propios de medicamentos y de servicios médicos particulares. Esto coincide con lo documentado por Peniche y Angelotti (2018) en la misma región.

En 2016, además del chikungunya se presentó una nueva patología emergente: el zika, de la que registré cinco personas presuntamente diagnosticadas con esta enfermedad. Las respuestas de los enfermos y la atención que recibieron en la clínica de Tixcancal fueron casi las mismas que en 2015: al presentar fiebres y dolores musculares, quienes acudían a consultar eran diagnosticados en forma sintomatológica con chikungunya o zika. Los testimonios indican que, en esta ocasión, los servicios médicos presentaron las mismas limitaciones que durante la primera epidemia de chikungunya: falta de personal para atender al número de enfermos que, día con día, se incrementaba, falta de medicamentos y falta de pruebas sanguíneas. Como parte de las capacitaciones que los auxiliares de salud reciben de la Secretaría de Salud de Tizimín, en 2016 y 2017 tomaron pláticas informativas sobre cómo prevenir los contagios de chikungunya y el zika, que debían replicar en sus pueblos. Es de destacarse, sin embargo, que no declararon recibir, propiamente, un protocolo sobre cómo atender los casos que se presentaran en sus pueblos, más que la instrucción de canalizar a los casos probables con los médicos. Ante este panorama, al igual que en 2015, en 2016 la autoatención siguió siendo una práctica recurrente para enfrentar al chikungunya y al zika.

No obstante, los médicos debieron encarar un reto adicional: posiblemente por la amenaza que el zika implicaba para los fetos en gestación, los médicos tenían la instrucción de canalizar a los diagnosticados con esta enfermedad al Hospital San Carlos, pero al carecer de pruebas sanguíneas, ¿Cómo determinar que se trataba de una u otra enfermedad, si la sintomatología es muy parecida? Una persona diagnosticada con zika refirió que, al principio, el médico no la quería canalizar al Hospital San Carlos porque no estaba seguro de si realmente estaba infectada con esta patología y tenía temor de ser regañado por haber dado un diagnóstico erróneo. Esta situación muestra que la carencia de pruebas sanguíneas en la clínica de Tixcancal implicó no solo una encrucijada para los médicos de Tixcancal, sino también el riesgo de que los enfermos no recibieran el tratamiento adecuado en el momento oportuno.

Sin embargo, la situación de 2016 presentó algunas diferencias respecto a lo ocurrido en 2015, siendo la más notable el surgimiento de nuevas respuestas gubernamentales, más dirigidas hacia la prevención y menos al incremento en el personal e infraestructura médico en las localidades de estudio.

Entre estas nuevas respuestas gubernamentales, destacó la realización de tareas preventivas contra la proliferación y el brote de los mosquitos, las cuales se caracterizaron por apoyarse fuertemente en ciertos componentes de la organización social de las poblaciones, al delegar en sus habitantes la ejecución de determinadas acciones. Así, el programa Prospera se convirtió en un componente institucional clave de este nuevo andamiaje gubernamental para la contingencia sanitaria. En las poblaciones de estudio, algunas de esas medidas incluyeron una campaña de fumigación y la entrega de abate a las promotoras de salud de Prospera para que lo distribuyeran y/o aplicaran en todos los hogares. Además, la clínica deTixcancal dio pabellones a algunas familias con bebés y niños pequeños. Estas acciones tuvieron limitaciones importantes: por ejemplo, no se distribuyó tela de mosquitero, a pesar de su importancia para prevenir las picaduras de los mosquitos y los pabellones no se otorgaron obligatoriamente a las mujeres embarazadas, dado el riesgo de microcefalia que el contagio de zika implicaba para los fetos (Relich y Loeffelholz, 2017).

La educación de la población respecto a los factores que contribuyen a la proliferación de los mosquitos y sus picaduras fue la respuesta gubernamental más visible e importante ante las dos patologías en 2016. Prospera se convirtió en un agente protagónico en la difusión de la información sobre dichas enfermedades y en la puesta en marcha de actividades de prevención. Entre tales actividades, en Tixcancal se incluyeron pláticas informativas sobre ambas enfermedades como parte del abanico de temas en los que los representantes del mismo instruirían a las familias beneficiarias. En estas pláticas, para hablar del chikungunya, los médicos hacían referencia a su semejanza con el dengue, principalmente, su transmisión mediante la picadura de un mosquito; además, se hacía énfasis en que las labores comunitarias de limpieza eran esenciales para reducir el brote de los mosquitos y evitar así una nueva epidemia de chikungunya y de zika. Como parte de las pláticas en la clínica, se realizaron tareas notables: a las beneficiarias de Prospera se les encargó recolectar "gusarapos" —las larvas de las que brotan los mosquitos—; las mujeres atrapaban las larvas y las encerraban en un frasco con una telilla, lo que les permitía observar cómo el mosco brotaba y después moría. De la misma forma, en las juntas mensuales que organizan los médicos de Tixcancal se incluyeron pláticas sobre el zika y el chikungunya. Otra actividad importante en la que Prospera involucró a las madres de familia fue la distribución y la aplicación de abate en los hogares. Por otra parte, en las escuelas comenzó a asignarse a los niños tareas relacionadas con la investigación del chikungunya y el zika, sus formas de contagio y prevención.

En este marco, Prospera lideró la organización de "fajinas" comunitarias para la limpieza de los pueblos. Como una forma de evitar la reproducción de los mosquitos, Prospera, a través de sus gestores estatales, ordenó a algunas beneficiarias del programa y a los auxiliares de salud que organizaran roles de limpieza en los espacios públicos de sus pueblos, incluyendo las escuelas, y para que también monitorearan la higiene en los hogares de las demás beneficiarias. Ahora, se asignaría una "falta" en el cumplimiento de las actividades programadas por Prospera a quienes no participaran en estas actividades, o bien, que no mantuvieran limpios sus hogares, lo que podría impactar en el estímulo económico que reciben como parte del programa. Estas limpiezas consistían en el desyerbe, aplicación de herbicidas, recolección de basura y de cacharros para evitar la formación de charcos que podrían favorecer la reproducción de los mosquitos. Cabe señalar que la fajina es una forma de organización social ligada a la conformación de los ejidos en la región, que consiste en la realización de actividades colectivas para el beneficio común, como la realización de guardarrayas en los terrenos de labor o la limpieza del centro del pueblo.

Respecto a los resultados de las fajinas, en dos localidades es una opinión común que las fajinas de limpieza han mejorado el aspecto del pueblo, que verdaderamente han contribuido a mantener limpias las calles y los espacios públicos y que sí han ayudado a disminuir los contagios de chikungunya. Pero también existe la opinión de que las fajinas no han sido suficientes para erradicar a los mosquitos, pues consideran que hay otras condiciones de riesgo que no han sido atacadas y a las que me referiré en el último apartado. De manera adicional, consideran que las fajinas de Prospera han impuesto una vigilancia innecesaria e inútil sobre los hogares y sobre la conducta cotidiana de los beneficiarios del programa, como declaraba una mujer: "de allá nos agarran; si no limpias tu terreno te ponen falta; con tres faltas te suspenden el apoyo". Las fajinas muestran que, ante las patologías de interés, las acciones gubernamentales tendieron a involucrar a determinados actores de las poblaciones en estrategias de prevención, pero no se tomó en cuenta sus apreciaciones respecto a cuáles son las condiciones que contribuyen a la proliferación de los mosquitos.

La última reacción gubernamental —de suma importancia porque da cuenta del reconocimiento de la gravedad de las epidemias— fue la promulgación, en 2016, de la "Ley para la prevención y control de enfermedades transmitidas por mosquitos en el estado de Yucatán" que, entre otras disposiciones, resalta la necesidad de involucrar al pueblo maya en las estrategias de combate a dichas enfermedades y dispone que todas las actividades objeto de la Ley deben ser realizadas tanto en lengua maya como en español.

Conocimientos de los mayas sobre el chikungunya y el zika

A dos años de la primera manifestación de chikungunya y zika en las localidades de estudio, cabe preguntarse: ¿Qué saben y qué han aprendido los mayas sobre dichas enfermedades hoy en día? Para responder a esta cuestión, planteé a los entrevistados tres preguntas: ¿Qué son el chikungunya y el zika?, ¿sabe cómo se transmiten estas enfermedades?, y ¿conoce sus síntomas? Al hacer estas preguntas, me interesaba evaluar si los estaban informando del principal mecanismo de transmisión de las dos enfermedades, de la gravedad de sus afectaciones y de sus riesgos.

En relación con el chikungunya, las respuestas de los entrevistados mostraron que ésta ya no es una enfermedad enteramente desconocida en las localidades de estudio. Entre todos los entrevistados, solamente una mujer afirmó no saber qué era el chikungunya. Al preguntar a las personas qué sabían acerca de esta enfermedad había, al menos, dos elementos con los que la asociaban: en primer lugar, su forma de transmisión, de manera que los entrevistados claramente pudieron señalar que el contagio del chikungunya está asociado con la picadura de un mosquito. Algunas personas tienen un conocimiento tan detallado sobre el papel del vector, que enfatizaban que no cualquier mosquito podía contagiar tales enfermedades, sino solamente uno que hubiera picado antes a una persona enferma y que, posteriormente, picara a una persona sana. Además, algunas personas podían identificar las distintas clases de mosquitos presentes en su entorno y reconocer que solamente ciertos mosquitos podían transmitir el chikungunya, a lo que añadían que otros mosquitos no podían contagiarlos. Como ejemplo de lo anterior, una mujer comentó lo siguiente: "hay un mosco muy grande que tiene rayitas en sus patitas y hay otros, los chiquititos, que son los normales; éstos están en las plantitas donde riego, pero no son los que dan chikungunya".

El segundo elemento con el que los entrevistados asociaban el chikungunya era su sintomatología: casi todas las personas entrevistadas podían mencionar la mayoría de los síntomas que la medicina occidental ha reconocido como característicos de esta patología: temperatura corporal elevada, cefaleas, salpullido, dolor de huesos y dificultades para moverse y caminar. El que las personas lograran aislar y resaltar estos dos últimos síntomas en particular —el dolor de huesos y las dificultades para moverse y caminar– fue de gran importancia en el momento de la epidemia: frente a las limitaciones de los servicios de salud gubernamentales y la falta de recursos para acudir a la consulta privada, muchas personas se autodiagnosticaban a partir de esos dos síntomas. Es importante señalar que, para describirlos, algunos testimonios utilizaban conceptos más próximos al sistema tradicional de creencias de los mayas yucatecos sobre los procesos de salud/enfermedad, que a la medicina occidental; por ejemplo, una madre de familia describió las fiebres de su hija de la siguiente manera: "la calentura la tenía por dentro; no tenía fiebre en la cabeza ni por fuera, sino por dentro". O bien, una mujer señalaba que bañarse con agua de sancocho de hojas de granada, nance y ciruela secaba "por dentro" al chikungunya, lo que era mejor que las cremas y los medicamentos dados en las clínicas, que: "solo lo secan por fuera, pero no lo curan por dentro".

¿De qué forma obtuvieron los mayas estos conocimientos sobre el chikungunya? Hubo, al menos, cinco elementos decisivos en este proceso:

a) La experiencia de que el entrevistado o de que algún familiar cercano se hubiera contagiado con la enfermedad y de que hubieran sido diagnosticados en clínicas, ya sea gubernamentales o privadas. Así, los médicos y el personal del primer nivel que los atendieron se convirtieron en los difusores iniciales de la información respecto al chikungunya.

b) Las campañas realizadas por el programa Prospera, la clínica de Tixcancal y el fuerte involucramiento de las madres de familia en las mismas a través de las actividades descritas en el apartado anterior.

En estas campañas, fue de gran relevancia que se transmitiera a los participantes la información de que el chikungunya era semejante al dengue, no solo respecto a su sintomatología sino a su transmisión por mosquitos.

c) Sin lugar a dudas, la experiencia histórica con las epidemias de dengue (en la década de 1990, sobre todo) y de paludismo (entre los años 1940 y 1960) facilitó que una idea sencilla, pero importante se fijara en el saber colectivo: el papel de los mosquitos en la transmisión de enfermedades. Esta idea resultó clave para que las instituciones de salud transmitieran a los mayas los síntomas y formas del contagio del chikungunya, a pesar de tratarse de una patología novedosa.

d) Los medios de comunicación. A pesar de los pocos medios de comunicación a los que acceden las cuatro localidades, la televisión y la radio fueron los principales medios por los que se enteraron de las epidemias.

e) La labor de las escuelas fue igualmente importante al asignar a niños y jóvenes tareas de investigación sobre la enfermedad y sus formas de contagio.

La situación era completamente diferente respecto al zika, enfermedad sobre la que en las cuatro poblaciones hay un evidente desconocimiento. Aunque algunas personas estaban enteradas de que se trata de una enfermedad nueva transmitida por la picadura de un mosquito, había una serie de ideas y conceptos que muestran la poca información con la que cuentan sobre ella. Así, entre los que afirmaron haber padecido zika o vivir en un hogar donde hubiera habido un caso de zika, describían a la enfermedad con los siguientes términos: "zika común, no el fuerte", "zika típico", "el zika que da conjuntivitis", los cuales recuerdan, más bien, al dengue y sus clases: dengue clásico y dengue hemorrágico. Algunas personas declaraban que el zika y el chikungunya son la misma enfermedad, pero añadían algunos matices, como que la primera es más grave o que las transmiten diferentes mosquitos. Los testimonios mostraban confusión también respecto a la sintomatología; por ejemplo, una persona señaló que: "el zika es parecido al chikungunya, pero no ataca las articulaciones; solamente da fiebre"; y alguien más comentó: "el zika es el que saca ronchas [salpullido]".

En particular, hay dos elementos del zika cuyo desconocimiento en las poblaciones de estudio es notable y que podría generar problemas de gravedad en el corto plazo. En primer lugar, todos los entrevistados con excepción de tres, asociaron los contagios únicamente con la picadura de mosquitos, ignorando que el zika se puede transmitir también por la vía sexual, incluyendo el contagio al feto durante el embarazo. En segundo lugar, aunque un par de mujeres tenían cierta idea de que alguna de las enfermedades podría ser riesgosa para un bebé, no sabían por qué ni qué tipo de riesgo podía implicar. Únicamente dos mujeres hicieron referencia a que la cabeza del bebé podría resultar afectada, pero no podían describir la característica principal de la microcefalia: el poco crecimiento de dicha parte del cuerpo. Tampoco sabían que este riesgo está presente solamente durante la gestación.

La situación descrita muestra fallos en las campañas de salud pública para comunicar los riesgos del zika, que deben ser resarcidos no para que los mayas aprendan a distinguir entre las enfermedades de interés, sino para que estén enterados de que una de ellas es particularmente riesgosa para una mujer en gestación, para que, al presentarse la sintomatología conocida, se pueda canalizarla a una valoración médica. No obstante, es de gran importancia enfatizar que el problema que el zika plantea para los mayas no se resuelve solamente con información: es necesario garantizar su acceso a los servicios de salud que permitan el diagnóstico oportuno de ésta y otras enfermedades vectoriales, dando prioridad, ante el zika, a la situación de las mujeres embarazadas.

Factores de riesgo identificados por los mayas

Desde el enfoque de la epidemiología, la OMS (sin año) define a los factores de riesgo como: "cualquier rasgo, característica o exposición de un individuo que aumente su probabilidad de sufrir una enfermedad o lesión." En este apartado describo los factores de riesgo a contraer chikungunya o zika desde la perspectiva de los habitantes de las poblaciones estudiadas, tomando en cuenta que, en general, reconocen que dichas enfermedades son claramente ocasionadas por la picadura de un mosquito.

Los mosquitos son un tema de conversación por derecho propio en las poblaciones de estudio. Basados en la experiencia y en la cuidadosa observación del entorno, sus habitantes tienen ideas muy claras acerca de qué condiciones propician su proliferación. Entre tales ideas, es posible encontrar cuatro apreciaciones comunes, respecto a las que hay aparentemente un consenso; son factores que casi todas las personas entrevistadas mencionaban repetidamente. Estos factores están más bien ligados a su apreciación sobre los fallos de los programas gubernamentales en materia de salud pública.

La idea más veces mencionada, la más contundente y que claramente despertaba reacciones de disgusto, es la que hace referencia a los baños supuestamente ecológicos construidos como parte de un programa gubernamental. Aproximadamente, desde el año 2006 gobiernos federales y estatales llevaron a cabo un programa de construcción de baños en el oriente de Yucatán y otras zonas rurales de la entidad. Los baños —que en las poblaciones de estudio son conocidos simplemente como "baños ecológicos"—, consisten en una pieza de aproximadamente un metro cuadrado, hecha con bloques de concreto y un techo de lámina de asbesto, donde se ubica un inodoro y un espacio para la regadera. Fueron construidos a muy pocos metros del espacio donde la gente cocina y realiza sus actividades cotidianas. Originalmente, los desechos serían almacenados en un depósito de PVC, marca Rotoplas, con un drenaje a la tierra, que permitiría su transformación en composta. Sin embargo, su inadecuada instalación y la falta de capacitación sobre cómo utilizarlos generaron un fuerte problema sanitario: en poco tiempo, los desechos comenzaron a acumularse en el depósito sin llegar a transformarse en composta, atrayendo moscas y mosquitos, además de generar una pestilencia insoportable en muchos casos, que llegaba hasta al interior de los hogares. En las cinco localidades visitadas, casi todos los hogares cuentan con uno de estos baños.

Ante el problema originado, algunas familias optaron por eliminar la instalación, retirando el depósito de PVC, excavar la tierra y construir un depósito grande de concreto (a manera de cisterna), clausurando definitivamente los respiraderos que se suponía debían ayudar a la descomposición de los desechos. De esta forma, impiden que los mosquitos broten en las aguas negras y también evitan que los malos olores salgan. El problema es que no todas las personas han tenido los recursos para hacer estas adecuaciones en sus baños, por lo que la reproducción de mosquitos, la exposición a bacterias y los malos olores son un problema con el que tienen que vivir todos los días. De hecho, es un lugar común en las cuatro poblaciones mencionar que hubo un antes y un después en la situación sanitaria de los pueblos, marcado por la construcción de los baños. A ellos atribuyen las epidemias de chikungunya y zika, señalando que después de su construcción comenzó a haber una presencia anormal de mosquitos en los hogares, acompañada de la rápida escalada de tales enfermedades.

Las campañas de fumigación realizadas por la Secretaría de Salud del gobierno del estado de Yucatán son otro factor mencionado con mucha fuerza en los testimonios. La mayoría de las personas entrevistadas coincidían en dos problemas: por una parte, lo poco frecuente de las campañas de fumigación determina que los moscos no sean erradicados y se reproduzcan rápidamente en tiempos de lluvias; señalaban que habían pasado años desde la última vez que en sus pueblos se habían realizado campañas importantes de fumigación, aunque reconocían que las representantes del programa Prospera y las auxiliares de salud distribuían abate una vez al año. Consideran que las fumigaciones son la única forma de eliminar efectivamente a los mosquitos en la temporada de lluvias, cuando abundan. Por otra parte, decían que cuando se fumiga, ya no se hace como antes, en el sentido de que ahora solo se fumiga en las calles y no se aplica el líquido en el interior de las casas, lo que ocasiona que los moscos, al huir de los gases tóxicos, encuentren en las casas el mejor lugar para alojarse. Para hablar de este tema, los testimonios de algunos varones comparaban la situación actual con lo que vivieron durante las epidemias de dengue de la década de 1980, cuando los gobiernos estatal y municipal distribuyeron masivamente DDT y bombas para fumigar. En palabras de un entrevistado: "el DDT mataba todo: cucarachas, ratones, moscos; en esa época no había moscos con ese producto". No encontré muchos puntos de vista críticos sobre el uso de éste y otros químicos, ni sobre los riesgos a la salud asociados con el uso de este químico, pero hay quienes consideran que los insecticidas, lejos de erradicar a los mosquitos, en realidad los fortalecen.

El tercer elemento al que los testimonios atribuían la proliferación de mosquitos es la suciedad y el crecimiento de las yerbas, idea ligada a las acciones del programa Prospera. Las ideas referentes a la suciedad son muy consistentes: casi todas las personas entrevistadas decían que los mosquitos están, principalmente, en los lugares sucios o donde hay mucha yerba, de manera que ligan los contagios a conceptos sobre higiene y suciedad. Durante el trabajo de campo, cuando preguntaba a las personas si los mosquitos abundaban en su solar, de inmediato reaccionaban con sentencias del tipo: "mi solar está limpio", "los que no limpian son los que tienen moscos", como si la pregunta los incriminara por sus hábitos de higiene. Sin lugar a dudas, el manejo que Prospera ha hecho de los conceptos de suciedad/limpieza, la manera como ha relacionado estos conceptos con las epidemias de chikungunya y zika, introduciendo la posibilidad de que el apoyo les sea retirado a quienes no muestren condiciones de limpieza en sus solares, es una problemática de gran fuerza que incidió en esta apreciación. Un problema aparejado a estos conceptos de suciedad/limpieza es que, en el afán de exhibir limpieza en el pueblo y en los solares, en algunas poblaciones hay personas que acostumbran utilizar herbicidas para eliminar las yerbas. Desde el punto de vista de algunos yerbateros y curanderos, esta situación propicia el aniquilamiento de la vegetación y fauna características de los solares y pueblos en general, lo que no solamente destruye plantas medicinales, sino también otras que despiden olores que ahuyentan a los mosquitos.

El cuarto elemento que afloraba con gran frecuencia en los testimonios era el problema del agua y la idea de que su almacenaje en tambores y tinacos es una práctica cotidiana que brinda un medio fácil para la reproducción de los vectores. Sin embargo, como decía el testimonio de una mujer: "nos dice el doctor que está mal que tengamos el agua en los tambores, que por los moscos, pero aquí no hay agua y si no la juntamos en los tambores, ¿Cómo le hacemos?" En este sentido, respecto al agua, otra pregunta que realicé fue si habían visto mosquitos en los cenotes y pozos de los pueblos, pero la respuesta fue negativa: los testimonios señalaban que los cenotes no son criaderos de mosquitos, siempre y cuando estén limpios, aclaraban que si están llenos de basura sí pueden propiciar su reproducción.

Con la finalidad de conocer si había algún componente ocupacional ligado a los contagios —como ha demostrado Ortega (2000) para el caso del paludismo—, pregunté apreciaciones sobre los sitios en los que cotidianamente están los habitantes de las poblaciones de estudio: el solar, parcela, ranchos ganaderos y plantaciones de papaya y limón. La respuesta era también consistente: en las parcelas, ranchos ganaderos y plantaciones hay mosquitos, pero no son peligrosos porque no son los que transmiten el chikungunya ni el dengue. Esta idea es relevante porque, muy posiblemente, el mosquito al que hagan referencia los testimonios sean del tipo Anopheles, vector transmisor de la malaria, o al lutzomya, transmisor de la leishmaniasis, enfermedad que en la península de Yucatán se conoce como úlcera del chiclero (Jheman, 2008). Algunas personas aclaraban que las plantaciones de papaya y limón son lugares limpios y ordenados donde, por el uso de pesticidas, hay pocos mosquitos. En cambio, los pueblos y casas eran señalados como los lugares donde más abundan los mosquitos. Esta idea era contundente y es importante porque coincide con la investigación entomológica que señala que el Aedes es un vector fundamentalmente doméstico.

Aparte de estas cuatro ideas, existen otras que fueron mencionadas por muy pocas personas y que incluso se encontraban aisladas de otras nociones. Entre tales ideas, una persona mencionó que es posible que los ranchos ganaderos y las agroindustrias de la región, con su uso desmesurado de insumos químicos, pudieran estar incidiendo en la resistencia de los mosquitos a los pesticidas. Otra idea era la apreciación de que las langostas (que abundaron en septiembre y octubre de 2016) pudieron haber atraído al zika, pues a los pocos días de que el acrídido llegó comenzaron a presentarse los primeros casos de esta enfermedad.

Por último, en relación con las formas de prevención de los contagios, aunque los entrevistados reconocían la importancia de utilizar mosquiteros y pabellones para aislar sus hogares de los mosquitos, el trabajo de campo mostró que en realidad éstos son elementos muy poco utilizados. Las razones que los entrevistados exponían son la falta de dinero para comprarlos y el calor que su uso produce. En cambio, prefieren mantener los ventiladores encendidos para ahuyentar a los moscos, utilizar insecticidas químicos de diversos tipos y prácticas como quemar cartones, cáscaras y hojas secas de cítricos.

Conclusiones

En las páginas anteriores he mostrado el contexto social, institucional y cultural en el que tuvieron lugar los primeros contagios de chikungunya y el zika en el oriente de Yucatán, como también algunos de sus efectos sobre los mayas de la región. La situación expuesta permitió valorar la capacidad de respuesta del modelo de atención presente en la región a los procesos de salud/enfermedad ante dos enfermedades vectoriales emergentes. Como primera conclusión es posible afirmar que este modelo —dominado por el sistema gubernamental de salud— no tuvo cobertura suficiente para atender el número creciente de casos de chikungunya en los años 2015 y 2016, ni para diagnosticar adecuadamente los casos de zika en 2016. Por lo tanto, otros agentes (principalmente, los médicos tradicionales y las clínicas particulares a bajo costo) y acciones (como el autodiagnóstico y la autoatención) entraron a cubrir los vacíos de los servicios públicos de salud. En todo caso, la acción gubernamental más notoria se manifestó varios meses después de la epidemia de chikungunya de 2015, concentrándose en la realización de campañas de prevención y difusión de información, pero no de incremento en la cobertura médica para el diagnóstico y la atención a los enfermos.

En segundo lugar, partiendo de la consideración de que el acceso a la información es una herramienta imprescindible para enfrentar las enfermedades emergentes, la investigación evaluó los conocimientos que los mayas han adquirido sobre las dos patologías de interés. Como segunda conclusión, se puede afirmar que, de las dos enfermedades de interés, el chikungunya es la más conocida por los mayas de las localidades estudiadas, al poder enunciar su principal forma de contagio y su sintomatología general. La investigación mostró que las campañas de información realizadas por las instituciones de salud pública, y en específico, aquellas que promovieron el fuerte involucramiento de la población en acciones de prevención, resultaron de gran efectividad para transmitir dicha información. Además, fue de gran importancia la experiencia histórica de los mayas con otras enfermedades igualmente transmitidas por mosquitos. El zika, por su parte, es todavía una enfermedad desconocida: los mayas de las poblaciones estudiadas sabían muy poco sobre sus mecanismos de contagio y su sintomatología, resultando de suma gravedad su desconocimiento de los riesgos que esta enfermedad involucra en el corto plazo para las mujeres embarazadas y, específicamente, para los fetos en gestación.

Por último, uno de los elementos más importantes que arrojaron las entrevistas realizadas es que los mayas han identificado una serie de factores en su entorno que contribuyen a la proliferación de los mosquitos y que los hace vulnerables al contagio de enfermedades transmitidas por este vector. Entre tales factores, el más mencionado eran los fallos de determinados programas y servicios fundamentales para la salud pública, en particular, los siguientes: a) el mal funcionamiento de los baños ecológicos, b) los precarios sistemas de dotación de agua potable, c) la falta de campañas de fumigación para erradicar los mosquitos y d) las carencias de los servicios estatales de salud. En las localidades visitadas, los mayas insistían incansablemente en que el sistema estatal de salud debería asumir con seriedad la atención a estas problemáticas para disminuir su vulnerabilidad a las enfermedades transmitidas por los mosquitos, las nuevas y las de siempre.

Bibliografía

CONAPO. Índice de marginación por localidad. 2010. Disponible en: <http://www.conapo.gob.mx/es/CONAPO/Indice_de_Marginacion_por_Localidad_2010>.

CDI/INEGI. *Catálogo de localidades indígenas.* 2010. Disponible en: <http://www.cdi.gob.mx/localidades2010-gobmx/index.html>.

Diario de Yucatán. «Chikungunya, en la mira». 16 de julio de 2015.

Halstead, Scott B. «Reappearance of chikungunya, formerly called dengue, in the Americas». *Emerging Infectious Diseases*, vol. 21, núm. 4, (Abril 2015): 557-561.

Jheman Zetina, José Luis. «Leishmaniasis cutánea en el estado de Quintana Roo, México». *Dermatología,* vol. 52, núm. 1, (2008): 3-9.

Kuno, Goro. «A Re-Examination of the History of Etiologic Confusion between Dengue and Chikungunya». *Neglected Tropical Diseases*, vol. 9, núm. 11, (2015): 1-11.

Menéndez, Eduardo. *La antropología médica en México.* México: UAM, 1992.

OMS. «Factores de riesgo». Sin año. Disponible en: <http://www.who.int/topics/risk_factors/es/>.

Ortega, Mauricio. *Paludismo y economía campesina*. México: UNAM, 2000.

Peniche Moreno, Paola, y Gabriel Angelotti. «Familia y enfermedades emergentes. Modelos de atención y representaciones culturales de la fiebre chikungunya entre la población maya». *Antropología Experimental* 0, núm. 18 (17 de febrero de 2018): 91-110.

Relich, Ryan F y Michael Loeffelholz. «Zika virus». *Clinics Review Articles. Special Issue: Emerging pathogens.* Nahed Ismail, James W. Snyder y A. William Pascule (eds.) vol. 37, núm. 2 (junio 2017): 253-267.

Secretaría de Salud. *Boletín de vigilancia epidemiológica.* Semana 52, 2015.

———. *Boletín de vigilancia epidemiológica*, Semana 52, 2016.

Leyes

Decreto 424/2016 por el que se expide la Ley para la Prevención y Control de Enfermedades Transmitidas por Mosquitos en el Estado de Yucatán y se modifica la Ley de Salud del Estado de Yucatán.

Capítulo 8

Enfermedades transmitidas por el mosquito *Aedes aegypti* en dos comisarías de Yucatán: Sierra Papacal y Sitpach

Gabriel Angelotti Pasteur y Rocío Cortés Campos

Los virus, bacterias y parásitos transmitidos por vectores constituyen una amenaza para las sociedades en todo el mundo debido a que provocan enfermedades que pueden ser mortales.

Entre las afecciones de mayor impacto destacan el paludismo, dengue, filariasis linfática, malaria, fiebre chikungunya, enfermedad de Chagas, enfermedad por el virus de Zika, fiebre amarilla y encefalitis japonesa. Hay otras transmitidas por vectores que son importantes, pero tienen alcance local y solo producen daños en zonas específicas del planeta (OMS, 2016: 1).

La Organización Mundial de la Salud afirma que estos trastornos representan cerca del "17% de la carga mundial de las enfermedades transmisibles y se cobran más de 700 mil vidas al año" (OMS, 2016: 1). Ante la situación provocada por el cambio climático, el riesgo a estos padecimientos se incrementará en aquellas regiones donde los vectores proliferen y se reproduzcan con facilidad. En este sentido, las poblaciones que habitan las regiones tropicales y subtropicales serían las más expuestas a estos males. El problema adquiere ribetes trágicos al considerar que: "más del "80% de la población mundial vive en zonas en las que hay riesgo de contraer al menos una de estas enfermedades [...] mientras que más del 50% vive en regiones donde es posible contraer dos o más" (OMS, 2016: 1).

La Península de Yucatán constituye una de esas regiones vulnerables, tanto por las condiciones climáticas favorables como por la vulnerabilidad social de su población. Fue así que, en el año de 2015, miles de habitantes fueron afectados por el virus de la fiebre chikungunya. Con el fin de conocer el alcance que esta enfermedad tuvo entre la población local, procedimos a realizar una consulta en dos poblaciones urbanas de la ciudad de Mérida: las comisarías[157] de Sierra Papacal y Sitpach. En dichos lugares, al igual que en todo el estado, se presentaron casos de enfermedades provocadas por virus

157 En Yucatán "comisaría" es una división territorial administrativa que integra un municipio. La autoridad máxima es el "Comisario Municipal", quien es elegido por voto en el Cabildo local. La ciudad de Mérida está integrada por 11 Comisarías y 36 Subcomisarías (Reglamento de Comisarías y Sub Comisarías del Municipio de Mérida, 2007: 2-3).

transmitidos por mosquitos, en específico, de la fiebre del dengue, chikungunya y zika. La información se obtuvo mediante la aplicación de una encuesta a 19 familias en Sierra Papacal y 37 en Sitpach. Los datos obtenidos fueron sistematizados mediante el programa estadístico informático *Statistical Package for the Social Sciences* (SPSS) en su versión 22, que en este artículo se presentará en forma de porcentajes y tablas de frecuencias. Los resultados alcanzados dejan entrever que las cifras oficiales difundidas sobre este problema, en proporción, no corresponden con lo hallado y, especialmente, con lo padecido por la población.

Para contextualizar lo antes dicho y en afán de aportar elementos que faciliten la elaboración de respuestas de las posibles causas que motivaron la aparición de este virus en Yucatán, iniciaremos este trabajo presentando algunos detalles históricos, ambientales y sociales vinculados con las enfermedades transmitidas por mosquitos. Posteriormente, expondremos la metodología de trabajo y, finalmente, los resultados alcanzados en la consulta.

Aspectos históricos de las enfermedades provocadas por virus transmitidos por vectores en Yucatán

Yucatán es una región del sureste de México que, históricamente, ha sido afectada por virus transmitidos por vectores, siendo los mosquitos los que más estragos han producido. El conocimiento sobre el impacto de estos males se remonta hasta la época prehispánica. Los primeros indicios están registrados en los relatos extraídos del *Popol-Vuh* y los *Chilam Balam* de Tizimín, Chumayel y Kaua, textos sagrados de la cultura maya en los cuales se hace mención del *xekik*, una dolencia que se caracterizaba por provocar en las personas "vómitos oscuros" y haber provocado una epidemia entre los mayas por los años de 1480 y 1485 (Góngora-Biachi, 2000).

Las semejanzas del *xekik* con los síntomas de la fiebre amarilla, hoy día permiten suponer que se trata de la misma enfermedad. Aunque, con la particularidad de que el *xekik* puede haber sido producido por un mosquito selvático.

Fue a partir de la colonia cuando aparecieron las primeras evidencias documentales que certificaban la existencia de enfermedades transmitidas por vectores. En dicha época, que transcurre desde fines del siglo XVI a las primeras décadas del XIX, la población nativa (en especial la de origen maya) padeció epidemias de fiebre amarilla, viruela, sarampión, tifus, "tabardillo" y cólera. Estas enfermedades diezmaron a la población indígena y la española por igual (Diego de Landa, 1978; López de Cogolludo, 1996; Thompson, 1997*;* Villamil Mendoza, 1920). Las afecciones más virulentas ocurrieron durante los años de 1560, 1568, 1571- 1572, 1648-1650, 1699, 1715, 1730, 1744 (Góngora-Biachi, 2000; Villamil Mendoza, 1920; Peniche, 2010). Esta seguidilla de epidemias, aunadas a los problemas ambientales que afectaron la región (como la sequía y las plagas de langostas), terminarían por generar un panorama desolador en la península, suficiente para alterar la economía regional, el abastecimiento de alimentos, incrementar las defunciones, modificar los patrones de asentamiento y motivar una crisis demográfica en la región que dejó huellas imborrables (Peniche, 2010).

Años después, durante la etapa independentista, nuevamente en Yucatán se registrarían epidemias provocadas por estos organismos microscópicos. Entre las más destacadas (sea por el impacto negativo en la salud de los habitantes o por el grado de morbilidad), mencionamos las de fiebre amarilla ocurridas en Mérida, Ixil y Valladolid entre 1825 a 1830 y de 1855 a 1858, también las que sufrieron los habitantes de Mérida, Calcetok, Maxcanú y Tizimín de 1876 a 1879 y los brotes de esta misma fiebre que se produjeron entre 1882 a 1889, 1903, 1911 y 1919 (Alcalá, 2012: 73; Domínguez Amaya, 2013; Pérez, 2016). El *cólera morbus* igual se manifestó en la región, generando epidemias entre los años 1833 a 1834 y 1853 a 1854 (Alcalá, 2012; Vera Castellanos, 2014). En general, y tal como está registrado por los historiadores locales, durante el siglo XIX la malaria y la fiebre amarilla causaron miles de muertes.

En las primeras décadas del siglo XX, y una vez detectado que eran los mosquitos de la especie *Aedes aegypti* los que transmitían los virus que provocaban estos males (Finlay, 1965), se los combatió con éxito, lográndose erradicarlos en su totalidad (OSP). Y, de ese modo, reducir al mínimo el número de enfermos. Las campañas de salud pública desarrolladas por las autoridades en México estuvieron enfocadas a la reducción de los criaderos de mosquitos de *Aedes aegypti*. Para ello, se fumigó con DDT todos los municipios del país. Al mismo tiempo, se desarrolló un intenso programa educativo con el fin de transmitir medidas profilácticas y preventivas entre la población rural y urbana. El esfuerzo realizado cobraría sus frutos en el año de 1963 cuando se declara oficialmente a México como un territorio "libre del mosquito *Aedes aegypti*". Un acontecimiento que fue festejado tanto en el país como en el orbe, siendo reconocido por la Oficina Sanitaria Panamericana" (*a posteriori*, convertida en la Organización Panamericana de la Salud). Sin embargo, los éxitos alcanzados se vieron empañados a los pocos años con la aparición del virus del dengue en 1970, el cual permanecería hasta nuestros días (Peniche, 2010).

En el año 2015 un nuevo virus se presentaría: el que provoca la fiebre chikungunya y, a los pocos meses, en el 2016, el virus que provoca la fiebre del zika. Para mitigar la dolencia y, al mismo tiempo, combatir a los vectores se fumigaron las calles y viviendas de las ciudades y pueblos; se roció con abate los pozos de las viviendas y realizaron numerosas campañas de descacharrización. Mediante este conjunto de acciones buscaron disminuir el número de mosquitos y, por añadidura, reducir el número de enfermos de la fiebre chikungunya, zika y dengue en la región. Sin embargo, pese a los esfuerzos realizados, y, en especial, a la extemporalidad de algunas de estas medidas, fue imposible acabar con los insectos y reducir el número de personas afectadas.

No se sabe cómo el chikungunya llegó a Yucatán. La versión difundida en los medios de comunicación masiva (periódicos nacionales e internet) fue que el virus de chikungunya ingresó en el país en mayo del 2014 (a través de una turista que había viajado a la isla de Antigua y Barbuda) y que, para noviembre de ese mismo año, en Chiapas ya se había registrado el primer caso autóctono. A partir de entonces, se reportarían casos de la fiebre chikungunya en el Distrito Federal, Jalisco, Tabasco, Coahuila, Durango, Quintana Roo y Veracruz. Y para el 2 de agosto de 2015 la enfermedad se había extendido a 16 estados del país, conformándose 3 mil 306 casos, incluido el estado de Yucatán (Porras Lara, 2015).

Podemos suponer que ese fue el camino mediante el cual el virus llegó a Yucatán, aunque no es una versión confirmada por las autoridades. Este silencio oficial ha sido terreno fértil para el surgimiento de numerosas y variopintas versiones sobre cómo se transmitió la enfermedad. En un recorrido etnográfico realizado durante el año de 2016 por el oriente del estado de Yucatán, recopilamos testimonios que explican las posibles causas de esta enfermedad entre la población yucateca. Las razones expuestas por los habitantes —son variadas y algunas muy ingeniosas— son las siguientes: 1) que esta enfermedad fue propalada por aviones de EE.UU. que volaron a baja altura e inocularon el virus (semejante a los *chemtrails*),[158] 2) que fueron los "vientos malos" generados por las protestas en el centro del país los que trajeron el mal, 3) que la misma enfermedad surgió por la aparición de olores extraños en el lugar (miasmas)[159] 4) que fue por culpa de los terremotos que ocurren en México y que expelen gases que enferman a las personas, 5) por culpa de un sujeto de otro lugar del país (foráneo) que trajo en sí la enfermedad y la

158 Al respecto, habría que señalar que el cielo de Yucatán es diariamente surcado por aviones que dejan marcas nubosas que, en ocasiones, se entrecruzan formando figuras geométricas. Para los pobladores estos avistamientos son molestos y una fuente de sospechas.

159 Recuérdese la importancia que la teoría miasmática tuvo en el pasado, en particular, durante el siglo XIX para explicar éstas y otras enfermedades. Al respecto ver el trabajo de Alcalá (2012) y Peniche (2010).

difundió,[160] 6) que estos mosquitos vinieron volando desde lejos,[161] 7) que es una enfermedad que solo le da a los pobres y no a los ricos[162] y, finalmente, 8) por causa de un mosquito que se escapó de un laboratorio "gringo" (Angelotti y Peniche, 2017).

De las versiones antedichas, algunas destacan por su alto grado de imaginación e inventiva (como las 1 o 3). Sin embargo, hay otras que tienen mayor veracidad, ya que retoman aspectos comunes de la realidad y los reinterpretan en torno a este suceso. Un ejemplo de este tipo, es la versión número 6, que bien puede estar asociada al impacto que los turistas y viajeros de otras latitudes pueden provocar entre los pobladores locales.

Esta hipótesis, tiene un alto grado de factibilidad, debido a que Yucatán es un polo turístico de mucha importancia en el sureste mexicano y beneficiado por la cercanía a la Rivera Maya y Cancún.

Sin embargo, esta sospecha nunca fue expresada por las autoridades de salud como una posible fuente de contagio. Para visualizar el nivel de contagio del dengue, chikungunya y zika durante los últimos años, presentamos en el siguiente cuadro las cifras respecto al número de enfermos en Yucatán, mismas que fueron difundidas por la Secretaría de la Salud de Yucatán y replicadas por la OMS.

Tabla 1. Casos registrados en Yucatán de algunas enfermedades transmitidas por mosquitos

Enfermedad	2012	2013	2014	2015	2016	2017	Total
Dengue	3157	1844	627	1129	267	76	7024
Dengue hemorrágico	2497	914	434	327	123	4	4295
Chikungunya	0	0	1	1627	11	0	1639
Zika	0	0	0	0	820	15	820
Total	5654	2758	1062	3083	1221	95	13778

Fuente: datos obtenidos de los Boletines de Salud Pública de México.

160 Esta idea de echarle la culpa al otro, en particular al foráneo o extranjero es un recurso explicativo común para resolver problemas en Yucatán, y se aplica tanto para explicar el contagio de enfermedades nuevas o extrañas, como para situaciones de criminalidad o delictivas. Este método es empleado con frecuencia por la prensa local para explicar robos o asesinatos confusos o que no tienen un culpable definido. También, esta idea, generalmente, se replica en los ámbitos domésticos y cotidianos.

161 Esta idea puede haber surgido a consecuencia del seguimiento realizado en los medios de comunicación, en especial, en el radial, en el cual, día a día, se brindaba un parte del "avance del mosquito de la chikungunya hacia Yucatán". Y donde se informaba cómo avanzaba por el territorio: "Hoy está en Chetumal, donde se registraron casos de chikungunya, falta poco para que llegue a Yucatán", así se decía en algunos programas de radio local.

162 Lamentablemente no hay datos precisos sobre el impacto de estas enfermedades según sectores sociales. La impresión, muy superficial, es que es una enfermedad que afecta más a los pobres que a las clases acomodadas. Al respecto, un informante nos decía que: "a los ricos no les da la chikungunya, y si les da, ellos lo niegan, porque les da vergüenza decir que están enfermos; porque el chikungunya es una enfermedad de los pobres… de los mayas".

Aspectos climáticos de la Península de Yucatán

La segunda razón que puede haber contribuido a la difusión del virus del chikungunya se relaciona con las características bioclimáticas que prevalecen durante gran parte del año en Yucatán, condiciones que son apropiadas para la reproducción permanente de los vectores. El 85.5% del territorio presente un clima cálido y subhúmedo, y el 14.5 % seco y semiseco. Mientras que la temperatura promedio anual de Yucatán oscila en los 26°C, alcanzando temperaturas máximas promedio de 36°C y mínimas de 16°C, la precipitación media en el estado es de 1 100 mm anuales, siendo los meses de verano (junio a octubre) los que registran lluvias de mayor intensidad. Estas descargas de agua suelen durar pocos minutos, pero caen con gran intensidad, lo suficiente para inundar las calles de la ciudad y provocar charcos por doquier. Cuando llueve al mediodía o en las primeras horas de la tarde, y al despejarse el sol, la humedad ambiente aumenta y en combinación con la temperatura ambiente (que, en algunas ocasiones oscila los 40°C), se produce el denominado "bochorno", una sensación muy molesta que se produce al incrementarse la temperatura interna del cuerpo.

Dadas las condiciones del suelo, el agua de lluvia es absorbida de forma inmediata, acumulándose en las cavidades rocosas, en las "sartenejas", que son agujeros naturales que se forman en las rocas y que los mayas denominan *haltún* (SEDUMA). En la zona costera el agua se acumula en los manglares y en las aguadas. En el ámbito urbano, por su parte, el agua de lluvia suele formar innumerables charcos que tardan días en drenar. Esto acontece porque todas las ciudades de Yucatán, incluida la capital, Mérida, carecen de sistema de drenaje público y de alcantarillado urbano. El agua de lluvia se maneja como en las ciudades antiguas, por absorción y por gravedad. El agua de lluvia también suele acumularse en los desechos (los denominados "cacharros"), desperdicios propios de la sociedad de consumo: botellas desechables (descartables) de polietilenotereftalato (conocido como PET), llantas usadas que están depositadas a la intemperie, bolsas de plástico, tapas de plástico (las corcholatas, tapitas de las bebidas gaseosas), restos de muebles y otros objetos que permitan la acumulación de agua.

En todos estos lugares (urbanos, rurales como costeños) los mosquitos encuentran un hábitat adecuado para continuar su ciclo reproductivo. Durante la temporada de lluvia, entre los meses de junio a octubre, estos insectos "brotan" e invaden los espacios abiertos y los interiores de las viviendas. Los mosquitos son una molestia, al mismo tiempo que un verdadero peligro para la salud humana. Para valorar la magnitud de este peligro, basta saber la cantidad de huevos que los mosquitos *Aedes aegypti* pueden depositar en estas cavidades.[163]

Tabla 2. Cantidad de mosquitos que se crían en objetos

Tipo de recipiente	Cantidad probable de huevos de mosquitos *Aedes aegypti*
Tapa de refresco (corcholata, tapita)	30 huevos
Botella PET (250 cm3) de refresco (bebida "cola")	100 huevos
Llanta de automóvil	500 huevos
Alcantarilla de 1 metro de largo	5000 huevos

Fuente: Elaborado con base a la información suministrada por el Dr. Julián García Rejón (2016).

Vulnerabilidad social

La tercera causa que facilita la transmisión de enfermedades provocadas por virus transmitidos por vectores se relaciona con factores sociales, demográficos, económicos y políticos. Los cuales, aunados, incrementan la vulnerabilidad de la población ante esas amenazas biológicas. Entre las más relevantes destacamos: la urbanización no planificada, desorden ambiental, alteración en el uso del suelo, tala del bosque nativo, gestión inadecuada de los residuos sólidos, falta de sistemas de cloacas, insalubridad y, entre otros factores, la falta de alcantarillado para el manejo de las aguas pluviales en las calles de las ciudades y pueblos de todo el estado (Angelotti-Reyes, 2015).

De acuerdo con la información gubernamental, Yucatán —en comparación con otros estados del país— ocupa el lugar 15 en porcentaje de población con mayor pobreza y el 11 en porcentaje de población en pobreza extrema. Estos datos, tomados en forma aislada, podrían crear la falsa impresión de que en la entidad las carencias de la población no son demasiado graves. Sin embargo, la situación se aprecia en forma distinta si consideramos que, según informes del Consejo Nacional de Evaluación de la Política de Desarrollo Social (Coneval) de 1, 956, 273 habitantes, 949,140 (48.51%) no tienen un ingreso suficiente para satisfacer sus necesidades básicas y que en algunos municipios el total de personas que viven en pobreza extrema representa más de la mitad de la población (Angelotti, Reyes, 2015). En general, y tal como acontece en otros puntos del orbe: "La combinación de todos estos factores influye considerablemente en las

163 El siguiente cuadro fue elaborado con la información brindada por el Dr. Julián García Rejón, entomólogo de la Universidad Autónoma de Yucatán en el programa de la televisión local. Ver: García Rejón, Julián. "Chikungunya" parte 2 Acceso directo Julián García Rejón y Carlos Machain William. Disponible en: <https://www.youtube.com/watch?v=BFZOdzQOAhU>.

poblaciones de vectores y en las características de la transmisión de los patógenos" (OMS, 2017: 3).

Método de investigación

Motivados por lo antes dicho, en el año 2016 un grupo de investigadores de la Facultad de Ciencias Antropológicas de la Universidad Autónoma de Yucatán y del Centro de Investigación y Estudios Sociales (CIESAS) realizamos un proyecto de difusión científica que se tituló "Dengue, chikungunya y zika en Yucatán. Reportaje Multimedia", mismo que contó con la aprobación del Consejo Nacional de Ciencia y Tecnología de México (Conacyt). Mediante este trabajo buscamos difundir información científica sobre las consecuencias de las enfermedades transmitidas por el vector del mosco *Aedes aegypti* en Yucatán durante los años 2015 y 2016, en específico, con las enfermedades del dengue, chikungunya y zika. El artículo permitió combinar de una forma recreativa y didáctica diversos contenidos científicos. Fue de este modo que entrevistamos a entomólogos, doctores en medicina y pacientes que habían padecido estas enfermedades. También, y aprovechando los recursos humanos y materiales disponibles, y motivados por la información que se había recabado mediante los testimonios, fue que decidimos realizar una consulta en dos localidades cercanas a la ciudad de Mérida, ambas al alcance de nuestras posibilidades y disposición de recursos materiales y humanos. A continuación, exponemos detalles de ese trabajo y sus resultados.

Las localidades de estudio

Para realizar este estudio se escogieron dos comisarías ubicadas en la ciudad de Mérida: Sitpach y Sierra Papacal. En ambas localidades aplicamos el mismo instrumento de estudio. Éste consistió en una consulta mediante la implementación del método cuantitativo con el que procuramos recopilar, analizar e interpretar datos vinculados con las enfermedades del chikungunya y zika en Yucatán. Esta metodología permitió obtener información objetiva con confiabilidad estadística, y, de ese modo, conocer frecuencias y tendencias de fenómenos sociales de manera general (Pelekais, 2000: 350).

Mapa 1: mapa de la ciudad de Mérida y ubicación de las comisarías de Sitpach y Sierra Papacal

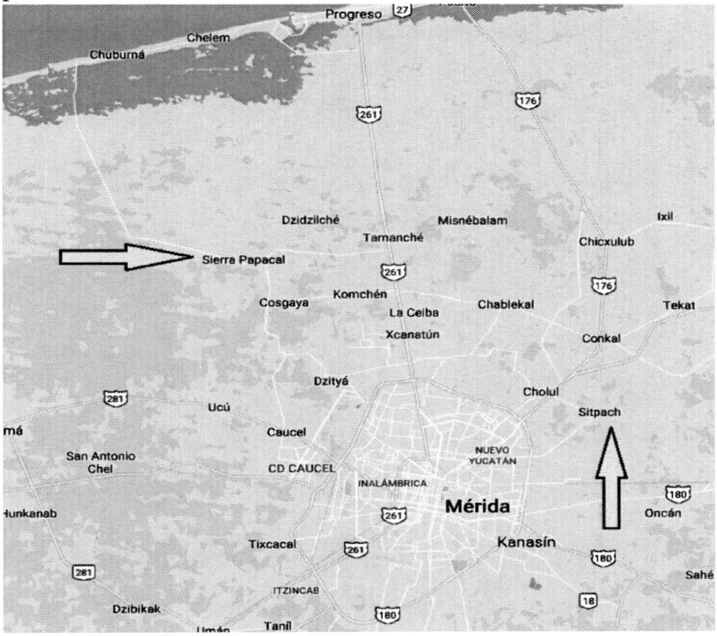

Fuente: Google maps Datos sobre la comisaría de Sitpach (Yucatán)

Datos sobre la comisaría de Sitpach (Yucatán)

Está ubicada al oriente de la ciudad de Mérida en dirección al municipio de Tizimín. Su clima es cálido subhúmedo con una media anual de 26 °C, una máxima de 40 °C y una mínimade 14 °C. Según el último censo oficial la habitan 1,634 personas (825 hombre y 804 mujeres). Por su parte, la composición de la población residente en el estado por localidad y grupo de edades (en este caso para el 2000), era la siguiente: de 0-4 años 9.2%; 5-14 años 18.1%; 15 a 49 años 26.3% y de más de 49 años 46.3% (Ayuntamiento, 2000: 80). El índice de marginación es “alto” (0.66), ello significa que arriba del 70% de la población que allí habita perciben menos de 2 salarios mínimos y el porcentaje de personas que no tienen estudios de primaria es de entre el 40% y 80% de la población total. Otros datos que conforman el grado alto de marginalidad son los siguientes: en la población solamente hay un pozo profundo para el suministro de agua, el 47% de las viviendas utilizan leña para cocinar, la tasa de ocupación por vivienda es de 4.6 personas, el 3.5% de las viviendas tienen paredes o techos de materiales de desecho o cartón. Respecto al ámbito de la salud solo el 30% de la población tiene asistencia médica en alguna institución oficial (IMSS), es decir, que cerca del 70% de los habitantes no cuenta con cobertura médica alguna (Ayuntamiento, 2000). En el aspecto económico, el 8% de la población económicamente activa (PEA) labora en el ámbito primario, el 48% en el secundario y el 42 % en el terciario. La población económicamente ocupada (P.E.O.) es de 602 habitantes y de éstas el 5% no reciben salario y el 0.8% recibe entre 6 y 10 salarios mínimos (Ayuntamiento, 2000: 148-154).

La infraestructura urbana está integrada por una iglesia católica, 3 templos, un *Ashram* (de la Gran Fraternidad Universal. GFU), parques recreativos, jardín de niños "Manuel Alcalá Martín", escuela primaria "David Vivas Romero", telesecundaria "Sor Juana Inés de la Cruz", local comisaría municipal, cancha de usos múltiples, parque infantil y biblioteca pública. Además, el 90% de las calles están pavimentadas y el 80%, embanquetadas (veredas o aceras de cemento). Sin embargo, como en la mayoría de las localidades de Yucatán, la comisaría no cuenta con servicio de drenaje ni sistema de cloacas domiciliario; aún, las aguas negras se vierten en pozos que suelen drenar en la superficie.

Mapa 2: Plano de la localidad de Sitpach (Yucatán)

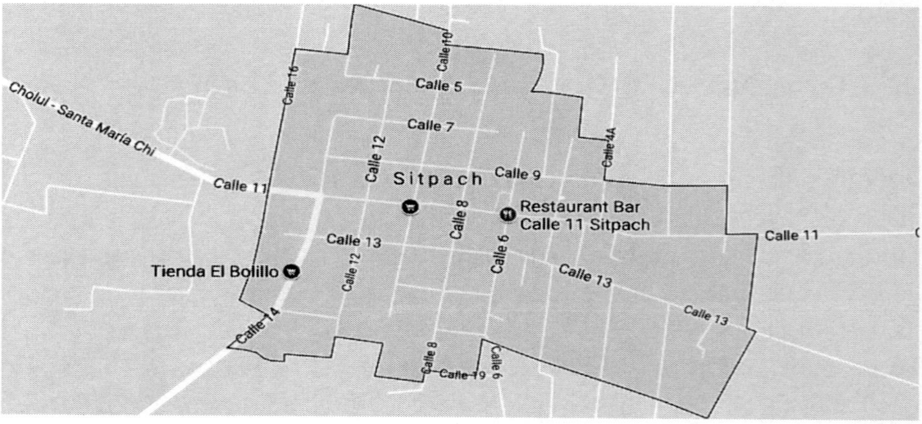

Fuente: Google.

El municipio de Mérida es responsable de la atención de todos los servicios básicos, tales como: agua potable, electricidad, recolección de basura, servicio de transporte público, alumbrado público, cementerio y, además, es responsable de ciertos programas de salud y de beneficio social; excepto aquellos que son responsabilidad del estado de Yucatán o de la nación.

Datos sobre la comisaría de Sierra Papacal (Yucatán)

Por su parte, Sierra Papacal está ubicada en dirección al norte de la ciudad de Mérida. Se estima que allí habitan 1108 personas, 549 hombres y 559 mujeres. La relación entre mujeres y hombres es de 1,018, y el índice de fecundidad es de 2.40 hijos por mujer. La mayor parte de la población es nacida en Yucatán (el 99%). El 8,48% de la población es analfabeta (el 7.29% de los hombres y el 9.66% de las mujeres) y el grado de escolaridad es del 6.12 (6.31 en hombres y 5.94 en mujeres). En el aspecto étnico, el 53.07% de la población es de ascendencia maya, y el 22.65% de los habitantes habla una lengua indígena. El 37.91% de la población mayor de 12 años está ocupada laboralmente (el 54.64% de los hombres y el 21.47% de las mujeres). En el pueblo hay un total de 281 viviendas particulares, de las cuales 41 (14.64%) no poseen drenaje y 37 (13.17%) no posee sanitarios en el interior de la misma (INEGI, 2010. Censo de Población y Vivienda, 2010. Principales Resultados por localidad). Mientras que el 23.13 de las viviendas no poseen refrigerador. Estos indicadores son suficientes para que el Consejo Nacional de Población (CONAPO) señale que el grado de marginación de la localidad es "Alto".

La infraestructura urbana está integrada por la Comisaría Municipal, iglesia católica, templo de testigos de Jehová, jardín de niños, escuela primaria, campo de béisbol y fútbol, cancha de usos múltiples, biblioteca y parque infantil. En la localidad se encuentra ubicado el Parque Científico, una magna obra que alberga a numerosas instituciones académicas locales y nacionales.

Mapa 3: Plano de la localidad de Sierra Papacal (Yucatán)

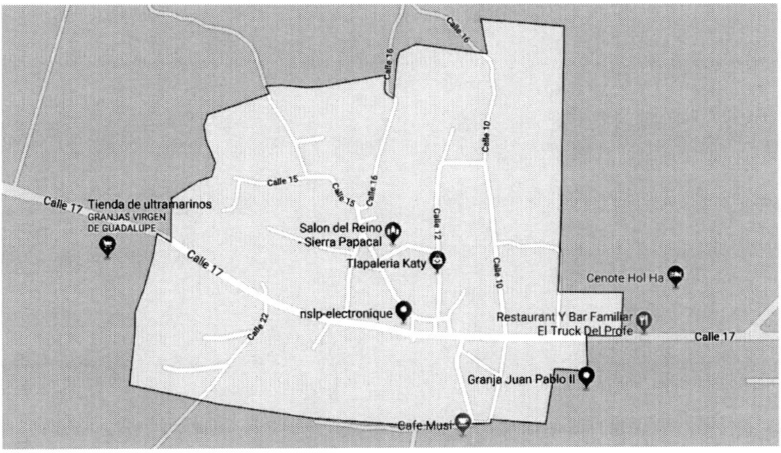

Fuente: Google.

El instrumento de consulta

La investigación se realizó por medio de un muestreo no probabilístico casual (Pimienta-Lastra, 2000, p. 265) con los individuos que aceptaron participar de manera voluntaria en el tiempo en que se realizaron las visitas a las comunidades. En total se realizaron 56 consultas: 37 en Sitpach y 19 en Sierra Papacal. Cada consulta correspondió a una familia por manzana o cuadra. En el siguiente mapa mostramos la diagramación de la consulta por manzana para el caso de Sitpach:

Mapa 4: Croquis de la localidad de Sitpach (Yucatán) empleado para la consulta

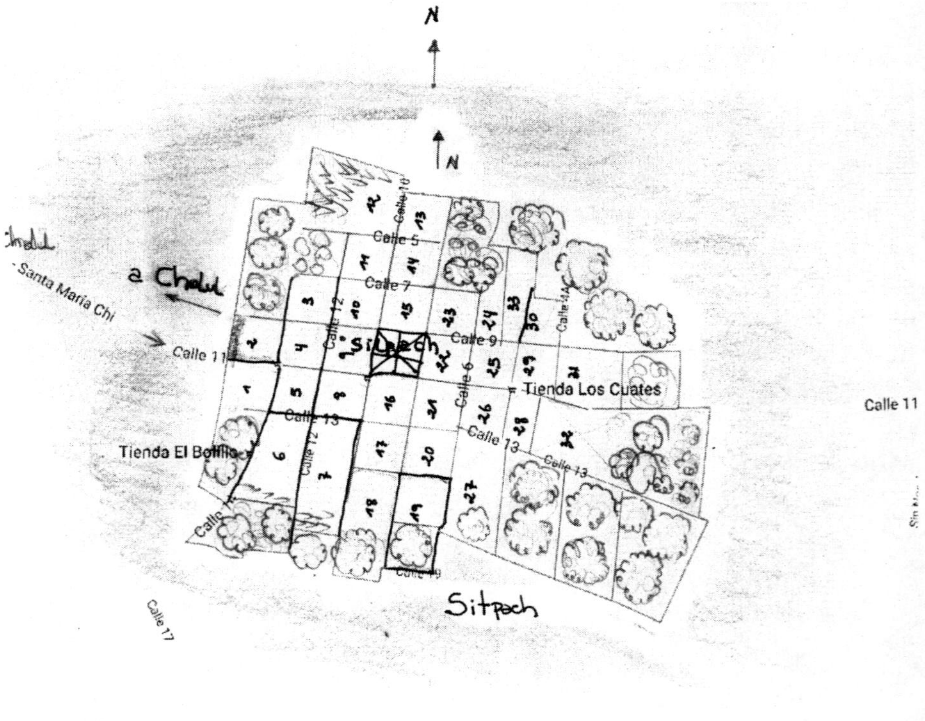

Fuente: elaboración propia.

En ambos sitios se pidió permiso a las autoridades locales y se dejó una constancia escrita, mediante un oficio en el cual se explicó los motivos y alcances del estudio. Los alumnos que efectuaron la labor estaban correctamente identificados. Es importante señalar que la Universidad Autónoma de Yucatán es una institución que cuenta con gran reconocimiento público en la región, razón por la cual, en estos casos, los habitantes suelen colaborar con las iniciativas de la institución. En la Ilustración 1 presentamos la portada del instrumento de consulta. En ella se puede observar el título, fecha de realización, los logos institucionales, dirección de la facultad y, en la parte inferior, los nombres y datos de los académicos responsables.

Ilustración 1. Portada del instrumento de consulta

UNIVERSIDAD AUTÓNOMA
DE YUCATÁN
FACULTAD DE CIENCIAS
ANTROPOLÓGICAS

Consulta sobre "ENFERMEDADES TRANSMITIDAS POR EL MOSQUITO *AEDES AEGYPTI* EN YUCATAN: EFECTO DEL DENGUE, CHIKUNGUNYA Y ZIKA".
Noviembre de 2016
Sierra Papacal (Yucatán)

Facultad de Ciencias Antropológicas. Km. 1 Carretera Mérida-Tizimín, Cholul, C.P. 97305, Mérida, Yucatán. Tel. 999) 930-0090.
Responsables: Dra. Rocío Cortes y Dr. Gabriel Angelotti Pasteur. UADY

El procedimiento para obtener la información consistió en escoger, de forma aleatoria, una casa por manzana y solicitar a un adulto responder el cuestionario. En caso de que la solicitud no fuera correspondida (sea por desinterés del informante o porque no había habitantes), se pasaba a la vivienda siguiente. La meta consistió en aplicar un cuestionario por familia y por manzana. Por su parte, la sistematización de la información obtenida se realizó mediante la creación de una base de datos en el programa SPSS Statics, de IBM, que posteriormente permitió generar información estadística para presentar las tablas y gráficas en forma de frecuencias y porcentajes que se emplean en este trabajo y que se utilizan para explicar el fenómeno observado.

La técnica que se empleó en esta investigación fue la encuesta, y mediante ella logramos recuperar las impresiones, consideraciones y cuidados que los habitantes de estas localidades aplicaron para prevenir, mitigar y atender a los enfermos. La encuesta es relevante porque permite recolectar de modo oral o escrito los decires de los propios actores, en tanto informantes (Bar, 2010: 11). De ahí la importancia y pertinencia de dicha técnica para este trabajo. El instrumento desarrollado para tal fin se compone de apartados sobre información general del participante, como edad, sexo y lugar de residencia; posteriormente se preguntó a los informantes sobre si ellos habían o no sufrido alguna de las enfermedades referidas y, después, se indagó sobre los síntomas que caracterizan y los cuidados que se emplearon para atender dichas enfermedades.

En total se aplicaron 28 preguntas que fueron distribuidas en tres bloques: I) Sobre las enfermedades, II) El vector (mosquito) y III) Percepción ante el asunto. Todas las preguntas fueron de opción múltiple y limitadas a 5 posibles respuestas. Esto fue así para facilitar la cuantificación de los resultados y el posterior análisis de los mismos.

Mediante los interrogantes del bloque (I) tratamos de averiguar si las personas sufrieron algunas de las enfermedades de consulta (dengue, chikungunya y zika). También, cuándo y cómo detectaron que tenían dicha afección. Al mismo tiempo, preguntamos respecto a los conocimientos y saberes que ellos poseen sobre estas enfermedades: cómo reconocían los síntomas y si sabían, en caso de padecerlo, a dónde acudir para su sanación. En la consulta se tomó como medida la unidad familiar. Esta idea surgió a consecuencia de las entrevistas realizadas a los enfermos para el reportaje multimedia y donde nos manifestaron que cuando se enfermaba un miembro de la familia, al poco tiempo, los integrantes, uno a uno, comenzaban a tener el mismo padecimiento. Por eso preguntamos cuántos miembros, en qué orden se enfermaron y las instituciones a las que acudieron para tratarse (hospitales, clínicas privadas, farmacias; también, consideramos la opción de los yerbateros o *h´men*, en razón de la importancia que estos especialistas tienen en la atención de la salud de los habitantes, en especial, en la zona rural).

En el segundo bloque las preguntas estuvieron orientadas sobre la vida de los mosquitos. Para no provocar confusiones en la consulta evitamos utilizar el término vector. Además, debido a la información que se emite en los medios de comunicación y a las campañas (radiales, televisivas) realizadas por el gobierno estatal y municipal, es por todos sabido que el mosquito es el agente transmisor que interviene en estas enfermedades. La finalidad era saber si las personas conocían o no el nombre científico y las características físicas y visuales de ese mosquito. Además, nos interesó saber qué métodos utilizaban los habitantes para combatir a estos mosquitos: saber si quemaban alguna planta especial, si en su casa tenían algún elemento de protección física (miriñaques), si utilizaban insecticidas y qué otros métodos autóctonos emplearon para ahuyentar a los mosquitos. Asimismo, interrogamos respecto a su intervención en los programas denominados de "descacharrización" realizados por el gobierno local y que tienen la finalidad de reducir el número de criaderos de mosquitos. En este sentido, nos interesaba saber si las personas tenían conocimiento de estos programas y si participaban en los mismos. Por último, en este apartado preguntamos sobre cómo actuaron las autoridades locales (a nivel municipal y estatal) para atender el problema.

En el tercer bloque, las preguntas estuvieron enfocadas al ámbito de la percepción. Entendiendo por percepción del riesgo a la "construcción modelada por el contexto sociocultural, las condiciones de los sujetos y las características específicas del tipo de peligro" (Almaguer, 2008: 11). En este caso nos interesó saber cómo los habitantes de estas localidades percibían la enfermedad. Saber si tuvieron o no miedo a adquirir el virus e indagar respecto a las causas que ellos suponen que provocaron tantos enfermos. Y, por último, buscamos conocer cómo ellos valoran la actividad emprendida por las autoridades durante el año 2015, en el cual apareció la fiebre chikungunya.

Resultados obtenidos: Sobre las enfermedades: enfermos y no enfermos

De las 56 personas consultadas en ambas localidades se encontró que 25 (el 45%) de ellas dijeron haber padecido alguna vez en el transcurso de su vida de las enfermedades transmitidas por los mosquitos —sea dengue, chikungunya o zika—. Los informantes lograban reconocer y diferenciar cada una de estas enfermedades, en particular la fiebre chikungunya que recientemente les había afectado. Algunos informantes decían que éste, a diferencia del dengue, provocaba síntomas de mayor intensidad, tanto en el dolor en los huesos, en las piernas y brazos, como la intensidad de la fiebre. En la siguiente gráfica observaremos el porcentaje de personas de ambas localidades que alguna vez enfermaron de dengue, chikungnuya o zika y las que no.

Gráfica 1. Porcentaje de personas que alguna vez enfermaron de dengue, chikungunya o zika en ambas localidades

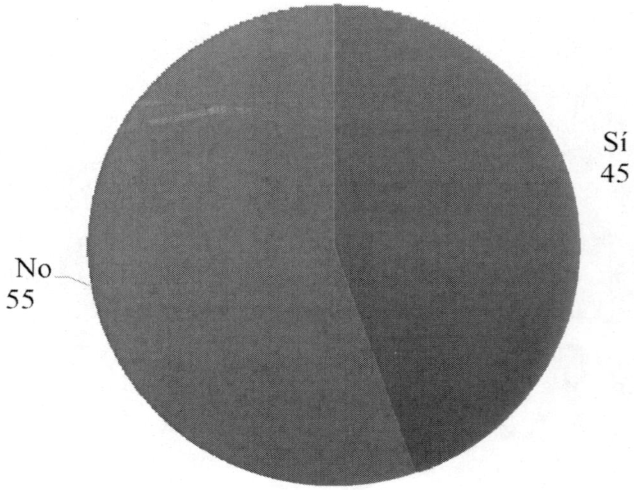

Como se observa, el porcentaje de personas que no se han enfermado es mayor al de las que sí se han enfermado. Por la naturaleza misma del método empleado, basado en la declaración verbal de los informantes, resulta imposible detectar aquellos casos asintomáticos, es decir, los que pudieron haberse contagiado del virus, pero que éste no les produjo síntomas visibles. De modo que, éstos no están representados en los resultados.

Personas según el tipo de padecimiento

Del total de personas consultadas, 25 de ellas dijeron haberse enfermado alguna vez en su vida de alguno de los siguientes padecimientos: 13 de fiebre chikungunya, 9 de dengue y 2 de zika. En términos porcentuales ello significaría que: 23% tuvo chikungunya, el 17% dengue y el 5% zika, mientras que —como ya se señaló— el 55% manifestó no haber experimentado alguna enfermedad transmitida por mosquitos en el transcurso de su vida.

Gráfica 2. Porcentaje de personas por tipo de enfermedad

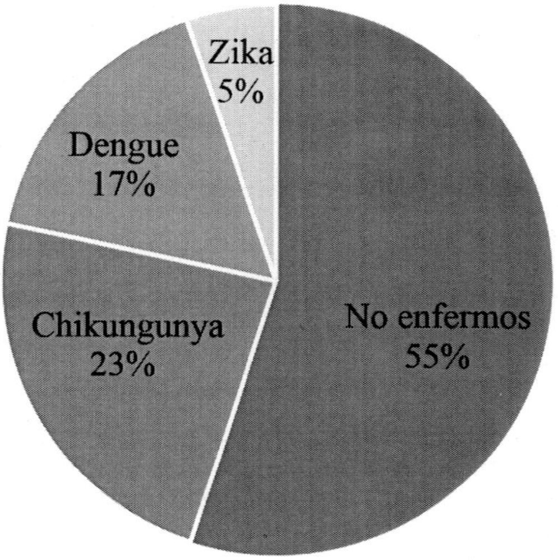

De este modo, observamos que en 2015 los casos de fiebre chikungunya fueron superiores a los de otras enfermedades transmitidas por mosquitos. La fiebre del zika no fue reportada para los años 2014 y 2015, registrándose solamente para el año 2016. De hecho, antes del 2016, esta enfermedad ni siquiera se conocía.

Opiniones en torno a las formas de contagio

Ante la pregunta de cómo creen ellos que se contagian estas enfermedades se presentaron las siguientes opciones: a) por contacto con los enfermos, b) a través de la tos o por los estornudos, c) por un virus, d) por la comida y e) por la picadura de un mosquito. En el cuestionario se evitó utilizar el término "vector", pues entendíamos que el mismo podía generar confusión. Además, y dada la historicidad de enfermedades que han afectado la región, de antemano, pensábamos que la mayoría de las personas sabían que el mosquito tiene un papel relevante en la transmisión de estas dolencias. Lo que desconocíamos era en qué proporción. Los datos obtenidos demostraron nuestra presunción: el 89% de personas (50 de las 56) señalaron a los mosquitos como generadores de la enfermedad, 9% (5 de 56) que era provocada por el estornudo y 1.4% (1 de 56) manifestaron que no sabían cómo se transmite.

Gráfica 3. Porcentaje de opiniones sobre la forma de contagio

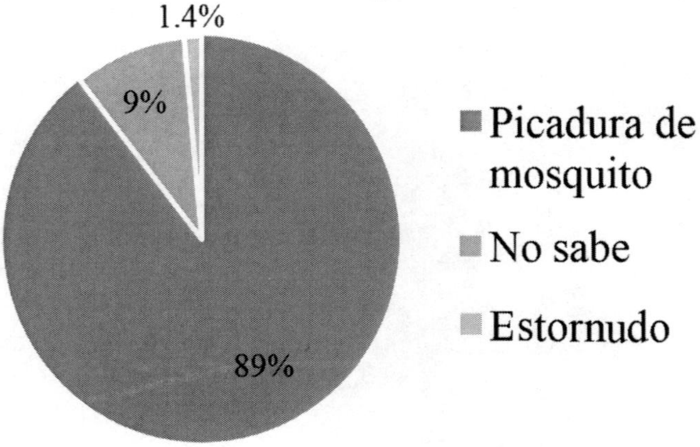

Los resultados fortalecen la idea transmitida por todos los medios oficiales, en la cual se señala a los mosquitos como los únicos responsables de la enfermedad. Evidentemente, el mensaje empleado en las campañas de salud transmitido en los medios de comunicación y por internet ha sido captado por un porcentaje importante de la población.

¿Conoce los síntomas de estas enfermedades?

La siguiente pregunta tenía por objetivo saber si las personas reconocían algunos de los síntomas de estas enfermedades. Preguntamos respecto cada enfermedad por separado, esto en afán de tener claridad sobre cada uno de los padecimientos. Al respecto se presentaron las mismas opciones de respuesta para cada dolencia y fueron las siguientes: a) dolor de cabeza, b) dolor muscular, c) calentura o fiebre, d) sangrado y d) dolor de estómago.

Gráfica 4. Cantidad de personas que dicen conocer los síntomas por los que se produce cada una de estas enfermedades

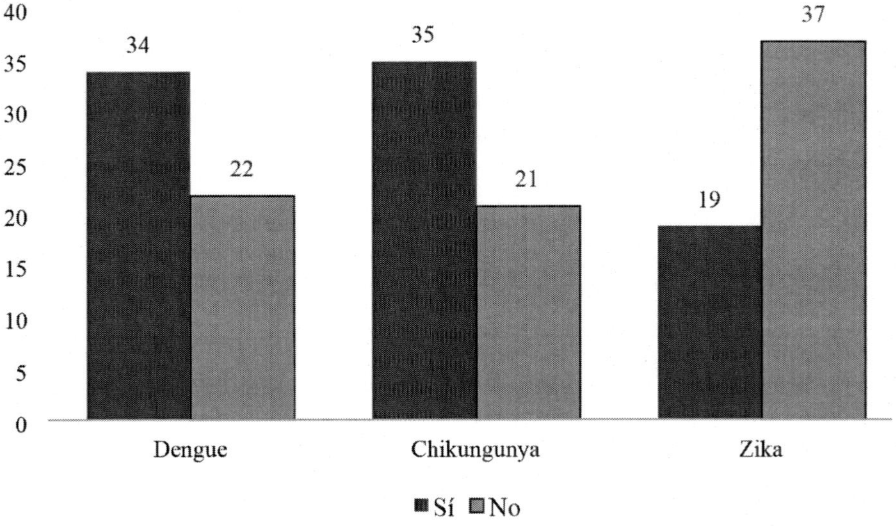

Los síntomas del zika fueron los más desconocidos, esto no es casual, pues en el momento en que se realizó la consulta, apenas comenzaba a repuntar esta enfermedad. Los porcentajes respecto al dengue y chikungunya fueron similares. Sin embargo, es notorio observar que existe un porcentaje de la población que desconoce los síntomas de estas dolencias. Para completar este cuadro, indagamos respecto los síntomas que más se reconocen. Las menciones registradas fueron las siguientes:

Cuadro 4. Cantidad de personas que dicen reconocer los síntomas por los cuales se producen estas enfermedades

Síntomas que identifican de las enfermedades	Dengue	Chikungunya	Zika
Calentura/fiebre	32	28	13
Dolor muscular	30	28	9
Dolor de cabeza	16	17	6
Dolor de estómago	6	4	-
Salpullido	-	19	11
Sangrado	-	19	-
Hinchazón de los ojos	-	-	9

El dolor muscular, la fiebre (o calentura) y el dolor de cabeza fueron los síntomas que se reconocieron con mayor frecuencia. De los datos obtenidos, destacamos el síntoma de sangrado que las personas solo reconocieron que se produce para la fiebre chikungunya y la hinchazón de los ojos, para el zika.

Así mismo, en este bloque de preguntas, nos interesamos en averiguar a dónde las personas acudían cuando ellas consideraban que estaban enfermas o tenían alguno de los síntomas que caracterizan estas dolencias. De acuerdo con nuestro conocimiento sobre la materia y las opiniones que habíamos recopilado en campo, ante la pregunta "¿En caso de enfermarse a dónde acude usted para curarse?" fue que decidimos presentar las siguientes opciones: a) asistiría al médico, b) al yerbatero, c) al Dr. Simi, d) se automedicaría y e) no haría nada.

El 89% señaló que asistía al médico de su localidad, sea la clínica de salud o alguna de las instituciones oficiales (ISSSTE, IMSS) que existen en la ciudad de Mérida. Mientras que un 11 % de los consultados (6 en total) manifestaron que acudían a las farmacias del Dr. Simi. Estas cadenas de farmacias están extendidas por todo el territorio mexicano y en Yucatán hay numerosas. Este negocio, además de ofrecer medicamentos a precios baratos (debido a que venden medicamentos genéricos, brinda atención médica a un costo muy bajo y que oscila en los 20 pesos mexicanos por paciente). Este precio, irrisorio si lo comparamos con el que cobran los médicos en clínicas privadas (que oscila entre los 500 y 700 pesos la consulta) ha permitido a las personas de bajos recursos ser atendidas por un profesional de la salud.

Gráfica 5. Acciones que realizan cuando presentan síntomas de alguna enfermedad

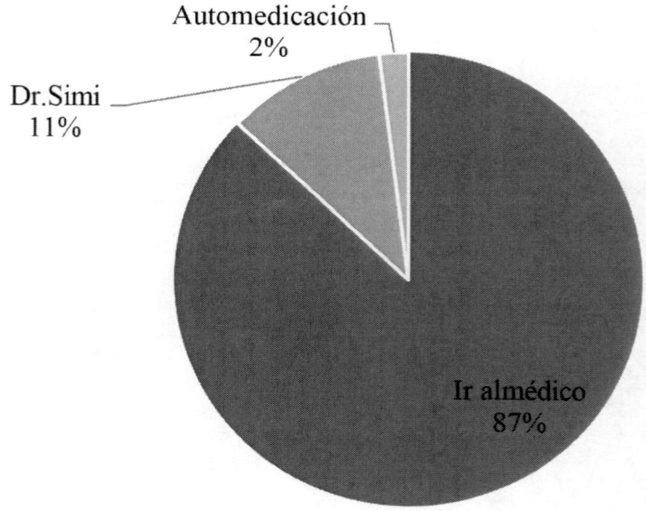

Las preguntas del segundo bloque fueron sobre las acciones que las personas realizaron para evitar las picaduras de los mosquitos y si participaron o no en las campañas oficiales de descacharrización. De las respuestas obtenidas, concluimos que el 27% de la población manifestó que en sus viviendas se protegen mediante miriñaques o protectores que colocan en sus puertas y ventanas para evitar el ingreso de los mosquitos. Por su parte, el 25% dijo que empleó insecticidas para matar a los mosquitos adultos. El costo de estos productos químicos es elevado, ronda los 100 pesos mexicanos y es equivalente a un salario mínimo. Respecto a esto último, podemos añadir que el empleo de sustancias químicas en los hogares en Yucatán es frecuente, sea por medio de la fumigación (15%) o mediante el uso de repelentes químicos (14%) de uso individual.

De igual modo, para ahuyentar a los mosquitos, en particular durante las horas de la tarde, cuando estos insectos proliferan, los lugareños queman corteza de coco (*Cocus nucifera*). Estas palmeras crecen con facilidad en la región y producen un fruto de tamaño medio (20 centímetros de diámetro), el cual una vez que se le extrae el líquido interior y tras dejar secar la corteza al sol, se quema por completo. Al hacerlo, éste provoca una cortina de humo que repele a los insectos. El aspecto negativo de esta acción radica en los efectos nocivos que provoca en el ambiente, al contaminar el aire con gases tóxicos (monóxido de carbono y dióxido de carbono). En el mismo sentido se emplea el zacate (pasto o hierba) que crece en la región.

En menor proporción, las personas dijeron emplear raquetas eléctricas (2%) para electrocutar a los mosquitos adultos. Estos instrumentos son efectivos y tienen la virtud de no tienen efectos secundarios para las personas. Estas raquetas son comunes y se pueden adquirir en tiendas, así como en el comercio informal (los vendedores ambulantes las venden por las calles).

En la siguiente gráfica se despliegan los datos obtenidos:

Gráfica 6. Formas de protección ante los moscos

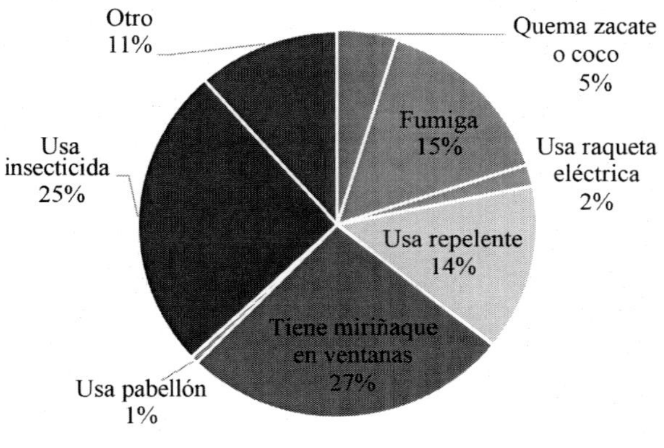

La descacharrización

Este método es de carácter público y fomentado por el gobierno local. El mismo consiste en el retiro de los cacharros de las viviendas con la finalidad de evitar la reproducción de los mosquitos. No hay una definición precisa u oficial respecto del término "cacharro", pero por lo general se le denomina así a todo objeto en desuso, aparatos viejos, contenedores de todo tipo (bidones, tanques, incluso inodoros antiguos), que las personas suelen tener en el fondo de sus viviendas herrumbrados y que, en caso de lluvia, puedan ser un depósito ideal para que los mosquitos inicien su ciclo reproductivo. En la temporada de lluvias es importante evitar que los cacharros queden a la intemperie, porque, en dicho caso, se llenarán de agua y allí los mosquitos podrán reproducirse con facilidad. La participación de la ciudadanía en esta actividad no es la esperada: apenas el 54% dijo que ha asistido a las mismas y el 46% que no lo hizo. Esto es llamativo, pues estas campañas, que tienen un alto grado de efectividad para el control de los mosquitos, son anunciadas con antelación en todos los medios de comunicación masiva.

Las campañas de descacharrización son coordinadas por la Secretaría de Salud de Yucatán. En ellas, los vecinos pueden depositar todos los cacharros que tenga en su vivienda y colocarlos en un punto de referencia para que, *a posteriori*, personal de esta secretaría lo deposite en camiones y transporte hasta el basurero municipal. En la ciudad de Mérida y el interior del estado de Yucatán estas campañas se llevan a cabo en días distintos, según se trate de la zona norte, centro, sur o de las comisarías aledañas, y se realizan, al menos, tres por año. La participación no es obligatoria, de allí que nos interesó saber el porcentaje de participación de los vecinos de las localidades de consulta.

Gráfica 7. Participación en campañas de descacharrización. Relación por porcentaje

¿Participó en campaña de descacharrización?

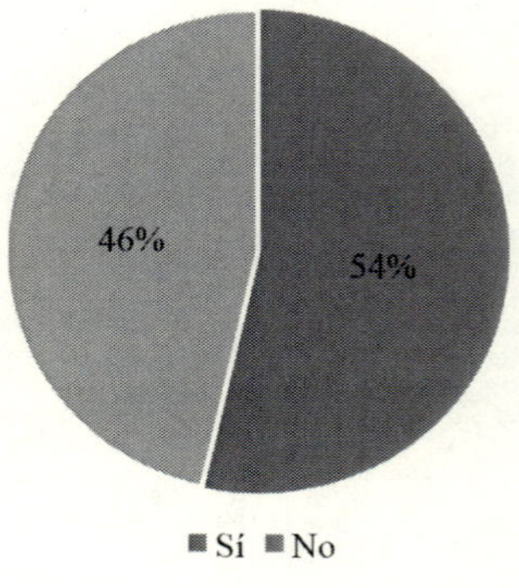

Comentarios en torno al registro de los enfermos

Poco se sabe del camino que el virus de la chikungunya siguió hasta llegar a territorio yucateco. Lo cierto es que su arribo afectó a miles de personas quienes padecieron esta enfermedad por largo tiempo. En el año de 2015 el número de enfermos era tal que el sistema de salud local llegó al colapso, hasta el punto de que los hospitales y clínicas no se dieron abasto para atender a todos los pacientes. Al mismo tiempo, en las farmacias de la región los medicamentos empleados para su alivio se agotaron. Por entonces, era común observar que en las viviendas había uno o más enfermos de chikungunya. Por las calles era habitual observar a las personas caminar "como viejitos", encorvados, arrastrando su cuerpo: síntomas inocultables de la chikungunya. La mayoría de los habitantes creían estar bajo el yugo de un trastorno implacable, de una epidemia mortal.

Pese, a la magnitud de lo sucedido, las cifras oficiales respecto la cantidad de personas enfermas durante todo ese año fueron escuetas. El registro oficial develó que durante ese año solo hubo 1627 enfermos en todo el estado de Yucatán.

Como señalamos, en las poblaciones consultadas (Sierra Papacal y Sitpach) el 23% declaró haber sufrido en el 2016 de chikungunya. Proyectando este porcentaje a nivel de la población de estas comisarías nos arrojaría un total de 631 posibles enfermos. De tal manera que, con este solo dato comenzamos a tener problemas con los tabuladores oficiales: ¿Pueden dos comisarías, dos pequeñas localidades, albergar el 50% de los casos de chikungunya declarados oficialmente? Evidentemente, algo no cuadra en este escenario.

La situación se torna más preocupante, si proyectamos ese porcentaje a nivel de la población del estado de Yucatán. En ese caso, y considerando que en la entidad habitan cerca de 1 millón 956 mil habitantes, las cifras de probables (proyectadas del 23%) de enfermos de chikungunya alcanzarían la cifra de 449 mil personas. Este dato, a primera vista, parece exagerada, pero no tanto como creer que solamente hubo 1627 enfermos. Esta última cifra, evidentemente, no concuerda con la percepción que los habitantes tuvieron de lo ocurrido. Tampoco con lo observado etnográficamente en distintas localidades de la entidad. El dato de 1627 enfermos no alcanza para explicar lo visto en las ciudades y pueblos de Yucatán, ni mucho menos para compararlos con los datos obtenidos en nuestra consulta en dos comisarías de los suburbios de la ciudad de Mérida.

Este ejercicio aritmético que arroja datos tan escandalosos, posiblemente no se ajuste con lo sucedido. Lamentablemente, las autoridades de salud local muestran poco o ningún interés por explicar lo que pasó en Yucatán en 2015. El sesgo matemático deja en evidencia la poca efectividad del conteo oficial, el cual no logra describir la realidad de lo sufrido por la población, presentando un panorama irreal y que no se corresponde con lo ocurrido en Yucatán durante ese lapso de tiempo, dejando entrever la urgente necesidad de desarrollar investigaciones científicas que nos permitan conocer la magnitud de lo sucedido.

Es importante aclarar que los datos oficiales fueron elaborados mediante el Sistema Nacional de Vigilancia Epidemiológica (Sinave), siguiendo una metodología precisa y confiable. Ante el desajuste señalado: ¿Cuáles serán los motivos para que el conteo sea tan dispar de la realidad? Responder esta pegunta es difícil. Sin embargo, podemos enumerar las causas que pudieron haber intervenido para el logro de un conteo defectuoso, suponemos los siguientes motivos: a) los enfermos al recibir asistencia de médicos particulares no quedan registrados en el SINAVE (por ejemplo, los médicos del Dr. Simi y muchas clínicas privadas); b) que la automedicación (2%), una práctica razonable y común entre la población, invisibiliza a los enfermos; c) los casos asintomáticos que no son tenidos en cuenta (personas que adquieren el virus, pero no externaron síntomas visibles de la enfermedad) y que, representan –según el decir de un entomólogo- una cifra considerable de los habitantes, pues: "De las personas que tienen el virus el 85 por ciento no se enferman o no muestran ningún signo clínico" (Machain, entrevista, 2016); d) el desconocimiento de que se tenía de esta enfermedad durante los primeros meses de 2015. De modo que, para muchos médicos, esta dolencia no estaba dentro del espectro de enfermedades factibles entre la población. De este modo, y al no realizarse análisis clínicos, muchos casos quedaron invisibilizados; e) la falta de análisis clínicos en laboratorios para confirmar la enfermedad. De hecho, en una de las pocas clínicas que realizaban estos estudios, para el mes de agosto se habían agotado los reactivos para la detección del chikingunya, y f) el diagnóstico erróneo de los médicos.

Respecto a esta última causa, es importante señalar que en aquel tiempo la mayoría de los médicos basaban su diagnóstico en la declaración oral del paciente y en la auscultación de algunos signos corpóreos. Mediante estos recursos técnicos, los médicos elaboran un diagnóstico que conlleva a una cuota importante de subjetividad. De allí, que la falibilidad sea tan alta. Los diagnósticos arrastran un error humano, pues: "Si el médico esa mañana mientras desayuna se entera en la televisión que hay mucho zika, cuando llegue a su consultorio y examine a un paciente y vea el exantema, la fiebre y todo, va a diagnosticar 'zika'. Pero, en cambio, si el medico escucha chikungunya, en su consultorio va a diagnosticar 'chikungunya' (Machain, entrevista: 2016).

Actualmente no existe, al menos en México, una prueba serológica que nos permita confirmar con exactitud qué tipo de enfermedad se trata. ¿A qué me refiero con esto? Que te saquen sangre y qué, a través de tus respuestas de anticuerpos, puedas diferenciar entre dengue, zika o chikungunya. No, eso no es posible, sin embargo, hay unas pruebas que, a nivel molecular, que quiere decir que, a través del análisis del genoma del virus, te permite hacer una diferenciación (Machain, entrevista: 2016).

Sobre el control de los mosquitos

Respecto a las acciones para disminuir el número de mosquitos, comprobamos que se emplearon medidas de distintos tipos. Algunas para combatir a los mosquitos adultos (fumigación), impedir el desarrollo de las larvas (abatización) y otras para detener el ingreso de los insectos en las viviendas (miriñaques).

La fumigación en Yucatán, como en otras partes de México, se hace por medio de camionetas tipo *pickup* que en su parte posterior llevan equipos termonebulizadores que van rociando insecticida a medida que circulan por las calles. Para que estos químicos penetren en las viviendas las autoridades recomiendan que la población abra las puertas y ventanas, pero esto no siempre ocurre, pues el olor nauseabundo y el efecto que estos químicos provocan en la salud humana motiva a las personas a cerrar sus viviendas e impedir que se fumigue en el interior. Esta acción hace que los mosquitos del género *Aedes egypti* evadan el combate y continúen su ciclo de vida junto al hombre. Las campañas de fumigación se intensifican durante la temporada de lluvias, en especial durante los meses de mayo a septiembre de cada año. Sin embargo, la efectividad de esta medida es una incógnita, al comprobar que, año a año, se recurre al mismo método para combatir a un enemigo que parece invencible.

Otra acción empleada con mayor efectividad por el ámbito gubernamental para el control de los vectores es la descacharrización. La cual constituye uno de los métodos que logran un mejor control de los mosquitos en su fase larvaria, la población suele participar activamente en estas campañas. Para ello, colabora mediante el depósito de los objetos inútiles en los puntos de encuentro definidos con antelación. En estas circunstancias muchos vecinos aprovechan para desechar todos los objetos inservibles que tienen acumulados en sus viviendas. La descacharrización no tiene costo para los habitantes, ya que los gastos de la renta de camiones y el personal de trabajo son financiados por el gobierno o el ayuntamiento. Los residuos recogidos durante la descacharrización son depositados en el "relleno sanitario". En los tres operativos realizados durante 2015 se recogieron "3 mil toneladas de recipientes" que hubiesen servido para criaderos del vector *Aedes aegypti* transmisor de enfermedades tropicales como el dengue y chikungunya (Gobierno del Estado de Yucatán).

La descacharrización es un método apropiado, sin embargo, no siempre se realiza de manera oportuna y provoca algunos problemas. El más frecuente se debe a la impuntualidad en la recogida de los materiales. En numerosas ocasiones éstos permanecen varias semanas tras los operativos en las calles y, en caso de que se registren lluvias, se transforman en nuevos criaderos para los mosquitos. Otro problema es de orden semántico provocado por la indefinición del término "cacharro". Para las autoridades, éste evoca a todos los objetos que puedan servir de contenedores de agua. En cambio, para los vecinos el concepto es más amplio y engloba a todos los desechos que encuentren en sus viviendas: sillones, llantas usadas de automóviles, muebles de madera, escombro, periódicos y otros objetos en desuso. Esta indefinición y desacuerdo genera malestar entre la población al comprobar que, tras el operativo, muchos objetos son dejados en el mismo lugar donde ellos los depositaron. Razón por la cual, *a posteriori*, las autoridades municipales deben solucionar un problema que no estaba en su agenda de trabajo, contratando nuevos camiones y personal para levantar la basura.

Por último, habría que añadir que la descacharrización supone un problema social de fondo que ni siquiera es insinuado por las autoridades: que es producto de una sociedad que estimula el consumo conspicuo (Veblen), de objetos inútiles y de vida limitada. Lamentablemente, ninguno de los mensajes elaborados por los organismos oficiales promueve el consumo responsable. Desde esta perspectiva, la descacharrización es un mal necesario para una sociedad que promueve el despilfarro.

Comentarios finales

La consulta realizada en las comisarías de la ciudad de Mérida permite comprobar que, a pesar de que históricamente la región ha sido afectada por enfermedades transmitidas por mosquitos (tales como paludismo, malaria, fiebre amarilla, dengue y, ahora, chikungunya y zika, siendo hasta el momento las más conocidas), ello no ha derivado en la generación de buenas prácticas para el manejo y reducción de los vectores: ni por parte de la población nativa, ni por parte de las autoridades.Tampoco ha incidido ni generado medidas efectivas para la prevención ni el tratamiento de estas enfermedades, ni mucho menos para la erradicación de los vectores ni de las causas sociales, económicas y políticas que han incidido en el incremento de la vulnerabilidad social.

Este ejercicio también ha permitido tejer ciertas dudas respecto del conteo oficial. Es evidente que las cifras emitidas respecto al número de enfermos no ofrecen un cuadro realista de lo acontecido en 2015 con la fiebre chikungunya en Yucatán. Desconocemos si esto obedece a un error de método o a una intencionalidad política. Si el problema fue el método, aún estamos a tiempo para corregirlo y esperar a que en el futuro este sistema de conteo se apegue a una mayor rigurosidad científica. Pero, si es intencional, el engaño puede incrementar la vulnerabilidad social y provocar daños irreparables.

La fiebre chikungunya apareció en 2015 de modo súbito y de igual forma desapareció en 2016. ¿Por qué en 2016 y 2017 los casos de esta fiebre se redujeron hasta desaparecer? No lo sabemos, ojalá alguien pueda presentar datos científicos y responder a esta pregunta. En tanto, anhelamos que este trabajo contribuya a generar nuevas hipótesis sobre el impacto de estas enfermedades en Yucatán.

Bibliografía

Alcalá Ferráez, Carlos. «De miasmas a mosquitos: el pensamiento médico sobre la fiebre amarilla en Yucatán, 1890-1920». *História, Ciências, Saúde - Manguinhos*, vol. 19, núm. 1 (enero-marzo 2012): 71- 87.

Almaguer Riverón, Carmen Delia. «*El riesgo de desastres: una reflexión filosófica*». Tesis, Universidad de la Habana-Facultad de Economía, 2008. Disponible en: <http://www.eumed.net/tesis-doctorales/2009/cdar/index.html>.

Angelotti Pasteur, Gabriel y Guadalupe Reyes Domínguez. *Desigualdad y vulnerabilidad social. Reflexiones y estudios de caso*. Mérida. Editorial UADY, 2015

Bar, A. «La metodología cuantitativa y su uso en América Latina». *Cinta Moebio. 37* (2010): 1-14. Disponible en: <www.moebio.uchile.cl/37/bar.html>.

De Pelekais, C. «Métodos cualitativos y cuantitativos: diferencias y tendencias». *Telos, 2 (2*) (2000): 347-352.

Domínguez Amaya, A. J. «Pensamiento médico y política sanitaria: cólera y fiebre amarilla en Mérida, Yucatán. 1891-1917». Tesis, Facultad de Antropología- UADY, 2013.

Finlay, Carlos. *Obras completas*. Tomo I. La Habana: Empresa Consolidad de Artes Gráficas, 1965.

García Rejón. «Chikungunya». *Acceso directo* Julián García Rejón y Carlos Machain William. Disponible en: <www.youtube.com/watch?v=BFZOdzQOAhU>.

Gobierno del Estado de Yucatán. «Concluye tercer operativo de deschatarrización de la ciudad de Mérida». 2015. Disponible en: <http://salud.yucatan.gob.mx/2015/10/concluye-tercer-operativo-de-descacharrizacion-de-la-ciudad-de-merida/>.

Góngora-Biachi, R. «La erradicación de la fiebre amarilla en Mérida, Yucatán: una historia de tenacidad y éxito». *Revista Biomédica* 15 (4) (2004): 251-258.

Landa, Fray Diego de. *Relación de las Cosas de Yucatán*. México: Editorial Porrúa, 1959.

López de Cogolludo, D. *Historia de Yucatán*. Campeche: H. Ayuntamiento de Campeche, 1996.

Machain Williams, Carlos. *Información personal*, realizada en el Instituto Biomédicas de la UADY, 2016.

OPS. *Resolución CD14. R 13. Erradicación del Aedes aegypti en México.* 14° Sesión del Comité Regional y 15° Consejo Directivo. Washington D.C.:1963.

Organización Mundial de la Salud. *Respuesta mundial para el control de vectores. Informe de la secretaría.* 2016.

Peniche, P. *Tiempos aciagos. Las calamidades y el cambio social del siglo XVIII entre los mayas de Yucatán*. México: Miguel Ángel Porrúa/CIESAS, 2010.

Peniche Moreno, Paola. *El cólera morbus en Yucatán: medicina y salud pública 1833-1853.* Ciudad de México. Centro de Investigaciones y Estudios Superiores en Antropología Social/ Miguel Ángel Porrúa, 2016.

Pérez Amézquita, W. «Otra ciudad de Nínive: epidemias y hambrunas en Yucatán, 1648-1716». Tesis, Centro de Investigación y Estudios Especializados en Antropología Social-Unidad Peninsular, 2016.

Pimienta-Lastra, R. *Encuestas probabilísticas vs. no probabilísticas. Política y Cultura.* 2000. Disponible en: <http://www.redalyc.org/articulo.oa?id=26701313>.

Porra, Rosa Emilia. «Chikungunya llegó a México en 2014; ya hay más de 3 mil casos». Periódico *Milenio.* 2016. Disponible en: <http://www.milenio.com/estados/chikungunya-mexico-2014-3-mil-casos>.

Secretaría de Desarrollo Urbano y Medio Ambiente. Yucatán. Disponible en: <http://www.seduma.yucatan.gob.mx/cenotes-grutas/introduccion.php>.

Veblen, Thorstein. *Teoría de la clase ociosa.* México: FCE, 2005.

Villamil, Mario. *Apuntes acerca de la fiebre amarilla*. Mérida: Talleres Gráficos A. Manzanilla, 1920.

Salud Pública y desarrollo regional en Yucatán de Paola Peniche se imprimió en los talleres de Solar Servicios Editoriales, S. A. de C. V., Calle 2, núm. 21, San Pedro de los Pinos, C. P. 03800, Ciudad de México.

Made in United States
North Haven, CT
10 November 2026

22084247R00162